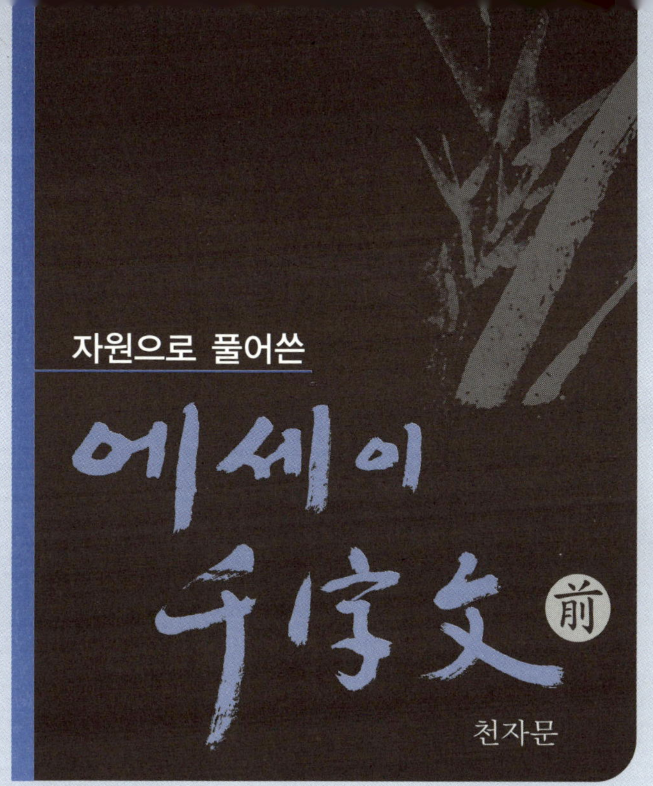

全圭鎬 著

들어가는 말

    옛적에는 천자문이 어린이들의 필독서였다. 필자도 3살 때부터 할아버지께 천자문을 배웠다. 그때는 한자(漢字)를 가르치기 위해서 천자문을 선택하여 가르쳤다. 그러나 천자문의 제작과정을 보면, 이런 내용과는 전혀 다르게 제작된 것을 알 수가 있다. 사실 천자문에는 우리들이 실용적으로 쓰지 않는 글자가 수없이 많다. 그래서 수많은 선인들은 어린이들이 한자를 배우기에 실용적인 서책을 만들어서 내놓았으나, 그러나 천자문의 명성에 밀려서 전혀 성공하지를 못했다. 이는 음료수를 살 때에 모두 박카스를 달라고 하는 것과 같은 이치이다.

    2000여 년을 내려오면서 유수한 사람들이 모두 천자문을 출판하였는데, 필자도 한번 천자문을 집필하면 어떨까! 하고 생각하게 되었다. 그것도 지금까지 출간한 천자문 중에서 제일 알차고 멋진 책으로 집필을 해야겠다고 생각하고 글을 쓰기에 이른 것이다.

    일례로 어린이들은 한자를 배우기에 재미있고, 어른들은 내용을 재미있게 보는 천자문을 생각하니, 해답이 나왔다. 즉 한자는 자원(字源)으로 풀어서 한자를 배우는데 더욱 재미가 나게 하고, 어른들은 공부도 하면서 재미도 있도록 천자문 한 구 한 구절에 에세이를 써야겠다고 생각하기에 이르렀다. 그래서 책이름이 《자원으로 풀어쓴 에세이 천자문》이다.

필자는 어려서부터 천자문을 배웠다고 하지만, 이를 집필하려고 하니 오히려 필자가 미처 알지 못한 문구가 꽤 많았다는 표현이 진실된 표현일 듯싶다. 그리고 내용 면에서는 전혀 어린이와 맞지 않고, 어른들이 읽으면 동양의 고대 역사를 일차 더듬어보는 것이 아닌가 하고 생각하였다.

에세이는 천자문의 내용과 일치하도록 충실을 기했으나, 혹 읽는 사람에 따라서는 의견을 다르게 할 곳도 있다고 하겠다. 그러나 동양고전을 읽으려면 동양철학의 기초가 있어야 하는데, 여기에 초점을 두고 이야기를 전개했으니, 독자 여러분은 처음을 읽었으면 반드시 끝까지 읽어주기를 간곡히 부탁한다. 그렇게 읽는다면 반드시 어느 책보다도 많은 소득을 얻을 것으로 확신한다.

끝으로 출판에 흔쾌히 응해주신 도서출판 명문당 김동구 사장님께 심심한 감사를 드린다.

2011년 10월 15일 循性齋에서
荷潭 全圭鎬는 기술하였다.

1 이 책은 한자(漢字) 한 자 한 자를 자원(字源)으로 풀어서 어린이들이 한자를 배우기에 적합하도록 하였고, 또한 흥미를 느끼면서 더욱 분발하여 공부하도록 하였으며, 그리고 어른들도 이 책의 자원(字源)을 배우면서 글자의 쓰임에 있어서 같은 뜻이라도 정확히 쓸 수 있는 방법을 제시하였으니, 일례로 "같은 말이지만 깊은 말은 담(譚)이고, 독자적인 말은 어(語)이며, 소설적인 말은 화(話)이고, 질서 있는 말은 논(論)이며, 체계 있는 말은 강(講)이다."고 함과 같은 것이다.

2 한 문장을 자원으로 풀고, 에세이를 넣어서 어린이와 어른이 함께 배우며 즐기는 책으로 엮었다.

3 한자를 자원으로 풀면서, 그 글자의 훈(訓)에 별색으로 표시하여 배우는 자가 알아보기 쉽게 하였다.

4 사자성어의 제일 위에 쓰인 글자는 한석봉의 천자문에서 가져다 붙여서, 배우는 자가 아름다운 글씨를 보면서 마음을 정화하고 알아보기에도 쉽게 하였다.

5 어려운 낱말은 주(注)를 넣어서 독자의 이해를 도왔다.

6 한 자 한 자에 필순을 넣어서 배우는 어린이들이 바른 글씨를 쓸 수 있도록 하였다.

7 이 책은 되도록 해서(楷書), 즉 정서(正書)를 위주로 하여 집필하였다.

8 글자의 풀이는 유정기(柳正基) 선생이 쓴 《설문자전(說文字典)》을 위주로 하여 풀었으니, 이는 해서(楷書)를 위주로 하여 푸는 방식임을 알린다.

차 례

제8장 제도(帝都) … 271

제9장 공신(功臣) … 311

제 **1** 장 자연(自然)

천지현황(天地玄黃) · 우주홍황(宇宙洪荒) · 일월영측(日月盈昃) · 신수열장(辰宿列張) · 한래서왕(寒來暑往) · 추수동장(秋收冬藏) · 윤여성세(閏餘成歲) · 율려조양(律呂調陽) · 운등치우(雲騰致雨) · 노결위상(露結爲霜) · 금생려수(金生麗水) · 옥출곤강(玉出崑崗) · 검호거궐(劍號巨闕) · 주칭야광(珠稱夜光) · 과진이내(果珍李柰) · 채중개강(菜重芥薑) · 해함하담(海鹹河淡) · 인잠우상(鱗潛羽翔)

● **천지현황(天地玄黃)** : 하늘은 검고 땅은 누르고,

| 자원(字源) |

天 일(一)과 대(大)의 합이니, 세상에서 제일 큰 것은 **하늘**이다.

地 土와 也의 합자니, 흙, 즉 땅이고, 也는 종결어미에 쓰이는 어조사이니 즉 **땅**이다.

玄 두(亠)와 요(幺)의 합이니, 작은 것이 덮여 있어서 잘 보이지 않으니 **까맣게** 보인다.

黃 『설문(說文)』에는 田을 쫓고 芺(光)은 음이다 했으니, 전(田)의 빛(光)은 **누른** 것이다.

에세이

《천자문》은 바로 양(梁)나라 주흥사(周興嗣)가 지은 것이다. 옛날에 무제(武帝)가 제왕(諸王)에게 가르칠 글을 은철석(殷鐵石)으로 하여금 종요(鍾繇)와 왕희지(王羲之)의 글씨 가운데에서 중복되지 않게 1천 자를 베껴 내게 하였는데, 글자마다 다르고 번잡하여 차서가 없으므로, 주흥사로 하여금 운문(韻文)으로 만들어 내게 하였더

니, 주흥사가 하루 안에 엮어 내고는 머리가 다 하얗게 쇠었다고 하였다. 그래서 천자문을 "백수문(白首文)"이라고도 한다.

위의 글은 주흥사(周興嗣)가 왜 천자문을 저술(著述)했는가를 가장 간명(簡明)하게 밝혔다고 할 수 있다. 이후로 고대(古代) 사람들은 어린이에게 처음으로 글을 가르칠 때 가장 먼저 천자문으로 교재(敎材)를 삼았다. 그래서 천자문이 어린이나 배우는 아주 알기 쉬운 책인 줄 알지만, 실상(實狀)은 그렇지 않다. 공부를 많이 한 어른들도 그 자세한 뜻을 아는 사람은 많지 않다.

《천자문》은 옛 어린이들이 배우던 책이므로, 상세하게 알려고 하지 않은 탓도 있겠지만, 실제로 《천자문》의 뜻은 천지우주(天地宇宙)를 다루는 천리(天理)와 동양(東洋) 고대(古代)의 역사(歷史)와 성현(聖賢)의 행위(行爲) 등을 기록(記錄)하여 놓았기 때문에 《천자문》 한 권을 배우면 고대 동양의 학문(學問)을 대체적으로 이해(理解)할 수가 있다.

그러므로 고대의 서가(書家)들이 《천자문》을 붓글씨로 써서 책(冊)을 펴낸 사람들이 많다. 대표적인 서가(書家)를 말한다면, 중국에서는 진(陳)의 지영(智永), 당(唐)의 구양순(歐陽詢), 우세남(虞世南), 저수량(褚遂良), 손과정(孫過庭), 장욱(張旭), 이양빙(李陽氷), 회소(懷素) 등의 임본(臨本)이 있고, 조선(朝鮮)에서는 안평대군(安平大君), 박팽년(朴彭年), 김인후(金仁厚), 이황(李滉), 한석봉(韓石峯), 신위(申緯) 등의 임본(臨本)이 있음을 알 수가 있다. 이 사람들의 《천자문》은 지금도 인터넷에 뜨고 서점에 가면 구입할 수가 있으니, 유구(悠久)한 생명(生命)을 가진 책이라 말할 수 있다.

그러면 천지현황(天地玄黃)의·뜻은 무엇인가! 옛적 우리가 서당(書堂)에서 《천자문(千字文)》을 배울 때는 '하늘은 검고 땅은 누르다.’ 라고만 배웠다. 그러나 필자가 성장(成長)하여 《주역(周易)》을 배우고 보니, 천지현황(天地玄黃)이 단순히 ‘하늘은 검고 땅은 누르다.’는 뜻 이상의 천지우주의 이치(理致)를 가지고 있다는 것을 알았다. 즉 《주역(周易)》 곤괘(坤卦) 문언(文言)에는 “부현황자(夫玄黃者)는 천지지잡야(天地之雜也)니, 천현이지황(天玄而地黃)이라”고 하여 “대체로 현황(玄黃)이라는 것은 천지(天地)가 섞인 것이니 하늘은 검고 땅은 누르다”라고 하였다. 무슨 말인가 하면 곤괘(坤卦)(䷁)는 음(陰)이 너무 성(盛)하여 있으면서 양(陽)과 싸우므로, 그 피가 검고 누르다는 말이며, 이는 남녀(男女)가 교접(交接)하면 운우(雲雨)가 생기는데, 그 빛이 검고 누르다는 의미가 되기도 한다. 따라서 천지(天地)의 빛이 검고 누른 것인데, 남녀의 교접에서 나오는 운우(雲雨)의 빛이 천지의 빛과 같은 것이며, 또한 천지가 서로 교류하는 것과 같이 남녀(男女)가 교접함으로 말미암아 생명(生命)이 탄생(誕生)하는 것이고, 이로써 이 세상(世上)이 계속적으로 유지(維持)되는 것이니, 이는 생명의 탄생을 은연(隱然) 중에 암시(暗示)하고 있는 것이라 할 수 있다.

● 우주홍황(宇宙洪荒) : 우주는 넓고 거칠다.

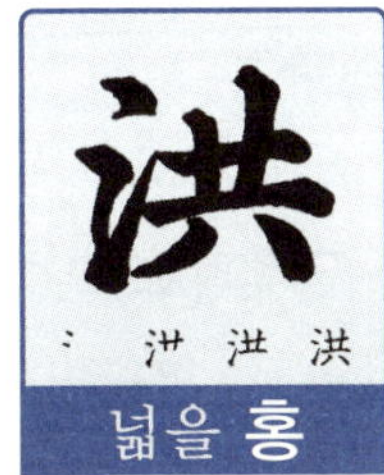

| 자원(字源) |

宇 면(宀)과 우(于)의 합자니, 宀은 가옥이란 뜻이고, 于는 장소를 표시한 것이다. 만물이 있는 장소를 하나의 집으로 상상해서 그를 우주라 하였다.

宙 면(宀)과 유(由)의 합자니, 宀은 뜻을, 由는 음을 뜻한다. 그러므로 이 세상의 집은 우주이다.

洪 氵(水)와 공(共)의 합자니, 모든 물체가 다 같이(共) 잠긴 수(氵)면은 넓은 것이다. 수면이 넓은 것은 홍(洪)이고, 적은 것을 넓히는 것은 홍(弘)이다.

荒 초(艹)와 황(巟)의 합자니, 풀이 많이 나서 넘쳐(巟) 있으니 거친 것이다. 산란하게 무성할 때는 황(荒)을 쓰고, 울밀하게 무성한 것은 무(蕪)를 쓴다.

에세이

우리들이 이 세상(世上)을 살아가는데 있어서 우주(宇宙)는 필수공간(必須空間)이다. 만약에 우주가 없다면 우리는 존재(存在)할 수가 없고 살아갈 수도 없다. 그러므로 우주라는 공간(空間)은 우리가 살아가는데 있어서 한없이 고마운 존재이다. 이러한 고마운 우주가 넓고 거칠다는 것이다.

이 세상은 태초(太初)부터 지금까지 계속적으로 창조(創造) 과정을 거치며 진화(進化)했다고 본다. 그렇기 때문에 《천자문(千字文)》의 저자(著者)는 "우주홍황(宇宙洪荒)"이라 하여, "우주는 넓고 거칠다"라고 하였다. 그렇다면 "우주가 넓고 거칠다"는 것은 무슨 말인가! 《한어대사전(漢語大詞典)》에서는 "홍황(洪荒)"을 "혼돈(混沌)"이라고 정의하였다. 그리고 송(宋)의 양만리(楊萬里)는 《한문제유성현지풍론(漢文帝有聖賢之風論)》에서 "홍황지세(洪荒之世)는 인여수미별(人與獸未別)"이라 하여, "넓고 거친 세상은 사람과 짐승을 구별하지 못한다."고 하였으니, 이는 세상이 혼돈(混沌)하여 태고의 자연(自然)만 존재하고 사람과 짐승을 구별할 수 있는 윤리나 규정이 없는 세상을 말하는 것이다.

그러므로 《천자문》의 필자는 "천지현황(天地玄黃)"으로 천지가 생명(生命)이 충만(充滿)한 세상이 되었으니, "우주홍황(宇宙洪荒)"이 되어 사람도 생겨나고 짐승 및 만물(萬物)이 생겨서 온 천지에 충만하나, 아직 인륜(人倫)이 없어서 사람과 짐승의 구별이 없는 미개한, 즉 혼돈한 세상을 말하는 것이다.

우리들이 높은 산에 올라가면, 그곳은 사람의 자취가 닿지 않은 순전히 태고(太古)적 수림을 볼 수가 있다. 그곳에는 아름드리나무들이 쭉쭉 뻗어 하늘로 치솟고 그 나무 사이에는 온갖 작은 풀들이 촘촘히 자라고 있음을 볼 수가 있는데, 그들은 그 비좁은 자리를 차지하고 있으면서도 불평을 하지 않는다. 모두가 자신을 알고 자신의 위치에서 만족하면서 꽃을 피우고 씨를 영글게 해서 씨를 전파

한다.

그 옆에는 맑은 시냇물이 졸졸 소리를 내며 흐르고 파란 이끼는 바위와 고목에 끼어 싱그러운 냄새를 풍기고 있음을 본다. 이러한 숲 사이로 바람이 살짝 불면, 모든 초목은 흔들흔들 춤을 추고 꽃들은 향기를 이동시킨다. 이러므로 이곳은 무한한 생명이 숨 쉬는 낙원이다. 아마도 《천자문》의 저자(著者)는 이러한 생명이 갓 탄생(誕生)한 세계를 책의 서두(書頭)에 넣었으니, 앞으로 전개될 내용은 무한한 생명 속에서 사람이 주인이 되어 활동(活動)하는 여러 가지 세계를 그렸다 할 것이다.

- **일월영측(日月盈昃)** : 해와 달은 차면 기울고,

| 날 **일** | 달 **월** | 찰 **영** | 기울 **측** |

| 자원(字源) |

日 본래는 **태양**을 상형한 글자(O)가 변한 것이나, 또 우주(口) 안에 오직 하나(一) 뿐인 해라는 뜻도 된다.

月 달은 30일 간격으로 변하는 것이다. 초생과 보름의 중간에 **반달**을 상형한(반달모형) 것이 月로 변한 것이다. 月을 거슬러서(屰) 초하루는 朔(삭)이다.

盈 내(乃)와 우(又)와 명(皿)의 합자니, 그릇(皿)에 또(又) 담으니 가득 **찬다**.

昃 일(日)과 측(仄)의 합자니, 해가 기울었으므로(仄) **기운** 것이다.

에세이

　해는 아침에 동쪽에서 떠서 저녁에 서쪽으로 넘어간다. 그리고 저녁이 되면 달이 동쪽에서 떠서 해와 같이 서쪽으로 넘어간다. 그러므로 이러한 현상(現像)을 "차고 기운다"고 하는 것이니, 다시 말하면, 해가 떠 있을 때를 "찼다"고 하고, 서쪽으로 넘어간 때를 "기울

었다"고 한다. 이를 달로 설명(說明)하면 이해(理解)하기가 더욱 쉬울 것이다. 즉 음력 보름이 되면 둥근달을 볼 수가 있는데, 이러한 보름달을 "찬달"이라 하고, 초승달이나 그믐달, 반달 등의 달을 "기운달"이라고 한다.

우리가 살아가는 우주(宇宙)의 공간(空間)에는 이러한 현상이 태초부터 지금까지 계속적으로 반복되어 왔다. 만약 이러한 일월(日月)의 운행이 조금만 어긋나도 이 지구상에는 엄청난 재앙(災殃)이 찾아온다. 일례(一例)로 곡식(穀食)이 한창 자랄 무렵에 서리가 내린다고 하면, 그 해의 농사(農事)는 허사(虛事)가 되어 흉년(凶年)이 들고 마니, 사람들은 1년 동안 무엇을 먹고 살겠는가! 그러므로 천지우주의 운행도수(運行度數)는 한 치도 어긋나지 않는 것이고, 그러므로 《주역(周易)》에서는 "하늘의 운행이 굳세니, 군자(君子)는 이를 본받아서 스스로 힘쓰면서 쉬지 않는다〔天行健 君子以 自彊不息〕."고 하였다.

가득 찼다는 말은 물이 그릇에 가득 찼다는 말과 같은 말이니, 물이 그릇에 가득 차면 그 다음부터는 넘치게 되고 더 들어가지 않는다. 그러나 물이 가득 차지 않은 그릇에는 물을 더 부을 수가 있다. 그 그릇의 한도만큼은 더 들어간다. 그렇다면 사람들이 받는다는 복(福)도, 많은 복을 받은 사람은 더 넣어봤자 넘치고 만다. 그러나 복을 적게 받은 사람은 앞으로 더 많은 복을 받을 수 있는 한도가 남아 있으니, 아직 희망이 있는 것이다. 그러므로 복을 많이 받은 자는 남에게 은혜를 베풀어 자기의 그릇을 비워야 한다. 그래야 복을 더 받을 수 있다. 그러므로 《서전(書傳)》 대우모(大禹謨)에서는 "가득 차면 손실을 초래하고 겸손하면 이익이 온다. 만초손겸수익(滿招損謙受益)"이라고 하는 말이 있는 것 아닌가!

사람을 대인(大人)과 소인(小人)으로 구분한다. 대인은 도량(度量)이 너무 넓어 남을 위해 사는 사람이고, 소인은 도량이 좁아 자기만을 위해 사는 사람을 말한다. 그러므로 대인은 남에게 계속 주고만 사니 넘칠 사이가 없다. 반면에 소인은 자기 창고에만 채우고 또 채우니, 나중에는 넘치고 만다. 찬다는 것은 달이 보름달이 되었다는 말과 같으니, 그 이후에는 기울어 달이 이지러지는 것과 같이 손해가 오는 것이다. 우리의 인생사에서 이러한 현상이 반복되는 것을 영측(盈昃) 한다고 하는 것이니, 슬기로운 사람은 가득 찰 때를 조심하여 손해가 오지 않게 하는 것이다.

●**신수열장(辰宿列張)** : 별들이 하늘에 벌어져 있다.

자원(字源)

辰 이월(二)에 맹동(萌動)한 풀(乙)이 다음(二)에 변화(匕)하여 잎이 위를 덮(厂)는 때, 즉 **3월**이다. 양기가 진동(震動)하니 음은 진이고, 또 양기가 신장(伸長)하는 때란 뜻으로 음은 신이다. (會意)

宿 면(宀)과 佰(숙)의 합자니, 여러(百) 나그네(人)가 길을 가다가 들어간 집(宀)에서 **자고** 가는 것이다. 따라서 별이 머무르는 곳도 뜻하는 것이다. (會意)

列 알(歹)과 도(刂)의 합자니, 칼(刂)로서 살 바른 뼈(歹)를 벌려 놓아서 **줄**이 된 것이다. 알(歹)의 변음이다. 가로줄은 열(列)이고, 세로줄은 항(行)이다. (會意)

張 궁(弓)과 장(長)의 합자니, 활(弓)줄에 화살을 대고 길(長)게 잡아당겨서 **벌리는** 것이다. 음은 장(長)이다. (會意)

에세이

  필자의 고향은 시골이다. 어린 시절에 여름밤이 되면, 마당에 모닥불을 지피고 모기를 쫓으면서 그 옆에 방석을 펴고 앉아서, 여자들은 길쌈을 하고 남자들은 새끼를 꼬면서 지냈던 시절이 있었다. 그때는 전기가 들어오지 않던 때인지라, 호롱불을 걸어놓고 일도 하고 이야기도 하면서 놀던 시절이다.

자리에 누우면 하늘에는 큰 별, 작은 별들이 반짝이며 속삭이고 있었는데, 우리들은 그 별들을 바라보다가 잠이 들곤 했다. 어떤 때는 별똥이 떨어지는데, 그 꼬리가 긴 것도 있고 짧은 것도 있다. 그 별똥이 큰 것은 땅에 떨어지는 것도 있는데, 이를 운석(隕石)이라고 한다. 그런데 많은 별똥이 한꺼번에 우수수 떨어질 때도 있다. 이럴 때는 그 많은 별똥을 바라보며 상념(想念)에 잠기기도 하였다.

제갈량(諸葛亮)은 군사(軍師)가 되어 밤마다 천문(天文)을 보고 작전계획을 세우고 전쟁에 임했다는 기록이 있다. 우리 조선에서도 《인봉전승업유고(仁峰全承業遺稿)》에 보면 중봉(重峰)선생과 인봉(仁峰)선생은 회인(懷仁)의 인봉산(仁峰山) 중턱에 있는 관천석(觀天石)에서 밤마다 천문을 보고 임진왜란이 일어날 것을 미리 예견했다는 기록이 있다. 중봉선생은 임진란이 일어날 것을 미리 알고 임금께 상소하여 난(亂)에 대비할 것을 진언(陳言)하였지만, 당시 선조와 중신들이 이를 믿지 않아 결국 임진란이 일어나고야 말았다는 기록이 있다.

이렇게 《천자문(千字文)》의 저자(著者)는 천지우주의 공간에 많은 별들이 펼쳐져 있다고 말하여 하나의 우주의 현상만을 이야기한 듯 보이나, 그 이면에는 위의 기록에 나타난 것처럼, 하늘의 별들은 현재와 미래의 변화하는 세상을 미리 보여준다고 하는 아주 중요한 뜻을 내포(內包)하고 있다는 것을 알아야 한다.

● **한래서왕(寒來暑往)** : 추운 계절이 오면 더운 계절은 가고.

자원(字源)

寒 건(寒)과 冫(氷)의 합자니, 건(寒)은 집 틈으로 바람이 들어오고 冫은 얼음이 얼었으니, **추운** 것이다. 모든 생물이 동칩(冬蟄)해서 대지는 한가(閑暇)하니, 음은 한이다. (會意)

來 주(周)나라 때 하늘에서 내려온 보리를 상형한 것이라고 하나, 보리라는 뜻으로는 치(夊)자를 덧붙여서 맥(麥)으로 쓰고, **'오다'** 라는 뜻으로만 쓰게 되었다. (象形)

暑 일(日)과 자(者)의 합자니, 태양(日)이란 것(者)은 **더운** 것이다. 더우면 사람들이 몸을 펴(叙)니, 음은 서다. (會意)

往 척(彳)과 주(主)의 합자니, **가기**(彳)만 주(主)로 함이다. 가버리는 것은 거(去)고 어디로 가는 것은 지(之)다. (會意)

에세이

　1년은 4계절로 나뉘는데, 봄은 싹이 트고 여름에는 무성하게 자라며, 가을에는 열매를 맺고 겨울에는 갈무리를 하며, 다음 해가 되면 다시 봄은 찾아와 새 생명의 싹이 튼다. 이렇게 반복하여 한 해를 보내고 한 해가 찾아오니, 이는 마치 원(○)이 되어 돌고 또 도는 것이다. 그러므로 우주에 떠 있는 해도 원으로 보이고 달도 원으로 보인다. 바닷가에 나가 저 지평선 너머를 바라보고 있으면 어느새 지평선의 끝은 원으로 둘려있음을 깨닫게 된다. 비행기를 타고 창밖을 보아도 무한한 하늘의 끝은 둥근 원의 선 안에 우주의 공간이 있음을 확인하게 된다. 그러므로 우주는 원이고 하늘도 원이며 지구도 원이고 인생도 원이라는 것을 알게 된다.

우리가 살고 있는 지구에는 무수(無數)한 동식물(動植物)들이 살아가고 있다. 그런데 이 동식물들이 모두 춘하추동(春夏秋冬)의 운행법칙에 따라 변화하며 살아가고 있다. 무슨 말인고 하니, 모든 식물들도 봄에는 싹을 틀 줄 알아, 봄은 생명이 탄생하는 계절임을 알고 있고, 여름의 그 무더운 시기에는 사람들은 무더워서 죽겠다고 야단법석을 떨지만, 식물들은 자신의 몸집을 키우고 장차 꽃을 피우고 열매 맺음을 준비하는 아주 좋은 계절임을 알고 고마워하며 성장하며, 가을에는 다시 생명을 보존해야 하므로 열매를 맺어 다음의 세대(世代)를 준비(準備)하여 생명(生命)이 당대(當代)에 끝나지 않고 영원(永遠)하다는 것을 보여준다.

겨울은 쉬는 기간이니, 명년의 봄을 준비하는 것이다. 그렇다면 봄, 여름, 가을은 쉬지 않고 활동할 수 있는 좋은 시절인 반면, 겨울은 다음 해를 기다리며 근고(勤苦)하는 계절인 것이다.

우리 집은 난(蘭)을 키운다. 난은 거름이 많은 땅에서는 자라지 않고, 물이 잘 빠지는 모래흙 위에서 잘 자란다. 그러기에 난을 한초(旱草)라 하며, 그 향기(香氣)가 너무 좋아 군자(君子)들이 이를 좋아하고 사랑하여 사군자 중의 하나로 꼽는다. 그런데 꽃을 피우기가 여간 힘이 드는 것이 아니다. 항상 따뜻한 거실에서 키우는 난은 꽃을 피우지 않는다. 그러므로 이 꽃을 피우려면 반드시 겨울에 밖으로 옮겨 추위를 겪게 해야 한다는 것이다. 추위를 겪어야만 반드시 꽃을 피우게 되는 것이니, 그렇기에 추위와 더위의 계절은 반드시 생명(生命)이 살아가는 데에 필요불가결(必要不可缺)한 계절인 것이다.

• **추수동장(秋收冬藏)** : 가을에는 거둬들이고 겨울에는 저장한다.

| 자원(字源) |

秋 화(禾)와 화(火)의 합자니, 벼(禾)가 일광(火)에 익는 **가을**이다. (會意)

收 니(니)와 복(攵)의 합자니, 니(니)는 외넝쿨이 엉킨 것이고 攵은 매를 치는 것이다. 매로서 움켜 모으는 것이니, 즉 **거두는** 것이다. 그는 손(手)으로 하니, 음은 수다. (會意)

冬 치(攵)와 빙(冫)의 합자니, 일 년 사시(四時)에서 가장 늦게(攵) 오는 추운(冫) 때니, 즉 **겨울**이다. 음은 동이니 冫의 변음이다. (會意)

藏 초(艹)와 장(臧)의 합자니, 풀(艹)로 잘(臧) 덮어서 **감추는** 것이다. 음은 장이다. 무엇을 감추는 것은 장(藏)이고, 무엇을 숨기는 것은 익(匿)이고, 스스로 숨기는 것은 은(隱)이다. (會意)

에세이

가을의 기운(氣運)을 숙기(肅氣)라 말하는데, 이는 상설(霜雪)의 찬 기운(氣運)을 대변(代辯)하는 기운이다. 그러므로 가을이 되어 숙살(肅殺)의 기운이 찾아오면 모든 만물(萬物)은 성장(成長)을 중지하고 잎은 말라 떨어지게 된다. 그렇기에 풀과 나무도 이러한 시기를 미리 알고 꽃을 피우고 열매를 맺어 다음에 찾아오는 화창(和暢)한 봄을 기다리는 것이다. 그리고 겨울의 기운을 냉기(冷氣)라 하는데, 이 냉기가 찾아오면 삼라만상(森羅萬象)은 꽁꽁 얼어붙는다. 이때는 생명의 원천(源泉)인 태양도 빛을 잃어 도무지 생명이 발붙일 곳이 없는 절망의 시절이 되는 것이다.

이에 사람들은 가을에 추수(秋收)한 곡식을 곳간에 저장(貯藏)해 놓고, 이를 식량(食糧)으로 삼아 봄이 오기만을 기다리는 것이다. 동물이나 식물들도 매한가지로 기나긴 추운 겨울을 나기에 각기 자기(自己)에게 가장 좋은 방법(方法)을 찾아 겨울을 난다. 일례(一例)로 양서류(兩棲類)나 곰 같은 동물은 동면(冬眠)에 들고 나무들은 모든 수분(水分)을 땅속에 있는 뿌리로 이동시켜 얼어 죽지 않으려고 모든 방법을 동원해 겨울을 나는 것이다.

동지(冬至)가 되면 1년 중 밤의 길이는 가장 길고 낮의 길이는 가장 짧은 것이니, 이 날은 음기(陰氣)가 가장 성(盛)한 날이다. 동지가 지나면서 한 점의 양기(陽氣)가 생기고 점차 지나면서 음기는 물러가고 양기(陽氣)가 커가면서 봄이 찾아오는 것이다. 땅속에 있는 씨앗들도 이러한 계절(季節)의 변화를 알고 따뜻한 땅속에서 차분히 준비(準備)하여 싹을 띄우는 것이니, 이러한 현상(現像)은 천지우주의 변화(變化) 속에 생명(生命)을 불어넣는 기운이 활동하여 이루어지는 것이니, 이를 귀신(鬼神)의 조화(造化)라 하는 것이다. 이렇게 봄이 오는 것은 생명(生命)이 활동하는 따뜻한 계절(季節)을 말하는 것인데, 이러한 화창(和暢)한 좋은 계절도 추수동장(秋收冬藏)의 덕(德)이 있기에 죽지 않고 새로운 생명이 숨 쉬는 좋은 계절을 맞게 되는 것이다.

● 윤여성세(閏餘成歲) : 윤달을 넣어 해를 이루고,

| 자원(字源) |

閏 옛적 왕(王)은 일 년 열두 달에 매월 초하루에는 반드시 종묘에서
고유(告諭)를 하는데, 윤달 초하루에는 문(門) 내에 있기 때문에,
門과 王의 합자로 윤달을 뜻했으니, 음은 윤이다.

餘 내(余)가 먹다(食)가 식물을 남기는 것이다.

成 무(戊)와 정(丁)의 합자로, 무(戊)는 무(茂)로 통하고, 정(丁)은 당
(當)을 뜻한다. 초목이 무성해서 완전한 형태에 당도한 것이니, 즉
이루는 것이다. 가서 무엇을 이루는 것은 치(致)다.

歲 보(步)와 술(戌)의 합자로, 날(日)이 가서(步) 곡식이 결실(戌)하는
한 해를 계산하는 것이다. 음은 세니 세(世)로도 통한다. 한 해를
통칭함은 년(年), 여러 해를 총칭함은 세(歲)다.

에세이

음력(陰曆)은 달의 운행을 기준으로 하여 만든 월력(月曆)이다. 그
러므로 해를 기준하여 만든 태양력(太陽曆)과는 일자(日字)가 일치

하지 않으며, 음력은 1년에 10일 21시간이 남는다. 그러므로 반드시 윤달을 두어야 하는데, 3년에 윤달 한 달을 주고, 5년에 윤달 두 달을 주며, 19년에 윤달 7개월을 주는 것이다.

태양력의 윤달은 4년마다 2월에 29일을 넣어서 1일을 더하는 방식이고, 음력은 3년에 1개월을 더하는 방식이다. 본문의 "윤여성세(閏餘成歲)"는 음력을 표본으로 하여 만든 용어이니, 본문에서는 음력을 기준으로 하여 이야기를 전개할까 한다. 음력(陰曆)이라는 역법(曆法)은 달을 기준으로 하여 만든 역법이기 때문에, 달의 초하루와 보름이 달의 모형과 정확히 맞아떨어진다. 그리고 바닷물의 만조(滿潮)와 간조(乾潮), 밀물과 썰물, 조금과 사리 등의 현상은 달의 인력으로 인하여 생겨나는 현상인데, "조금"은 음력 8일과 23일을 기준으로 앞뒤로 3일~4일간씩 약 7일 정도이고, 사리는 삭망(朔望) 즉 1일과 15일의 만조(滿潮)의 조석(潮汐)을 말한다.

여기서 우리들이 알아야 할 가장 중요한 것은 바닷가로 나갈 때가 조금 때냐, 사리 때이냐이다. 즉 음력 8일과 23일을 기준일로 하여 전후 약 일주일간은 바닷물이 썰물이 된 때니, 아이들을 데리고 나가 고기를 잡기에 아주 좋고, 사리는 음력 1일과 15일을 전후한 만조(滿潮)의 시기이니, 바다의 경관(景觀)이 아주 좋아 유람하기에 좋은 때이다.

중부이남 지방에서는 윤달에 마을 부녀자들이 성터에 올라가 성줄기를 따라 도는 풍속(風俗)이 있는데, 이를 '성 돌이' 또는 '성 밟기'라고 한다. 이 역시 불교(佛敎) 신앙(信仰)의 '탑돌이'와 유사한 성격을 지닌 것으로 극락(極樂)으로 가고자 하는 염원(念願)을 담고 있다. 특히 전라도 고창(高敞)지역에서는 '성 돌기'를 할 때 액(厄)을 물리치고 장수(長壽)한다고 하여 돌을 머리에 이고 돌기도 한다.

• **율려조양(律呂調陽)** : 음려(陰呂)와 양률(陽律)은 음양(陰陽)을 조절한다.

│ 자원(字源) │

律 척(彳)과 율(聿)의 합자니, 사람이 행(彳)할 바를 붓(聿)으로써 기록한 **법**이라. 음은 율이다. 절대성이 있는 법은 율(律)이고, 공평성과 변화성이 있는 법은 법(法)이다.

呂 사람의 등뼈를 상형한 것이니, 이것이 음성의 대소고저가 서로 연결되는 **음률**을 의미한 것이다.

調 언(言)과 주(周)의 합자니, 말(言)을 두루(周)해서 양방의 기분을 **고루는** 것이다. 음은 조니 주(周)의 변성이다. 같은 기분으로 합치는 것은 조(調)고, 하나의 전제로 합치는 것은 화(和)다.

陽 본시는 양(昜)이니, 달(勿)은 지평선(一) 아래에 있고, 그 위에 해(日)가 뜬 별인데, 뒤에 또 부(阝)를 덧붙였으니, 언덕(阝) 저쪽은 반드시 음지가 되는 **양지**이다.

에세이

　율려(律呂)는 12율의 양률(陽律)과 음려(陰呂)를 통틀어 일컫는 말이니, 이는 음악의 음양을 조절한다는 말이다. 12율은 1옥타브의 음정을 12개의 반음으로 나눈 것을 말하므로, 1개의 율은 1개의 반음을 가리킨다. 12율은 황종(黃鐘)·대려(大呂)·태주(太簇)·협종(夾鐘)·고선(姑洗)·중려(仲呂)·유빈(蕤賓)·임종(林鐘)·이칙(夷則)·남려(南呂)·무역(無射)·응종(應鐘) 등이다.

《악학궤범》에 따르면 이들 가운데 황종·태주·고선·유빈·이칙·무역을 양률이라 하고, 대려·협종·중려·임종·남려·응종을 음려라고 한다. 양률은 육률(六律), 음려는 육려(六呂)라고도 한다.

율려(律呂)는 음악의 음양을 말한 것이다. 이 음양이라는 것은 상대성 원리로, 우리가 살고 있는 천지우주에서는 이 원리를 벗어나지 않는다. 그중에서 사람의 남자와 여자가 대표적이다. 이 음양은 서로 당기는 성질이 있으니, 그러므로 남자는 여자를 좋아하고, 여자는 남자를 좋아하게 되어서 서로 결혼도 하는 것이다.

우리나라의 고유한 의학인 한방의 원리는 부족하면 병이 되니, 이를 채워주면 병이 낫는 원리이다. 양기는 가벼워서 위로 뜨고, 음기는 둔탁하므로 아래로 가라앉는다. 그래서 양기를 보하는 약은 양기이므로 약물이 담(淡)하여 위로 뜨니, 즉 황기를 달인 물 같은 것을 말하고, 음을 보하는 약물은 탁(濁)하여 아래로 가라앉으니, 즉 숙지황을 달인 물 같은 것을 말한다. 위 두 약물이 서로 보완이 되면 음양을 보하는 것이니, 이를 조양(調陽)이라고 말하는 것이다.

그림을 그리는 것도 위에서 말한 음양의 원리를 똑같이 적용한다. 물감을 쓰는데 너무 담(淡)하면 주위의 시선을 끌지 못한다. 그렇다고 해서 너무 농(濃)하면 탁(濁)해져서 사람들이 눈길을 주지 않는 것이다. 이 두 색이 적절히 조화를 이루어야만 관람자가 눈길을 주는 것이다. 서예도 매한가지이다. 추사선생의 글씨를 보면 큰 글자는 크게 쓰고, 작은 글자는 작게 써서 음양이 자연히 나타나게 하였다. 그리고 습(濕)하게 쓰기도 하고 마르게〔乾〕 쓰기도 하여, 습한 글자와 마른 글자가 적절히 조화를 이루게 쓴 것을 볼 수가 있다. 이러한 것도 조양(調陽)이 되는 것이다.

• **운등치우(雲騰致雨)** : 구름이 하늘에 날아오르면, 비가 되어서 땅에 내리고,

| 자원(字源) |

雲 본래 운(云)이 구름을 상형한 글자인데, 이 자가 말한다는 뜻으로 쓰이므로, 또 우(雨)자를 덧붙여서 **구름**이라는 뜻으로 쓴 것이다.

騰 짐(朕)과 마(馬)의 합자니, 말(馬)이 뛰어서 높이(朕) **치솟는** 것이다. 치쳐서 오르는 것은 등(騰)이고, 높은데 오르는 것은 등(登)이고, 해처럼 오르는 것은 승(昇)이다.

致 본래는 지(至)와 치(夂)의 합자니, 뒤늦게(夂) **이르는**(至) 것인데, 뒤에 와서 복(攵)으로 변했으니, 매를 쳐서(攵) **이르도록**(至) 하는 것이다.

雨 ─은 하늘, 冂은 구름인데, 하늘에서 구름 속으로 냉기가 내려와 (丨) 물방울(氵)로 응결되어 떨어지는 **비**이다.

에세이

우리가 살고 있는 지구는 '물의 행성' 이라고 불린다. 왜냐하면 지표면에 이만큼 물이 있는 행성은 태양계 중에서도 지구뿐이기 때문

이다. 지구 전체에는 약 13억 5천 6백만km의 막대한 물이 존재하고 있고, 바다에 있는 물의 양은 지구 전체에 존재하는 물의 양의 97%를 차지하는 137경 톤이나 된다고 한다. 그리고 지구에 있는 바다(물)와 육지의 비율은 7 : 3임은 누구나 익히 잘 알고 있는 사실이다.

그러면 이들 물은 어떻게 순환할까! 익히 아는 바와 같이 물은 기체와 액체와 고체 등 세 가지로 변화하는데, 이는 날씨의 영향을 받는다. 즉 겨울에 날씨가 추우면 고체인 얼음이 되고, 봄이 되어서 날씨가 따뜻해지면 액체로 변하며, 그리고 햇볕이 쨍쨍 쬐면 수증기로 변하여 기체가 된다.

하늘이 먹구름으로 가득하면 비가 내리는 줄은 삼척동자도 다 안다. 그러나 운등(雲騰), 즉 하늘에 있는 구름이 어떠한 작용으로 비가 되는지는 잘 알지 못한다. 이를 자세히 설명하면, 구름속의 얼음 알갱이의 증발한 물방울들이 달라붙어 점점 커지면 땅에 내려오게 되는데, 이때 기온이 어는점보다 높으면 비가 된다고 한다.

이러한 과정을 순환한다고 하는데, 이러한 순환이 계속되므로 말미암아 마른 땅에 수분을 제공하여 생명을 탄생하게 하는 것이다. 일례로, 사람이 그 물을 먹으면 당장은 그 먹은 만큼 물은 없어지나, 그러나 이는 순환하여 소변이나 대변, 그리고 땀으로 빠져나오므로, 원래의 물은 하나도 줄어들지 않는 것이다.

여기에서 중요한 메시지는 비가 오는 것인데, 앞에서 혼돈의 천지 우주를 말했으므로, 이 비가 초목에 습기를 제공하게 되어서 푸른 대지를 만들고, 꽃을 피우고 열매를 맺어서 아름다운 세상을 만드는 것을 말한 것이다.

● **노결위상(露結爲霜)** : 이슬이 맺으면 서리가 된다.

| 자원(字源) |

露 우(雨)와 로(露)의 합자니, 길(路)이 풀잎에 수증기가 맺힌 비(雨)
방울인 **이슬**이다. 그것은 잘 보이기 때문에 **드러나다** 라는 뜻이
되었으니, 음은 로(路)다.

結 사(糸)와 길(吉)의 합자니, 서로 관계가 없는 것이 길(吉)하게 인연
을 **맺은** 것이다. 음은 결이니, 길(吉)의 변성(變聲)이다.

爲 조(爪)와 이(目)와 포(勹)와 화(灬)의 합자니, 자동력을 가진 불(火)
을 내포(勹)한 손(爪)으로써(以) 일을 **하는** 것이다. 무슨 일을 하는
것은 반드시 삶을 위(衛)함이니, 음은 위다.

霜 우(雨)와 상(相)의 합자니, 초목을 살리는 것은 비(雨)인데, 그의 상
(相)대로 초목을 죽이는 것은 **서리**이다.

에세이

앞의 운등치우(雲騰致雨)는 봄과 여름에 오는 비를 말한 반면, 노
결위상(露結爲霜)은 가을이 되어서 날씨가 추워지기 시작하면, 이

슬이 맺어서 서리가 됨을 말한 것이다. 가을은 숙살(肅殺)의 기(氣)가 주장하는 계절이다.

봄에 싹을 띄우고 여름에 무성하게 자라서 가을에 열매를 맺은 초목은, 이제 1년 동안의 할 일을 다한 것이다. 그래서 다음 해에 다시 싹을 틔우려면, 반드시 가을의 숙살의 기운으로 말미암아 모두 죽음을 맞는 것이다. 어떻게 생각하면 좀 모진 행위 같으나, 그러나 다음 생명의 탄생을 위해서는 어쩔 수가 없는 것이다.

사람은 한 해의 농사지은 곡식으로 한 해를 살고, 또 농사를 지어서 또 한 해를 살아가야 하므로, 가을의 숙살의 기운은 이 세상에 지속적으로 생명을 불어넣어 주는데 필수불가결한 것이다.

추상(秋霜)은 가을의 찬 서리이고, 백인(白刃)은 서슬이 시퍼렇게 번쩍이는 날카로운 칼날을 말한다. 두 문구 모두 가슴을 서늘하게 하는 용어이니, 이것이 가을에 서리가 내리는 것과 연관이 있는 용어이다. 또 이런 속언도 있다. "일부함원(一婦含怨)이면, 오월비상(五月飛霜)이라"는 속언(俗言)으로 이를 풀이하면, 여자가 품은 깊은 원한을 비유적으로 이르는 말이니, '한 여인이 왕에게 깊은 원한을 품었더니 오월인데도 서리가 내렸다.' 라는 데에서 유래한 용어이다.

이를 오상(五常)으로 대입하면 의(義)에 해당한다. 봄은 인(仁)에 해당하니, 봄은 만물을 생(生)하는 계절이고, 가을은 그와 반대로 만물을 죽이는 계절인 것이다. 이를 숙살(肅殺)하는 기운이 주장한다고 한다. 우리가 언뜻 생각하면 가을은 아주 나쁜 계절 같지만, 그러나 이도 필요하고 저도 필요한 것이다. 숙살의 계절이 지나야만 봄의 따뜻한 계절이 찾아와서 꽃도 피고 나비도 나는 것이다.

• **금생려수(金生麗水)** : 금은 여수(麗水)[1]에서 생산되고,

| 자원(字源) |

金 『설문(說文)』에는 금(仐)과 토(土)의 합자니, 음은 금(仐)이다.

生 철(屮)과 토(土)의 합자니, 움(屮)이 땅(土)에서 **나는** 것이다. 나서 살아가니, **산** 것 즉 **날** 것이다.

麗 『설문(說文)』에는 "려(麗)는 여행(旅行)이니, 록(鹿)을 쫓는다."고 했으나, 본시는 려(丽)만이 고운 사슴의 문의(文意)를 상형했던 것이나, 후에 다시 록(鹿)자를 붙여서 그 의미를 확실히 했다.

水 『주역(周易)』에서 **물**을 의미하는 감(坎)괘는 ☵이라 하니, 이것을 세워서 좌우의 선을 곡선으로 붙인 것이다.

에세이

《한비자(韓非子)》 내저편(內儲篇)에 보면, "금(金)은 여수(麗水)라는 곳에서 난다."고 한다. 이는 중국의 지명인데, 이 천자문을 지을

---

1) 여수(麗水) : 《한비자(韓非子)》 내저편(內儲篇)에 보이는 물 이름으로, 양질의 금(金)이 산출되는 곳이다.

당시에는 여수(麗水)라는 곳이 금을 생산하는 곳으로 가장 유명했던 듯하다. 그러나 어찌 금이 여수에서만 나오겠는가. 우리나라에서도 금이 나오는 곳은 많다. 필자의 고향인 부여군 임천면에도 금광이 있고, 충청도 청양은 금광으로 매우 유명한 곳이다.

오행(五行)의 상생(相生)에 보면, "금생수(金生水)라고 하여, 금은 물에서 나온다."고 하였다. 그리고 상극(相剋)에 보면, "금극목(金克木)이라 하여, 금은 목을 극(剋)한다."고 하였다. 이 오행의 상생(相生)과 상극(相剋)의 원리가 이 세상을 운행하는데 있어서 아주 중요한 역할을 한다. 즉 너무 성(盛)하면 견제를 하게 되는데, 이를 극(剋)한다고 하는 것이다.

일례로 인체의 오장(五臟)을 놓고 이야기를 하면, 간장은 목(木)에 해당하고 심장은 화(火)에 해당하고, 비장은 토(土)에 해당하고, 폐장은 금(金)에 해당하고, 신장은 수(水)에 해당한다. 그래서 위(胃)가 약해서 소화가 안 되면 토〔胃〕의 어머니인 화(火)를 보(補)해서, 어머니의 기운이 아들인 비장(脾臟)에 영향을 미치게 하여 병을 고치는 것이니, 이는 보법(補法)의 원리이고, 반면에 사법(瀉法)이 있으니, 비장이 너무 실(實)하면 사법(瀉法)을 써야 하는데 곧장 비장을 사하는 것이 아니고, 신장의 아들인 폐장을 사(瀉)하면 비장에 영향을 주어서 비장이 정상으로 돌아오는 것이니, 이것이 한방의학의 기본원리이다.

요즘 금(金)이 천정부지로 올랐다. 세계의 경제가 불안하니까 사람들이 안전한 재산인 금(金)에 투자를 많이 해서 그렇게 오른 것이다. 옛적에는 아기의 돌 때에는 금반지를 선물하였는데, 지금은 금을 선물하기가 매우 어렵게 되었다. 점점 세상을 살기가 어려워지는 것이 아닌가!

•옥출곤강(玉出崑崗) : 옥은 곤강(崑崗)에서 나온다.

| 자원(字源) |

玉 본시는 구슬 셋을 꿰어놓은 왕(王)자와 같으니, 왕(王)자가 다른 의미로 쓰이자, 한 점을 더하여 **구슬 옥**으로 하였다.

出 凵 이러한 구덩이 안에 풀의 싹(屮)이 자라서 밖으로 **나가는** 것이다.

崑 산(山)과 곤(昆)의 합자니, **산(山)**에서 뜻을 받고, 곤(昆)에서 음을 받은 글자로 음은 곤이다.

崗 산(山)과 강(岡)의 합자니, **산(山)**에서 뜻을 받고, 강(岡)에서 음을 받은 회의(會意)문자이다.

에세이

　"옥은 곤강(崑崗)에서 나온다"고 하였는데, 곤강(崑崗)은 곤륜산의 지류에 있는 산의 이름이다. 《서경(書經)》에 보면, "곤강에 불이 나면 옥이나 돌이 다 타버린다〔火炎崑岡玉石俱焚〕."고 하였으니, 곤강(崑崗)에서 옥이 난다는 말은, 지금으로부터 약 3,000년 전에도 유행했던 것으로 사료된다. 그러면 옥이 곤강에서만 나는 것이냐! 물론 그건 아니다. 우리나라의 춘천에서 나는 춘천옥이 유명하다. 왜냐면 그 옥으로 반지나 팔찌를 만들어 끼면 몸에 혈기가 잘 돌아서 건강에 아주 좋다고 한다. 그래서 옥을 파는 가게가 여기저기 많았었는데, 요즘은 그런 가게들도 모두 문을 닫은 지 오래되었다.

 지구상에는 약 2,000여 종류의 광물 중에, 옥은 몸에 지니면 인간의 덕성까지 닦는 것으로 기록되어 있고, 사람이 옥을 사랑하고 좋은 마음을 가지면 건강을 지켜주는 것으로 알려졌으며, 반대로 사악한 사람이 옥을 지니면 단명(短命)하는 것으로 알려지고 있다. 그리고 옥은 성경 말씀에도(요한계시록 21장 16절−21절) 하나님이 온 세상을 옥으로 만드셨다는 말씀과, 자비스러운 불교 경전에도 일곱 가지 보석 중에 옥을 제일 먼저 서열(序列)하여 놓은 것은 많은 것을 생각하게 한다.

 중국의 고전인 《예기(禮記)》에 의하면, 옥을 목차에 넣어 제13조 옥조 편으로 등제하고 있으며, 현재 춘천 옥산가 광산에서 생산되고 있는 동일한 종류의 옥인 중국 신강성의 백옥 및 청, 백옥은 중국의 천자(天子)만이 독점물로 사용하였던 것이다. 천자가 과중한 활동에 건강과 왕권 보위의 수단으로 연옥에서 발산되는 강력한 기를 선용하였던 것이다. 그리고 천자의 왕관이나 앞이마에는 옥을 장식하였고, 옥 의자에 무릎 밑까지 내려오는 옥의(玉衣)를 입고 옥그릇을 사용하였으며, 옥침구와 옥 베개까지도 애용했던 것이 건강을 유지하기 위한 것이었다. 또한 한의서인 《본초강목(本草綱目)》에 의하면 연옥이 오장의 백 가지 병을 다스려준다고 밝히고 있다.

 옥에는 연옥(軟玉)과 경옥(硬玉)이 있으니, 조직이 치밀하고 경질이며, 투명하여 아름답게 빛나고 연마하여 광택이 나는 것을 말한다. 광물학적으로 연옥은 각섬석의 일종이며, 경옥은 알칼리휘석의 일종이다. 연옥은 유백색인 것이 많으며, 녹색, 황색, 홍색 등도 있고 경옥은 녹색, 백색이다. 색에 따라 여러 가지 명칭이 있으나, 백옥과 비취가 대표적인 것이다. 고대로부터 동양에서 귀히 여겨 왔으며 세공하여 장식용 옥기로서 사용되어 왔다.

● **검호거궐(劍號巨闕)** : 검(劍)의 이름을 거궐(巨闕)이라 하고,

| 자원(字源) |

劍 첨(僉)과 도(刂)의 합자니, 여럿(僉)을 치는 칼이다. 주로 병기로 쓰이는 **큰 칼**이다. 큰 칼은 검(劍)이고, 작은 칼은 도(刀)이며, 칼날은 인(刃)이다.

號 호(号)와 호(虎)의 합자니, 범이 힘차게 소리치는 것이다. 따라서 유력하게 부르는 별다른 **이름**이다. 보통 이름은 명(名)이다.

巨 『설문(說文)』에는 "자를 손으로 쥔 것이다."라고 했으니, 공(工)은 작은 곡척(曲尺)이고, 거(巨)는 속에 쥘 손이 달린 **큰** 곡척이다. 한없이 큰 것은 거(巨)이고, 비교해서 큰 것은 대(大)이며, 질적으로 큰 것은 태(太)이다.

闕 궐(欮)은 거슬러(逆) 올라서 입(欠)을 벌린 것인데, 이층의 문(門)이 있다. 하층은 문이고 상층은 멀리 보는(觀) 곳이니, 법령을 내리는 **궁궐**이다.

에세이

춘추 시대 월(越)나라 사람 구야(歐冶)가 만들어서 월왕(越王)에

바친 칼이 담로(湛盧)·거궐(巨闕)·승사(勝邪)·어장(魚腸)·순구(純鉤)라는 다섯 자루의 칼이 있고, 초왕(楚王)에 바친 칼이 용연(龍淵)·태아(泰阿)·공포(工布)라는 세 자루가 있다고 전한다.

옛적에는 칼을 매우 중요시 했다. 그래서 보검(寶劍)의 이야기가 심심찮게 들린다. 용천(龍泉)과 태아(太阿), 두 검의 고사는 아주 유명하니,

"진(晉)나라 무제(武帝) 때 두우(斗牛) 사이에 자기(紫氣)가 있자, 장화(張華)의 부탁으로 뇌환(雷煥)이 그 검을 발굴해 낸 뒤, 용천검은 장화에게 보내고 태아검은 자기가 차고 다녔다. 그 뒤에 장화가 복주(伏誅)되고 나서 용천검의 소재가 알려지지 않았고, 태아검 역시 뇌환이 죽고 나서 그 아들이 차고 다니다가 연평진(延平津)을 지날 때 칼을 물속에 빠뜨렸는데, 잠수부를 시켜 찾아보게 한 결과, 칼은 보이지 않고 두 마리 용이 사라지는 것만을 보았다"고 한다. 《晉書 卷36》

옛적에는 무기의 가장 대표적인 것이 칼과 창이다. 그래서 이러한 무기는 아주 강한 쇠로 만들어서 쉽게 부러지거나 날이 빠지지 않아야 한다. 이는 풀무 간에 있는 대장장이가 풀무질을 얼마나 잘하느냐에 따라 쇠가 강해지고 약해진다고 한다.

국가를 운영하려면 군대가 있어야 하고, 그 군대는 그 나라의 변방을 굳건히 지켜야 한다. 그렇게 하려면 좋은 무기가 있어야 하니, 좋은 칼과 창은 지금으로 말하면 로켓포나 원자탄 정도의 위력이 있다고 봐야 한다. 그러므로 유능한 대장장이는 국가에서 특별한 대접을 받았을 것으로 생각되니, 지금 같으면 포스코의 사장이나 국방과학연구소 소장의 역할을 했다고 보면 된다.

• **주칭야광(珠稱夜光)** : 구슬이 빛을 발하므로 야광(夜光)이라 칭하였다.

| 자원(字源) |

珠 옥(玉)과 주(朱)의 합자니, 주(朱)는 광명색이고, 옥(玉)은 **옥**이다. 광명색이 나는 진주니, 음은 주다. 빛나는 옥은 주(珠)이고, 최상의 옥은 벽(璧)이고, 피석이 있는 옥은 박(璞)이다.

稱 칭(爯)은 좌우 두 손에 같이 물건을 드는 뜻인데, 화(禾)변을 붙였으니, 벼를 양손으로 무게를 단다는 뜻으로 **저울, 알맞다, 일컫다.** 라는 뜻이 있다.

夜 『설문(說文)』에는 "역(亦)과 석(夕)의 합자라 했으니, 저녁(夜)으로부터 또 오는 시간은 **밤**이다.

光 사람(儿)의 위에 불(火)이 있으니, **빛**이 보이는 것이다. 그 빛은 넓게(廣) 비취니, 음은 광이다. 물건을 보게 하는 빛은 광(光)이고, 물건에 붙어있는 빛은 색(色)이다.

에세이 

구슬에는 화씨벽(和氏璧)이라는 구슬이 가장 유명하다. 그 이야기를 소개하면, "옛적 초(楚)나라 사람 변화(卞和)가 형산(荊山)에서 박옥(璞玉)을 얻어서 초(楚)나라 여왕(厲王)에게 올리니, 여왕이 옥공(玉工)을 시켜 감정하게 하였다. 옥공이 돌이라고 하니, 임금을 속였다고 하여 좌측 발꿈치를 베어 버렸다. 여왕이 죽고 무왕(武王)이 즉위하자 또 박옥을 올리니, 무왕이 옥공을 시켜 감정하게 하였는데 또 돌이라고 하매, 또 우측 발꿈치를 베어버렸다. 그 후 무왕이 죽고 문왕(文王)이 즉위하자, 변화가 박옥을 안고 형산 아래에서 통곡하니, 문왕이 사람을 보내어 그 연유를 물었다. 변화가 말하기를 '보옥을 돌이라 하고 정직한 선비를 간사한 자라고 하니, 그것이 슬퍼서 그런다.' 하였다. 왕이 마침내 옥공을 시켜 박옥을 쪼개보니 과연 진귀한 보옥이 나오므로, 드디어 화씨벽(和氏璧)이라 이름하였다."고 한다. 《韓非子 和氏》

구슬은 빛을 발한다. 좋은 구슬은 빛이 더욱 영롱하다. 사람들은 이러한 구슬을 좋아하여 많은 돈을 주고 사서 몸에 장식을 한다. 사실 구슬은 우리가 먹고 살아가는 데는 하등의 유익을 주지 못한다. 단지 희귀한 물건이라는 것 하나 때문에 그렇게 많은 가격이 형성되는 것이다. 이러한 구슬이 없는 사람도 생활하는 데는 하등의 불편을 느끼지 않는다. 이는 돈이 많은 사람들의 하나의 사치품에 불과한 것이다. 혹 이를 많이 가지고 있으면 도적이 들까를 걱정하게 되니, 이는 걱정을 주는 물건이다. 그래도 사람들은 돈을 많이 벌면 꼭 비싼 물건을 사서 몸에 지니고 다니기를 즐긴다. 왜냐면 나는 돈이 많은 사람이라는 것을 은연중에 자랑하는 것이다. 그러므로 이는 소인들의 하나의 과시욕에 불과한 것이다.

● **과진이내(果珍李柰)** : 과실의 보배는 오얏과 버찌이고,

| 자원(字源) |

果 목(木)의 위에 전(田)은 열매를 상형한 것이니, **과실**이다. 목(木) 위에 전(田)은 과(果)지만, 목(木) 위에 일(日)은 고(杲)니, 해가 나무 위에 뜨는 것이다.

珍 옥(玉)과 진(参)의 합자니, 털(彡)에 덮인 사람(人)처럼 피석(皮石)에 덮인 **옥**은 진귀한 것이다.

李 목(木)과 자(子)의 합자니, 목자(木子)는 나무 열매나, 특히 **오얏**을 뜻한 것은 가장 대표적으로 일찍 익기 때문이다.

柰 크게(大) 보이니(示) **어찌** 속일까!

에세이

옛적에 이씨(李氏) 성을 가진 사람들은 집안에 오얏나무를 심어서 자기가 이씨(李氏)임을 은근히 나타내었다. 지금도 농촌에 가보면 이씨 성을 가진 집은 거의 어김없이 오얏나무가 울 안에 있어서 봄이 되면 화사한 꽃을 피우고 아름다운 자태를 뽐내고 있는 것을 볼

수가 있다. 그런데 지금은 오얏이 자두로 변신을 하였다. 왜 이렇게 변신을 했을까! 이는 꽃은 자두나 오얏이 거의 같다. 그러나 열매를 보면 자두는 오얏보다 몇 배나 더 크고 맛이 좋다. 그래서 우리나라에서는 현재 오얏을 구경하기가 꽤나 어렵다.

지금부터 10여 년 전에 중국 섬서성에 있는 태백산을 갔는데, 그곳은 해발 3,767m나 되는 높은 산 아래인지라. 아주 벽촌이어서 길거리에 시장이 섰는데, 그곳에서 오얏을 파는 사람을 보고 이를 사 먹은 기억이 있다. 아마도 이곳 사람들은 오얏이 자두로 진화한 것을 알지 못하기에, 아직도 오얏을 가꾸어서 팔고 있을 것이다.

버찌는 벚나무의 열매이다. 필자가 어렸을 때는 봄이 되면, 산에 올라가서 버찌를 따서 주전자에 가득 채운 다음, 집에 돌아와서 먹은 추억이 있다. 그런데 지금은 벚꽃이 아주 아름다우므로, 각 지자체에서 노변에 벚나무를 심어놓아서 봄이 되면 동네가 온통 화사한 벚꽃 속에 있는 아름다운 풍경을 볼 수가 있다.

그러나 사람들은 벚꽃의 아름다움은 잘 알지만, 버찌가 맛있고 약이 되는 중요한 과실이라는 것은 모른다. 그래서 노변에 있는 벚나무에 열린 버찌들은 따먹지 않는다. 필자는 봄이 되어서 버찌가 익으면 매일 조금씩 따서 먹는다. 이 버찌의 맛은 시고, 달고, 쓰다. 신맛은 간으로 들어가고, 쓴맛은 심장으로 들어가며, 단맛은 위장으로 들어가서 각기 그 장부를 보(補)한다. 다시 말하면, 간장을 보하여 정력도 좋아지고, 단맛이 있어서 소화도 돕는다. 여하튼 옛날 사람들은 오얏과 버찌를 과실의 보배라 했으니, 이 과실을 가장 중요시했다는 증거이다.

• **채중개강(菜重芥薑)** : 채소는 겨자와 생강을 귀중하게 여겼다.

나물 **채**

무거울 **중**

겨자 **개**

생강 **강**

| 자원(字源) |

菜 초(++)와 채(采)의 합자니, 손으로 가려 따서(采) 먹는 풀은, 즉 **나물**이다. 식용할 수 있는 나물은 채(菜)고, 영양가가 적은 나물은 소(蔬)다.

重 『설문(說文)』에는 "종임동성(從壬東聲), 임(壬)을 따르고 동(東)의 소리이다."라고 했으나, 삽(臿)과 토(土)의 합자니, 삽(臿)으로 땅(土)을 뜨니, **무거운** 것이다. 흙을 거듭거듭 뜨니 **거듭**이라는 뜻이 되었다.

芥 초(++)와 개(介)의 합자니, 초(++)는 **뜻**이 되었고, 개(介)는 음이 되었다.

薑 초(++)와 강(畺)의 합자니, 초(++)는 **뜻**이 되었고, 강(畺)은 음이 되었다.

에세이

　겨자와 생강은 모두 음식을 만드는데 있어서 없어서는 안 될, 아주 중요한 향신료이다. 일례로, 홍어나 아귀찜 같은 음식을 먹을 때는 반드시 겨자를 넣은 소스를 찍어 먹어야 그 느끼한 맛을 없앨 수 있다. 특히 생강은 성분이 따뜻한 약재이다. 몸이 차거나 약한 사람은 생강을 끓여 먹으면 아주 좋다. 우리가 흔히 말하는 보약이라는 것은 대체적으로 몸이 허약한 사람을 보(補)하는 것인데, 이때에 생강을 말린 건강(乾薑)이 반드시 들어간다.

사람은 평균 체온이 36.5℃이다. 왜 이렇게 몸이 따뜻한가! 이는 사람의 몸에 열이 있어야 기운이 생기고 그 힘으로 활동을 한다. 그러므로 허약한 사람은 몸이 차가워서 열이 부족하다. 이러한 사람은 잠을 자도 따뜻한 곳에서 자야 하고, 음식을 먹어도 열이 있는 음식을 먹어야 힘이 생기고 보가 된다.

필자 역시 열이 부족하고 몸이 찬 소음인이다. 그렇기 때문에 술을 먹어도 열이 많은 소주를 먹어야 몸에 이상이 없지, 만약에 차가운 맥주를 마시면 반드시 설사를 한다. 이는 찬 몸에 찬 것을 먹으니까 몸이 더 차가워져서 설사를 하는 것이다. 그러므로 필자 같은 소음인은 열이 많은 생강이나 건강을 많이 먹어야 좋다.

하여튼 《천자문》의 저자가 겨자와 생강이 중요한 식품이라고 한 말은 향신료로써 한 말이나, 그 이면에는 기력을 보하는 열이 많이 들어 있는 식품이라는 것도 생각했을 것으로 사료된다. 부가하여 말하면, 몸이 찬 사람은 꿀에 생강과 인삼을 넣어서 10여 일 재어두었다가 먹으면 보약을 먹는 것보다 더욱 효과가 있다는 것을 말해둔다.

● **해함하담(海鹹河淡)** : 바닷물은 짜고 민물은 담담하고,

| 자원(字源) |

海 수(氵)와 매(每)의 합자니, 모든(每) 강물이 다 모인 곳, 즉 **바다**이
다. 어두운 바다는 명(溟)이고, 큰 바다는 양(洋)이다.

鹹 노(鹵)와 함(咸)의 합자니, 노(鹵)는 육지에서 나는 소금이고, 함(咸)
은 모든 사람의 입이니, 누구의 입에나 다 **짠** 것이다. 천연 소금은
노(鹵)이고 만든 소금은 염(鹽)이다.

河 본시 전에는 전장 4,100km나 되는 황하수의 이름이었는데, 뒤에
가히(可) 큰 냇물(氵)이라고 할 수 있는 **하수**이다. 강(江)도 원래는
양자강의 이름이다.

淡 수(氵)와 염(炎)의 합자니, 불꽃(炎)처럼 **순수한 물**(氵)이다. 아무런
맛이 없고 또 빛도 **옅은 물**이다.

에세이

  동양철학에서 보면 우주 만물을 이루는 다섯 가지 원소는 금(金),
수(水), 목(木), 화(火), 토(土)인데, 여기에 해당하는 맛은 금(金)은

매운 맛, 수(水)는 짠맛, 목(木)은 신맛, 화(火)는 쓴맛, 토(土)는 단 맛이다. 이 다섯의 맛은 인체의 각 장부로 들어가서 그 장부에 영양을 준다. 그러므로 오장이 움직여서 사람이 살아가는 것이다.

민물은 담담하지만, 그 물이 결국은 바다에 이르러서 짠맛으로 변한다. 이 지구상에는 위에서 말한 대로, 다섯 가지의 맛이 있어야 하는데, 그 중 하나의 맛이 짠맛이다.

필자의 지인 한 사람이 죽염이 좋다는 말을 듣고, 그 죽염수를 매일 한 컵씩 먹었다고 한다. 그 결과 나중에 신부전증에 걸려서 많은 고생을 하는 것을 보았다. 어느 식품이건 너무 많이 먹는 것은 몸에 해롭다. 이는 맛이 좋다고 하여 너무 많이 먹으면 배탈이 나는 것과 같다. 그러므로 적당히 먹어야 보도 되고 살도 찌는 것이다.

이를 중용(中庸)이라고 한다. 중용(中庸)이라는 말은 유가(儒家)의 경서인 《중용(中庸)》이라는 책에 나오는데, '더 나가서도 안 되고 조금 덜 와도 안 되는 바로 그 지점을 중용이라' 고 하는 것이다.

사람이 이 세상을 살아가면서 중용을 지키면 병도 걸리지 않고 건강하게 살 수가 있다. 그리고 사회에 나가서 남과 교제할 때에도 중용을 지키면 탈이 생기지 않는다. 우리가 말하는 성인(聖人)은 이 중용을 정확히 지킨 사람을 말한다. 음식을 먹어도 적당하게 먹고, 잠을 자는 것도 적당하게 잔다. 제철에 난 음식을 먹고 편식을 하지 않으며, 술을 마실 때에도 적당한 선에서 그친다. 이렇게 중용을 지키면서 생활을 하면 자연히 건강한 신체를 유지하게 된다.

● **인잠우상(鱗潛羽翔)** : 비늘이 낀 고기는 물에 잠기고, 깃이 난 새는 하늘을 난다.

| 자원(字源) |

鱗 어(魚)와 린(粦)의 합자니, 고기(魚)에 린(粦)빛이 있는 **비늘**이다. 고기에 작은 조각 비늘은 린(鱗)이고, 고기에 굳고 넓은 껍질은 갑(甲)이다.

潛 수(氵)와 참(朁)의 합자니, 물(氵)로 들어가 **잠기는**(朁) 것이다.

羽 새들의 양 **날개**를 상형한 것이다. 날개는 새의 몸을 돕는(佑) 것이라 음은 우다. 새의 몸을 돕는 좌우의 날개는 익(翼)이고, 공중을 날아오르는 날개는 상(翔)이다.

翔 양(羊)은 좋다는 뜻이고, 우(羽)는 날개니, 좋은(羊) 날개(羽)로 높고 고요히 **나는** 것이다. 날개를 치면서 나는 것은 번(翻)이다.

에세이

《시경》〈대아(大雅) 한록(旱麓)〉에 보면, "솔개는 날아 하늘에 이르고, 고기는 못에서 뛰네〔鳶飛戾天 魚躍于淵〕." 하였으니, 이는 우주자연의 만물의 이치를 한마디로 말한 말씀이다.

하늘에는 한가로이 새가 날고 물속에는 물고기가 좋아라 유영하며 이따금씩 뛰어오른다. 이는 평화로움을 대변한 말이다. 그렇다면 땅에는 무엇이 있는가! 소와 말은 한가롭게 풀을 뜯고 농부는 밭을 갈고 있을 것이다. 이러한 모습은 제왕이 정치를 잘하여 그 밑에 사는 백성들이 한가함을 구가하는 것이니, 이러한 세상을 태평성대라 하는 것이다.

중랑천은 의정부에서 발원하여 서울의 도봉구와 노원구, 중랑구를 지나 한강으로 빠져나간다. 그런데 중랑천의 가(邊)는 모두 공원을 만들어놓아서 시민들이 운동하고 뛰어놀기에 아주 좋다. 가운데에는 시내가 흐르는데, 그 속에는 팔뚝만한 잉어들이 무리를 지어 유영을 하고 그 위에는 청둥오리들이 고기를 잡아먹기 위해서 둥실둥실 떠다닌다. 물론 하늘에는 해오리와 청둥오리가 이따금씩 비행을 하는 모습을 볼 수가 있다.

그리고 도봉구와 노원구, 중랑구의 천변에서는 조사(釣士)들이 한가히 앉아서 낚시질을 한다. 이 조사들은 고기를 잡으면 도로 물속에 넣어준다고 한다. 그냥 한가히 시간만 보내는 것이다. 옛적에 강태공이 120살을 살았는데, 40년은 공부하고, 40년은 자기의 때가 오기를 기다리고, 40년은 주(周)나라 무왕을 만나 어진 정치를 했다는 고사가 있다. 그래서 무왕은 천하를 통일하고 나서 강태공에게 제(齊)나라를 식읍(食邑)으로 주었다고 한다.

제나라의 수도는 임치(臨緇)이니, 금년(2011)에 성균관대학교 유학대학원에서 중국여행을 하면서 임치를 지나갔다. 이곳에서 약 3,000년 전의 유물인 "고차박물관(古車博物館)"을 관람하였다. 당시 고관(高官)의 무덤인데, 자신이 타던 수레와 함께 말들을 순장한 무

덤이었는데, 이 수레가 진흙으로 화석화 되어서 지금 보아도 3,000
년 전의 그 모습을 볼 수가 있어서 매우 좋았다. 이곳이 강태공의
봉토인 제나라의 수도이다.

제 2 장　정사(政史)

용사화제(龍師火帝)・조관인황(鳥官人皇)・시제문자(始制文字)・내복의상(乃服衣裳)・추위양국(推位讓國)・유우도당(有虞陶唐)・조민벌죄(弔民伐罪)・주발은탕(周發殷湯)・좌조문도(坐朝問道)・수공평장(手拱平章)・애육려수(愛育黎首)・신복융강(臣伏戎羌)・하이일체(遐邇壹體)・솔빈귀왕(率賓歸王)・명봉재수(鳴鳳在樹)・백구식장(白駒食場)・화피초목(化被草木)・뇌급만방(賴及萬方)

• **용사화제(龍師火帝)** : 용사(龍師)와 화제(火帝)이고,

| 자원(字源) |

龍　늘은 **용**인데, 하늘로 오르니 몸(月)이 선(立) 것이다.

師　퇴(𠂤)는 작은 산이고, 잡(帀)은 둘려 있는 것이다. 대장(𠂤)을 중심으로 해서 군중이 둘러(帀)싸고 있는 **군대**니, 따라서 여러 제자들이 둘러싸고 있는 **스승**도 된다.

火　전자(篆字)로 **불이 타오르는** 것을 형상한 것이 해서(楷書)로 변한 것이다. 불이 집(宀)을 태우는 화(禍)는 재(灾)이다.

帝　갑골문(甲骨文)에서 천하 만물을 주재하는 하나님을 표시한 것이, 지금은 포건(巾)을 쓴 모든 백성을 덮은(冖) 위에 높이 서 있는(立) **임금**으로 썼다.

에세이

　용사(龍師)는 《좌전(左傳)》 소공(昭公) 17년 조에 보면, "복희씨 때에 용마(龍馬)가 황하(黃河)에서 그림을 지고 나오는 상서(祥瑞)가 있었다 하여 용으로써 벼슬이름을 삼았다."고 하는 이야기가 있

으니, 복희씨(伏羲氏)[2]는 중국 고대 전설상의 제왕으로, 삼황오제의 우두머리이며, 팔괘(八卦)를 처음으로 만들고 그물을 발명하여 고기잡이의 방법을 가르쳤다고 한다.

화제(火帝)는 전설상의 상고시대 오제(五帝)의 하나인 염제(炎帝)를 이르는 말이니, 염제는 신농씨(神農氏)[3]를 이르는 말이니, 신농씨는 중국의 옛 전설 속의 제왕으로 삼황(三皇)의 한 사람이니, 농업·의료·악사(樂師)의 신(神), 주조(鑄造)와 양조(釀造)의 신(神)이며, 또 역(易)의 신(神), 상업의 신(神)이라고도 한다.

한의원에 가면 신농씨의 화상을 걸어놓기도 하고, "신농유업(神農遺業)"이라고 붓글씨로 크게 써서 작품을 만들어서 벽에 걸어놓은 것을 볼 수가 있다. 이는 신농씨가 의약의 원조가 되기 때문이다.

《한단고기(桓檀古記)》에 보면, "단군(檀君)의 신하 중에 농정(農政)을 맡은 고시(高矢)라는 사람이 있었다. 고시(高矢)는 농정을 잘하여 백성들을 잘 살게 만들었다고 한다. 그 이후로 백성들은 고시(高矢)의 업적을 기리기 위해서, '산이나 들에서 음식을 먹을 때나 무당이 굿을 할 때에 음식을 차려놓고 먼저 고시(高矢)에게 바친다'는 뜻으로 음식을 조금 떼어 던지는 일이 있다." 이러한 행위는 필자가 어렸을 적에는 농사꾼들이 들에서 밥을 먹을 때나 참을 먹을

---

2) 복희씨(伏羲氏) : 중국 고대 전설상의 제왕. 삼황오제의 우두머리이며, 팔괘를 처음으로 만들고 그물을 발명하여 고기잡이의 방법을 가르쳤다고 한다.

3) 신농씨(神農氏) : 중국 고대 전설상의 제왕. 보통 신농씨(神農氏)라 불리며, 농사짓는 법을 만들고 온갖 식물을 맛보아 약초를 정했다 하며, 머리가 소머리처럼 생겼다 한다.

때에도 술과 밥을 떼어서 "고시래"하고 던지는 것이니, 고시(高矢)께서 오셔서 잡수시라는 하나의 감사하는 의식인 것이다.

　사람이 이 세상에 태어나서 많은 사람들을 위해서 일을 하게 되면, 후인들은 그것을 잊지 않고 기념하는 것이니, 고시(高矢)는 죽은 지 약 4,300년이 넘었는데도 아직도 시골에서는 고시래의 풍습이 있으니 이 얼마나 대단한 일인가!

　복희씨와 신농씨와 더불어 단군과 고시(高矢)도 길이 기억해야 할 인물임에 확실하지 않은가!

• **조관인황(鳥官人皇) :** 조관(鳥官)과 인황(人皇)이니, 소호 씨는 새로 벼슬을 기록하고, 황제 씨는 인문을 갖췄으므로 인황(人皇)이라고 한다.

| 자원(字源) |

鳥 두 개의 날개와 발을 가진 **새**를 총칭하는 것이나, 특히 꼬리가 긴 새를 상형한 글자이다. 꼬리가 짧은 새를 상형한 글자는 추(隹)이고, 모든 새를 총칭한 새는 금(禽)이다.

官 면(宀)과 부(阜)의 합자니, 높은 언덕 위에 지은 집(宀)이다. 즉 백성을 다스리는 **관청**이다.

人 하늘에서 정신(魂)은 내려오고(丿), 땅에서 육체(魄)는 올라가서(乀) 합한 것이 **사람**이다.

皇 본시는 自와 王의 합자로써 태초에 비로소(自) 나온 **임금**(王)이나, 白王으로 변해서 무위자연(白)의 통치자(王)인 **임금**이다.

에세이

조관(鳥官)은 《좌전(左傳)》 소공(昭公) 17년 조에 보면, "상고시대

소호 씨가 새의 이름으로 관명(官名)을 삼았다.”고 하였고, 진(晉)의 안제(安帝) 원흥(元興) 3년에 보면, “그 관명(官名)을 한(漢)과 위(魏)의 옛 관명을 쓰지 않고, 상고시대의 용관(龍官)과 조관(鳥官)을 모방하였다.”고 하였다.

인황(人皇)은 《사기(史記)》 삼황본기에 보면, “인황(人皇)은 머리가 아홉이고 운거(雲車)를 타며, 여섯의 날개에 멍에를 씌우고 곡구(谷口)에서 나온다. 형제가 아홉이니, 나누어서 구주(九州)를 다스리고 각각 성읍(城邑)을 세웠다.”고 하였으니, 이도 태곳적 제왕인 것이다.

우리나라도 부여(夫餘)에서는 관직의 이름에 저가(豬加), 우가(牛加), 마가(馬加), 구가(狗加)가 있었다고 한다. 단군신화에도 “하느님인 환인의 아들 환웅이 우사(雨師), 운사(雲師), 풍백(風伯)을 거느리고 인간세계로 내려와 그곳에 터를 잡고 인간을 다스렸다. 호랑이와 곰은 환웅이 무슨 일이던지 다할 수 있다는 소문을 듣고 환웅을 찾아와 ‘저희도 사람이 되게 해주십시오.’ 라고 말하였고, 환웅은 마늘과 쑥 100일분을 주면서 ‘너희가 100일 동안 이 마늘과 쑥을 제외한 그 어떤 것도 먹지 않고 버틸 수 있다면, 너희들의 소원을 들어주겠다.’ 라고 하였다. 그래서 호랑이와 곰은 동굴에 들어가 쑥과 마늘을 먹으며 생활하였는데, 호랑이는 그런 생활을 도저히 견딜 수 없어서 뛰쳐나가 버렸고, 곰은 100일간 꿋꿋이 실천하여 소원대로 아름다운 여자가 되었으니, 이름은 ‘웅녀’라고 한다. 이 환웅과 웅녀 사이에 아들이 태어났으니, 그가 바로 단군이다”라고 하는 신화가 전한다.

• **시제문자(始制文字)** : 황제(黃帝) 때의 사관(史官) 창힐(倉頡)[4]이 처음으로 문자를 만들었다.

| 자원(字源) |

始 여(女)와 이(台)의 합자니, 여자(女)에게서 내(台)가 난데서부터 이 세상의 모든 일은 **비롯되는** 것이다. 비로소 여는 것은 조(肇)이고, 비로소 만드는 것은 창(創)이다.

制 베를 칼(刂)로 끊으니, 수건(巾)이 되어가는(屮) 것이다. 즉 포목을 용도에 맞도록 마르는 것이다.

文 ╱은 양획이고, ╲은 음획인데, 그들이 교차한 것을 머리(亠)로 덮었으니, 사람이 머리로 생각하는 뜻을 음양의 획으로써 기록하는 글이다. 붓이 말하는 것은 서(書)이다.

字 면(宀)과 자(子)의 합자니, 집(宀)에서 부모가 아이(子)를 낳는 것처럼 문자를 만드는 것이다.

4) 창힐(倉頡) : 중국 고대의 전설적인 제왕인 황제(黃帝) 때의 좌사(左史). 새와 짐승의 발자국을 본떠서 처음으로 문자를 만들었다고 한다.

중국 고대의 전설적인 제왕인 황제(黃帝) 때의 좌사(左史)인 창힐(倉頡)이 새와 짐승의 발자국을 본떠서 처음으로 한자(漢子)를 만들었다고 한다.

우리나라는 두 가지의 글자를 사용한다. 하나는 한자(漢子)이고, 하나는 한글이다. 한자는 표의문자(表意文字)이니, 비록 배우기는 어렵고 쓰기도 어려우나, 반면에 이 글자로 글을 써 놓으면 100년이 가던 1,000년이 가던 그 뜻은 변하지 않아서 후세인들이 그 글을 해득하기에 아주 좋은 장점이 있다. 반면에 한글은 표음문자(表音文字)로, 하루아침 글이라 하여 배우기는 쉽지만, 이 글은 100년만 지나면 언어가 변하여 그 뜻이 무엇인지 이해하기가 어려운 단점이 있다. 지금 이 시점에서 조선 말엽에 써 놓은 소설을 읽으려 해도 국어의 전문가가 아니면 그 내용을 파악하기가 매우 어렵다.

그러므로 어떤 사람은 한글을 쓰는 요즘 사람이면서도, 자신의 비문을 순한문체로 써 놓은 사람이 있는 것을 본 일이 있다. 그런데 한글의 우수성은 세계의 문자 중에서 가장 우수하다고 하니, 우리는 표의문자(表意文字)와 표음문자(表音文字)를 가진 민족으로써 세상에서 가장 행복한 민족이 아닌가 생각한다.

일부의 학자들이 한자(漢字)는 동이족이 만든 글자라 주장하는 것은 다름이 아니고, 중국의 은(殷)나라는 동이족의 나라인데, 이때에 쓰던 글자를 한족인 주(周)나라가 받아서 썼기 때문에 이 글씨가 동이족이 만든 글자라고 주장하는 것이다.

필자가 중국 상해의 '교수서법협의회'의 회원들과 서예 교류전을 하면서 들은 이야기가 있다. 중국에서 서법가로 유명한 황약주 교

수가 한자를 동방문자라고 하는 것을 본 일이 있다. 물론 우리가 있기 때문에 우리를 배려해서 한 말씀인지는 모르나, 그래도 그들도 자기들만이 쓰는 글자라 하지 않고 동방에서 쓰는 문자라고 하니 듣기에 좋았다.

- **내복의상(乃服衣裳)** : 이에 의복(衣服)을 입게 하니, 황제(黃帝)가 의관(衣冠)을 지어 등분(等分)을 분별(分別)하고 위의(威儀)를 엄숙(嚴肅)하게 하였다.

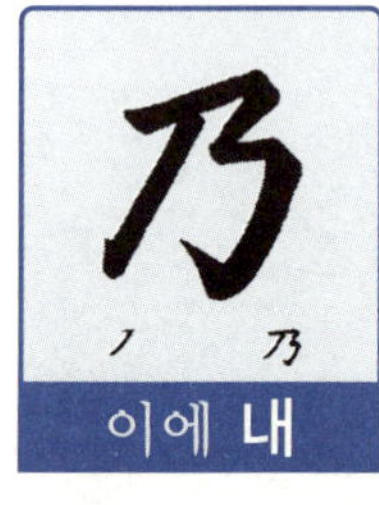

| 자원(字源) |

乃 乃이처럼 여러 번 꾸부러져서 통하기 어려움을 상징한 것인데, 丿이 비로소 나왔으니, '이에'라는 뜻이 되었다.

服 복(𠬝)은 도구(刀)를 가지(又)고 일을 다스리는 것인데, 月(肉)을 붙였으니, 몸을 다스림에 필요한 **옷**이다. 옷은 몸을 따르니, 복종한다는 뜻이 되었다.

衣 갑골문자에서는 (仒)이렇게 **옷**을 상형했던 것이, 해자(楷字)로 변한 것이다. 하의(下衣)는 상(裳)이고 상하의 총칭은 복(服)이다.

裳 상(尚)과 의(衣)의 합자니, 의(衣)는 위의 옷이고, 상(尚)은 더함이니, 위에 더하여 입는 옷인 **치마**이다. 허리띠에서 이상은 의(衣)이고, 이하는 상(裳)이다.

에세이

태초의 사람들은 옷을 입지 않고 살았다. 황제 때에 비로소 의복을 입고 사람의 행세를 하였던 것이니, 이때에 비로소 짐승과 사람의 구별이 있게 된 것이다.

옷은 사람의 날개라고 한다. 옷을 잘 입으면 사람이 멋있게 보이고, 추하게 입으면 잘 생긴 사람도 추하게 보인다. 그래서 옛적부터 옷을 잘 입어야 사람대접을 받는다고 했다.

태초부터 지금까지 인간사에서 가장 큰 혁신 두 가지를 꼽는다면, 첫째는 불의 혁명으로 사람이 불을 쓰기 시작하면서 음식을 익혀서 먹고, 온돌을 놓아 따뜻하게 지낼 수 있었던 것이니, 이때부터 비로소 사람다운 생활을 했다고 본다. 두 번째는 옷의 혁명이다. 옛날에는 남자는 밭에서 일을 하고, 여자는 집에서 베를 짜서 식구들의 옷을 담당하였다. 필자가 어려서도 주부들은 밤이나 낮이나 모시를 삼아 베를 짜서 옷을 해 입었던 기억이 있다. 또한 누에를 길러서 고치를 생산해서 이것으로 비단옷을 해 입었으니, 이는 옷을 만드는 과정이 매우 어렵고 공정이 느려서 매우 불편하였다.

지금은 화학적으로 만든 옷이 대량으로 생산되고, 또한 만드는 기술이 발달해서 화려하고 질 좋은 옷이 거리거리의 가게에 넘친다. 그러므로 옷을 싼 가격으로 사 입을 수가 있다. 그리고 지금은 옷이 떨어져서 버리는 경우는 없다. 탈색이 되거나 싫증이 나서 버리고 새 옷을 사서 입는다. 그래도 경제적으로 큰 부담을 느끼지 않는다.

옷이 날개라고 해서 예부터 밖에 외출을 할 때는 좋은 옷을 입고 나갔다고 한다. 그래야 남들에게 대접도 받지, 허름한 옷을 입고 외출을 하면 사람대접을 받지 못한다는 말이 있다. 한마디 덧붙인다면 화려한 옷은 입지 못할지언정, 정갈하고 깨끗이 차려입고 외출을 하는 것이 좋다.

● **추위양국(推位讓國)** : 요순(堯舜)은 자리를 넘겨주어 나라를 양보했고,

| 자원(字源) |

推 수(扌)와 추(隹)의 합자니, 추(隹)는 최(崔)의 약자로 보아, 참새가 앞으로 나가는 것처럼 손(扌)으로 나아가게 **미는** 것이다. 뒤에서 따라가는 것은 추(追)다.

位 인(亻)과 입(立)의 합자니, 사람이 서 있는 **자리**이다.

讓 언(言)과 양(襄)의 합자니, 상대방을 위하는 성숙(襄)한 말(言)로써 **사양**하는 것이다. 관대하게 말씀함은 양(讓)이고, 다스리는 말을 함은 사(辭)이다.

國 위(囗)와 과(戈)와 구(口)와 일(一)의 합자니, 영토(囗) 안에서 권력(戈)과 인민(口)을 일(一)체로 한 **나라**이다. 작은 나라는 방(邦)이다.

에세이

　동양에서 나라가 가장 잘 다스려졌던 시대는 요순(堯舜)의 시대였

으니, 이 대목의 추위양국(推位讓國)도 요순의 시대를 말한 것이다. 유가(儒家)의 이상(理想)은 우선 수신제가(修身齊家)를 하고 나라에 벼슬하여 백성들이 편안히 사는 세상을 만드는 것이니, 공자와 맹자가 철환천하(轍環天下)[5]하면서, 훌륭한 제왕을 만나기를 기대했던 것도 실은 백성들이 편안히 잘 사는 세상을 만들려고 노력한 것이다. 결국 써주는 제왕을 만나지 못하고 고국으로 돌아와서 후진을 양성하는데 힘을 쏟다가 돌아갔는데, 공자는 이때에 시서(詩書)를 산삭(刪削)하고 예악(禮樂)을 바로잡았으며, 주역에 십익(十翼)을 붙이고, 춘추(春秋)를 저술하여 제왕의 횡포를 막아서 백성들이 마음 놓고 살 수 있는 세상을 열었고, 맹자는 공자의 손자인 자사(子思)의 문하생이라고 되어 있으며, 공자의 사상을 따르면서 성선설(性善說)을 주장하였다. 편모슬하에서 자란 맹자는 맹모삼천지교(孟母三遷之敎)와 맹모단기훈(孟母斷機訓)으로 유명한 맹자 어머니의 헌신적인 노력으로 훌륭한 인물로 성장되었으며, 정치적으로는 집권자에게 여민동락(與民同樂)을 권하였으며, 경제적으로는 항산(恒産)이 있어야 항심(恒心)이 있다는 심적 생활의 윤택을 권장하였다.

　일전에 중국의 맹자의 고향인 추성(鄒城)에 갔는데, 맹모단기훈(孟母斷機訓)을 기념하여 세워놓은 "맹모단기처(孟母斷機處)"라는 비석을 본 일이 있다. 이에 대하여 가이드는 중국의 훌륭한 여성 다섯이 있는데, 그 중에서 맹모(孟母)가 가장 으뜸이라고 하는 말을

---

5) 철환천하(轍環天下) : 수레를 타고 천하를 돌아다닌다는 뜻으로, 세계 각지를 여행함을 이르는 말. 공자가 교화를 위하여 중국 천하를 돌아다닌 데서 유래한다.

들은 기억이 있다.

물론 석가나 노자의 가르침도 많은 사람들에게 마음의 위안을 주었지마는, 그러나 현실적으로 국가의 제도를 정비하고 백성을 잘 다스리는 일에 있어서는, 이 모든 것을 유가(儒家)의 이론이 담당하였다고 보는 것이다. 일을 하다보면 잘못 되는 일도 있었겠지만, 그래도 선비들은 벼슬을 하여 백성들이 잘살 수 있도록 많은 노력을 기울였던 것이다.

- **유우도당(有虞陶唐)** : 나라를 양위한 사람은 유우(有虞, 舜)
와 도당(陶唐, 堯)이고,

| 자원(字源) |

有 우(又)와 월(月)의 합자니, 그믐밤에 없었던 달(月)이 초삼일이 되면
또(又) 있는 것이다. 없던 것이 있음은 유(有)이고, 커가며 있음은
존(存)이며, 어떤 곳에 있음은 재(在)다.

虞 호(虍)와 오(吳)의 합자니, 오(吳)나라의 **범(虎)**을 말한다. 이 범은
산짐승을 안 잡아먹는 착한 범이니, 무엇을 염려하는 것 같다.

陶 원래 도(匋)는 **질그릇**인데, 뒤에 부(阜)변을 붙여서 언덕에서 흙을
파서 만드는 것을 표하였다.

唐 경(庚)과 구(口)의 합자니, 말(口)이 지나쳐서(庚) **허풍을 떠는** 것
이다. 말이 헛된 것은 당(唐)이고, 풀이 거친 것은 황(荒)이니, 그것
이 황당한 것이다.

에세이

　위의 추위양국(推位讓國)에서 이어지는 문장이다. 유우(有虞)는
우(虞)나라의 순(舜)임금을 이르는 말이고, 도당(陶唐)은 요(堯)임금

을 말하니, 제곡(帝嚳)의 아들이고, 이름은 방훈(放勳)이니, 도(陶)와 당(唐)에 봉해졌기에 도당씨라고 한다.

《고사전(高士傳)》에 보면, "요(堯)임금이 일찍이 허유에게 천하를 양여(讓與)하겠다고 했을 적에, 허유가 그 말을 듣고는 자기 귀를 더럽혔다 하여 영수(潁水)에 가서 귀를 씻었는데, 이때 마침 소보는 송아지에게 물을 먹이려고 나왔다가 허유가 귀를 씻는 것을 보고는 그 물조차 더럽다고 여겨 송아지에게도 그 물을 먹이지 않고 상류로 올라가서 물을 먹였다."라는 등의 고사가 있다.

순(舜)의 이야기는 《맹자》 이루장 상에 보면, "순(舜)이 어버이 섬기는 도리를 다하니, 고수(瞽瞍)[6]가 기뻐함에 이르렀고, 고수(瞽瞍)가 기뻐함에 이름에 천하가 교화되고 천하의 부자(父子)가 된 자들이 안정되었으니, 이를 대효(大孝)라 한다."고 맹자는 역설하였던 것이다. 그리고 《맹자》 이루장 하에 보면, "순(舜)은 제풍(諸馮)에서 출생하고 부하(負夏)로 옮겼으며 명조(鳴條)에서 돌아가니, 동이(東夷)의 사람이다."라고 하여 순임금이 동이(東夷)의 민족임을 맹자가 증명하였다.

금년(2011)에 중국의 제남에 가서 "황궁대주점"에 가서 저녁을 먹었는데, 가이드의 말에 의하면 이곳의 천불산에는 순임금을 기리는 서원(書院)이 있다고 하며, 이곳 역산(繹山)에서 순(舜)이 임금이 되기 전에 농사를 지었다고 하는 말을 들었다. 순(舜)의 고향이 산동성 역산(繹山)이니, 이곳은 옛적에 동이족이 다스렸던 곳임에 틀림이 없다. 그러므로 맹자가 순(舜)을 동이(東夷)의 사람이다, 라고 말씀한 것이다.

---

6) 고수(瞽瞍) : 중국 순임금의 아버지의 별명. 어리석고 사리에 어두웠기 때문에 붙여진 이름이라 한다.

• **조민벌죄(吊民伐罪)** : 주(周)의 무왕은 백성을 불쌍히 여기고 죄지은 임금을 쳤다.

자원(字源)

吊 불행한 사람을 도와주는데, 물건(巾)을 가져가 위문(口)하는 것이니, 즉 **조상**함이다.

民 멱(冖)과 씨(氏)의 합자니, 씨(氏)는 동족의 뿌리를 박고 있는 개인을 존칭하는 것이고, 멱(冖)은 다수를 하나로 덮어서 합칭하는 것이니, 다수의 사람을 총칭하는 **백성**이다.

伐 인(亻)과 과(戈)의 합자니, 사람(亻)이 창(戈)을 가지고 **치는** 것이다. 무도한 놈을 가서 쳐서 바르게 하는 것은 정(征)이고, 법도 있게 말로 치는 것은 토(討)이다.

罪 본래는 자(自)와 신(辛)의 합자로, 자기(自)가 죄짓고 신고(辛苦)하는 죄라는 글자였는데, 진시황이 황(皇)자와 근사하다고 해서 죄(罪)자로 고쳤으니, **법망(罒)에 걸린 나쁜(非) 행위를** 의미한 것이다.

　은(殷)의 말기의 제왕은 주(紂)이니, 이름은 제신(帝辛)이다. 아버지 제을(帝乙)로부터 왕위를 물려받아 은(殷)나라의 왕이 되었다. 신체가 장대하고 외모가 준수하며, 총명하고 힘이 장사였다고 한다. 군사적 재능이 있어 많은 전쟁에서 승리를 거두었다. 그러나 향락을 좋아하고 여색을 밝히더니, 급기야 애첩 달기(妲己)에게 빠져서 나라를 망하게 하였다. 하(夏)나라의 마지막 왕 걸(桀)[7]과 함께 폭군의 전형이 되었다.

　술로 가득 채운 연못[酒池] 주변의 나무를 비단으로 휘감은 뒤 고기(인육이라고도 함)를 매달아 놓고[肉林] 달기와 함께 배를 타고 노닐면서 손이 가는 대로 고기를 따서 먹었다고 한다. 주지육림(酒池肉林)이라는 고사성어는 여기에서 유래한다. 또 학정을 그치도록 간언하는 신하들로 하여금 기름을 발라 숯불 위에 걸쳐 놓은 구리 기둥 위를 걷게 하는 포락지형(炮烙之刑)을 내려 그곳을 지나다가 미끄러져서 타 죽는 모습을 구경하면서 즐거워하였다. 특히 자신에게 충심으로 간언하였던 왕자 비간(比干)을 죽였다.

　7년에 걸쳐 높이 180m, 둘레 800m의 호화궁전 녹대(鹿臺)를 짓느라 무거운 세금을 부과하여 백성들의 원성이 극에 달하였다. 마침내 제후들의 맹주격인 서백(西伯)의 아들 발(發)이 여상 강태공과 함께 군사를 일으켜 상나라를 멸망시키고 주(周)나라를 세워 무왕

---

　7) 걸(桀) : 중국 하나라의 마지막 왕. 성은 사(姒). 이름은 이계(履癸). 은나라의 탕왕에게 멸망하였다. 은나라의 주왕과 더불어 동양 폭군의 전형으로 불린다.

이 되었다. 주왕(紂王)은 녹대에 불을 지르고 그 속에서 스스로 불에 타 죽었다고 전한다.

우리나라 기자조선의 왕인 기자(箕子)는 은(殷)나라 주왕(紂王)의 숙부로서, 은나라가 망한 뒤 주(周)나라 무왕(武王)으로부터 조선(朝鮮)에 봉함을 받고 들어와 예의·전잠(田蠶)·방직을 가르치고 팔조법금을 행하였다고 하는데, 최근에는 기자동래설(箕子東來說)을 부정하는 학설이 지배적이다. 그런데 현재 팔조법금의 내용 모두가 알려지지 않고 오직 살인, 상해(傷害), 투도(偸盜)만이 전해지고 있다. 《史記 卷3》《燃藜室記述 別集 卷19 歷代典故 箕子朝鮮》

● **주발은탕(周發殷湯)** : 주(周)나라 발(發)과 은(殷)나라 탕(湯)
이다.

자원(字源)

周 용(用)과 구(口)의 합자니, 입(口)을 써(用)서 말로 하면 모든 문제
를 다 **두루** 알 수가 있는 것이다. 두루 다함은 주(周)이고, 두루 다
님은 편(遍)이다.

發 발(癶)과 궁(弓)과 수(殳)의 합자니, 활(弓)을 메고 화살 창(殳)을 쏘
면서 **나가는** 것이다.

殷 은(月)과 수(殳)의 합자니, 月은 신(身)자를 돌려놓은 것이다. 창
(殳)으로써 자신을 돌려쳐서 과실을 고친다는 뜻에서 **성하다**는 뜻
이 되었다.

湯 수(氵)와 양(昜)의 합자니, 물(氵)을 양기(昜)로 덥혀서 **끓인** 것이
다. 끓어오르는 것은 비(沸)고, 끓여 줄이는 것은 전(煎)이고, 끓여
익히는 것은 자(煮)이다.

하(夏)의 걸왕(桀王)은 중국 하(夏)나라의 마지막 왕이니, 성은 사(姒)이고, 이름은 이계(履癸)이니, 은나라의 탕왕에게 멸망하였다. 은나라의 주(紂)왕과 더불어 동양 폭군의 전형으로 불린다. 은(殷)나라의 성탕(成湯)이 천명을 받들고 학정(虐政)을 일삼는 하걸(夏桀)을 쳐서 멸망시키고 은(殷)을 세웠다.

성탕(成湯)의 인정(仁政)을 말한다면, 7년 동안 큰 가뭄이 계속되었을 때에 비를 빌기 위하여 상림(桑林)에서 여섯 가지 일을 가지고 스스로 자책하였는데,

"제가 정치에 절제(節制)가 없이 문란해졌기 때문입니까? 백성들이 직업을 잃고 곤궁에 처해 있기 때문입니까? 제 궁전이 너무 화려하기 때문입니까? 여알(女謁)이 성(盛)하여 정치가 공정하지 못한 때문입니까? 뇌물이 성하여 정도(正道)를 해치고 있는 때문입니까? 참소하는 말로 인하여 어진 사람이 배척당하기 때문입니까?"
라고 하니, 천리에 구름이 모여들어 수천 리의 땅을 적시었다는 고사(故事)가 있다. 그러므로 중국의 역사에서 가장 포악한 군주를 말한다면 걸주(桀紂)라고 하는데, 이는 하걸(夏桀)과 은주(殷紂)를 말한다. 그리고 이러한 학정에 고생하는 백성을 구해낸 사람의 대표적인 왕은 주발(周發)과 은탕(殷湯)이다.

성탕(成湯)을 도와서 천하를 도모하고 인정(仁政)을 펼친 신하는 이윤(伊尹)[8]이고, 주(周)의 무왕을 도와서 천하를 도모하고 인정을

---

8) 이윤(伊尹) : 중국 은나라의 전설상의 인물. 이름난 재상으로 탕왕을 도와 하나라의 걸왕을 멸망시키고 선정을 베풀었다.

펼친 사람은 강태공(姜太公)[9]이다. 이윤(伊尹)은 상(商)나라를 건국한 탕왕(湯王)의 대신이다.

《사기》권3 은본기(殷本紀)에 의하면, 이윤이 탕왕을 성군(聖君)으로 만들고 싶어도 방법이 없자, 유신씨(有莘氏)의 잉신(媵臣)이 된 뒤에 "솥과 도마를 지고 찾아가서 음식요리를 가지고 탕왕을 설득하여 왕도에 이르게 했다〔負鼎俎 以滋味說湯 致于王道〕."라고 하였는데, 《맹자》만장 상(萬章上)에는 "이윤이 요순의 도를 가지고 탕왕에게 요구했다는 말은 들었지만, 음식 요리를 가지고 요구했다는 말은 듣지 못했다〔聞其以堯舜之道要湯 未聞以割烹也〕."라고 맹자가 반박한 말이 나온다.

강태공은 태공망(太公望) 여상(呂尙)을 가리킨다. 그는 위수(渭水)가의 반계(磻溪)에서 낚시질하다가 문왕(文王)을 처음으로 만나 사부(師傅)로 추대되었다. 뒤에 문왕의 아들인 무왕(武王)을 도와서 은(殷)나라를 멸망시키고 천하를 평정하였다.

9) 강태공(姜太公) : 본명 강상(姜尙)이다. 그의 선조가 여(呂)나라에 봉하여졌으므로 여상(呂尙)이라 불렸고 태공망이라고 불렀지만, 강태공이라는 이름으로 알려져 있다. 주나라 문왕(文王)의 초빙을 받아 그의 스승이 되었고, 무왕(武王)을 도와 상(商)나라 주왕(紂王)을 멸망시켜 천하를 평정하였으며, 그 공으로 제(齊)나라 제후에 봉해져 그 시조가 되었다.

• **좌조문도(坐朝問道)** : 조정에 앉아서 도(道)를 묻고,

| 자원(字源) |

坐 从(從)과 토(土)의 합자니, 땅(土)을 좇아(從) **앉는** 것이다. 집(广)에 앉는(坐) 자리는 좌(座)이다.

朝 상(丄)과 일(日)과 하(丁)와 월(月)의 합자니, 달(月)이 빠지고(丁) 해(日)가 뜨(丄)는 **아침**이다. 조회하는 정부도 의미한다.

問 구(口)와 문(門)의 합자니, 말(口)의 문(門)을 열어서 **묻는** 것이다. 문(聞)은 귀(耳)의 문(門)을 여니, 듣는 것이다.

道 수(首)와 척(辵)의 합자니, 머리(首)로는 목적지를 생각하면서 발로 가는(辵) 길이다. 인생이 가는 **길**, 즉 **진리**라는 뜻도 된다.

에세이

　위에서 조민벌죄(吊民伐罪)하여 포악한 군주를 끌어내리고 도탄에 빠진 백성들을 위로하였으니, 이제는 조정에 앉아서 정치를 어떻게 할 것인가를 유능한 신하에게 묻는 것이다. 성탕(成湯)은 이윤(伊尹)에게 묻고, 무왕은 태공망에게 물어서 어진 정사를 펼쳤으므

로, 지금까지 성군(聖君)이라는 칭호를 받는 것이다.

《삼국지연의》에 보면, 유비는 제갈량을 얻기 위해서 삼고초려(三顧草廬)를 하였다. 유비가 제갈량을 얻었기 때문에 삼분천하(三分天下)를 할 수가 있었던 것이다.

필자가 10여 년 전에 사천성 미술관장의 초청을 받고 중국 성도(成都)에 가서 "전규호 서법전"을 개최한 일이 있었다. 왜 이곳에 갔는가 하면, 필자는 유비와 제갈공명을 존모(尊慕)하기 때문에 제갈량이 쓴 출사표(出師表, 작품 길이 11미터)를 예서로 써 가지고 가서 전시회를 열었던 것이다. 그리고 관광에 나서서 "무후사(武侯祠)를 참배하였는데, 무후(武侯)라는 말은 제갈량을 뜻하는 제갈무후에서 따온 것이지만, 실제로 이 서원의 주벽(主壁)은 유비가 차지하고 있었다. 그리고 이 무후사의 뒷산이 유비의 묘(墓)라고 하였다.

유비와 제갈량은 서로 뜻이 잘 맞았다. 유비는 제갈량의 지략(智略)으로 말미암아 삼분천하(三分天下)를 할 수가 있었고, 그러므로 유비는 죽으면서 유언하기를, "일단 나의 아들 유선에게 왕위를 주어 다스리게 하되, 만약 유선이 나의 유업을 이을 수 없다고 판단이 서면 승상(제갈량)이 그 자리를 빼앗아서 이 나라를 잘 다스리시오." 하고 유비는 운명하였다.

제갈량은 제왕인 유비가 자신을 그렇게 믿어주었다는데 감격해서 전출사표와 후출사표를 쓰고 삼국을 통일하려고 군사를 일으켰던 것이다. 결국 이 이야기는 군주의 덕을 가진 유비와 충성을 다하려는 제갈량 간의 눈물 나는 하나의 통쾌한 인간드라마이다.

• **수공평장(手拱平章)** : 공손히 손을 모으고 공정한 정치를 하였다.

| 자원(字源) |

手 하나의 긴 물건을 쥐고 있는 **손**이니, 그 물건을 잃지 않고 지키는 (守) 것이기 때문에 음은 수다. 손을 말아(卷)쥔 것은 권(拳)이고, 손의 위(尙)의 중심은 장(掌)이고, 손(才)가락(旨)은 지(指)다.

拱 수(手)와 공(共)의 합자니, 두 손(手)을 같이(共) 껴서 **팔짱을 끼는** 것이다.

平 기둥(ㅣ)을 세우고 그 정점에 직각으로 횡봉을 달(丁)고 그 양쪽에 같은 중량을 같은 거리에 달아 밸런스가 맞게 또 횡봉을 붙여서 **평 횡선**이 되도록 하는 것이 평(平)이다.

章 음(音)과 십(十)의 합자니, 음(音)악이 십(十) 단위로서 완성되는 것이다. 따라서 아름답게 **빛나는** 것이 되고, 또 **문장**이라는 뜻이 되었다.

에세이

위의 좌조문도(坐朝問道)를 이어서 공손히 두 손을 잡고 공정한 정치를 하는 것이다. 《서경(書經)》 요전(堯典)에 보면, "능히 큰 덕을 밝혀 구족(九族)[10]을 친하게 하시니, 구족(九族)이 이미 화목하였거늘, 백성을 고루 밝히시니, 백성이 덕을 밝히며 만방을 합하여 고르게 하시니, 아! 여민(黎民)들이 변하여 이에 화(和)하였다〔克明俊德 以親九族 九族旣睦 平章百姓 百姓昭明 恊和萬邦 黎民 於變時雍〕."고 하였다.

한 나라의 임금은 신하를 잘 쓸 줄 알아야 정치가 잘 돌아간다는 것을 말한 것이다. 임금 자신이나 지금의 대통령 자신이 모든 일을 다 하려고 하면, 그 일을 담당한 판서나 장관은 일을 하지 않는다. 왜냐면 위에서 일을 하니 자기는 할 일이 없지 않은가!

그러므로 탕(湯)임금은 이윤(伊尹)을 썼으며, 무왕은 태공망을 쓰지 않았는가! 한(漢)의 고조(高祖)는 장량(張良)[11]을 썼고, 월(越)은 범여(范蠡)[12]를 썼으며, 촉한(蜀漢)은 제갈량을 썼고, 원은 야율초재

10) 구족(九族) : 고조·증조·조부·부친·자기·아들·손자·증손·현손까지의 동종(同宗) 친족을 통틀어 이르는 말. 자기를 본위로 직계친은 위로 4대 고조, 아래로 4대 현손에 이르기까지이며, 방계친은 고조의 4대 손이 되는 형제·종형제·재종형제·삼종형제를 포함한다. 그리고 모족(母族)인 외조부, 외조모, 이모의 자녀와 처족(妻族)인 장인·장모, 부족인 고모의 자녀, 자매의 자녀, 딸의 자녀와 자기의 동족(同族)을 통틀어 이르는 말.

11) 장량(張良) : 한나라 고조 유방의 공신. 진승·오광의 난이 일어났을 때 유방의 진영에 속하였으며, 후일 항우와 유방이 만난 '홍문의 회'에서는 유방의 위기를 구하였다. 선견지명이 있는 책사로서, 한나라의 서울을 진나라의 고지인 관중으로 정하고자 한 유경의 주장을 지지하였다.

12) 범여(范蠡) : 중국 춘추 시대 월나라의 재상. 자는 소백(少伯). 회계(會稽)에서 패한 구천(句踐)을 도와 오왕(吳王) 부차(夫差)를 멸망시키고 후에 산동(山東)의 도(陶)에 가서 도주공(陶朱公)이라고 자칭하고 큰 부(富)를 쌓았다.

(耶律楚材)[13]를 썼다.

이러한 현자를 모셔 와서 정치를 맡기고 왕은 팔짱을 끼고 앉아서 보기만 하면 정사는 잘 돌아간다는 말이다. 그렇기에 유비는 제갈량을 모셔오기 위해서 삼고초려(三顧草廬)를 했던 것이다.

우리나라도 황희(黃喜)[14], 맹사성(孟思誠)[15], 상진(尙震)[16], 박순(朴淳)[17] 같은 정승은 모두 중국의 정승 못지않은 훌륭한 정승들이다.

13) 야율초재(耶律楚材) : 몽골 제국 초기의 공신으로 오고타이의 즉위를 도와 중서령(中書令)이 되었고, 금나라가 멸망하자 화북(華北) 지역의 실정에 적합한 정치를 폈다. 세제(稅制)를 정비하여 몽골제국의 경제적 기초를 확립하였다.

14) 황희(黃喜) : 조선 시대의 명신(名臣, 1363~1452). 초명은 수로(壽老). 자는 구부(懼夫). 호는 방촌(厖村). 세종 때에 18년간 영의정을 지내면서 농사법을 개량하고 예법(禮法)을 개정하는 등 문물제도의 정비에 힘썼으며, 어질고 깨끗한 관리의 표본이 되었다. 저서에 《방촌집》이 있다.

15) 맹사성(孟思誠) : 조선 전기의 재상(1360~1438). 자는 자명(自明). 호는 고불(古佛)·동포(東浦). 세종 때에 우의정·좌의정을 지냈으며, 황희와 함께 조선 전기 문화 창달에 크게 기여하였고, 성품이 청백·검소하기로 이름이 났다. 《태종실록》을 편찬하였으며 작품에 〈강호사시사〉가 있다.

16) 상진(尙震) : 조선 명종 때의 문신(1493~1564). 자는 기부(起夫). 호는 송현(松峴)·향일당(嚮日堂)·범허재(泛虛齋). 지춘추관사로 《중종실록》의 편찬에 참여하였으며 영의정을 지냈다.

17) 박순(朴淳) : 조선 선조 때의 문신(1523~1589). 자는 화숙(和叔). 호는 사암(思菴). 명종 8년(1553)에 문과에 장원, 벼슬이 우의정, 영의정에 이르렀다. 율곡과 퇴계를 변론하여 서인으로 지목받고 탄핵당하여 영평(永平) 백운산에 은거하였다. 한당체(漢唐體)의 시를 잘 지었으며, 저서에 《사암집》이 있다.

• 애육려수(愛育黎首) : 백성을 사랑으로 기르니,

∥ 자원(字源) ∥

愛 본래는 애(炁)로 썼으니, 마음이(心) 가는(夊) **사랑**인데, 또 조(爫)와 멱(冖)을 덧붙였으니, **사랑**해서 손(爫)으로 덮어(冖) 어루만지는 것이다.

育 거꾸로 쓴 자(子)자와 살을 뜻하는 육(月)자를 결합해서, 거꾸로 난 아이(云)를 살(月)이 붙도록 **기르는** 것이다. 무엇이나 기름은 양(養)이고, 짐승을 기름은 축(畜)이다.

黎 이(利)와 입(入)과 수(米)의 합자니, 물(米)을 넣어 음식을 함에 유리(利)한 기장이나, 그 뜻으로는 쓰지 않고 그 색이 검으므로 **검은 뜻**으로만 쓰인다.

首 털(川) 난 머리(頁)를 상형한 것이 약화된 것이다. 생명이 들어 있는 머리는 수(首)이고, 형상으로 본 머리는 두(頭)이고, 으뜸가는 머리는 원(元)이다.

　위의 수공평장(手拱平章)을 받아서 백성들을 사랑으로 기르는 것이다. 여기서 기른다는 것은 편안히 살도록 선정(善政)를 한다는 말이다. 예부터 목민관(牧民官)이라는 말이 있다. 이는 지방의 군수나 목사(牧使), 그리고 부사(府使)를 지칭한 말이다. 지금으로 말하면, 군수나 시장, 그리고 구청장 정도의 관리를 말한다. 이들에게는 나라의 왕이 그 지방의 왕을 대신하여 다스리라는 전권을 주었다. 그러므로 백성을 사랑으로 길러야 한다고 말하는 것이다.

　《맹자(孟子)》 양혜왕장 하에 보면, "여민동락(與民同樂)"이라는 말이 있다. 무슨 말인가 하면, 왕은 기뻐할 것이 있으면 백성과 더불어 기뻐하고, 걱정할 것이 있으면 백성과 더불어 걱정해야 한다는 말씀이다.

　하루는 제(齊)의 선왕(宣王)이 물었다. "옛적에 문왕은 왕의 동산이 70리나 되었다고 하는데 그렇습니까!" 맹자께서 대답하길, "예 그렇습니다." 왕이 말하기를, "그렇게 큽니까! 나는 사방 40리의 동산이 있는데, 백성들이 크다고 야단입니다."라고 하니, 맹자께서 대답하길, "문왕은 70리의 동산에 꼴을 베고 나무를 하는 백성들이 오가고, 꿩과 토끼도 오가서 백성들과 그 동산에서 같이 즐기니, 백성들이 오히려 작다고 하였습니다. 그러나 제가 제나라의 국경에 들어오는데, 제나라에서 크게 금하는 것을 들은 뒤에야 들어왔는데, 왕의 동산에서 사슴을 잡으면 살인죄로 다스린다는 말을 들었습니다. 이렇게 하니 백성들이 40리도 크다고 하는 것이 당연합니다."라고 하였다.

　그러므로 정치를 함에는 백성과 함께 즐기는 정치를 해야 한다고 지금으로부터 2,000년 전에 맹자는 말씀을 하였으니, 그 당시에 이 얼마나 혁명적인 사상을 가지고 백성을 사랑했나를 알 수가 있다.

- **신복융강(臣伏戎羌)** : 변방의 오랑캐들도 감화가 되어서 신하로 복종한다.

| 자원(字源) |

臣 위의 一은 원수(元首)이고, 아래의 一은 백성이며, 왼쪽의 곤(丨)은 그들을 결합하는 정의선인데, 그 가운데 입(口)이 **신하**이니, 그 입으로서 상의하달(上意下達)하고 하정상통(下情上通)을 한다.

伏 인(亻)과 견(犬)의 합자니, 사람(亻)은 길이로 섰는데, 개(犬)는 가로로 서니 **엎드린** 것이다. 화기(火氣, 여름)가 성해서 금(金, 가을) 기운이 엎드린 것을 복(伏)이라 한다.

戎 과(戈)와 십(十)의 합자니, 십과(十戈)로 **무장**하는 것이다. 따라서 전쟁을 좋아하는 서쪽 **오랑캐**도 뜻하니, 그의 무력은 융(隆)성하므로 음은 융이다.

羌 『설문(說文)』에는 "종양인야(从羊人也)"라 했으니, 양(羊)을 쫓은 사람이다. 《사기(史記), 색은(索隱)》에서는 "작목양인야(作牧羊人也)"라 하였으니, 양을 기르는 사람을 말한다. 이는 배운 자가 아니므로 오랑캐라 하였다.

에세이

은(殷)나라 성탕(成湯)과 주(周)나라 무왕(武王)이 무도한 폭군 하걸(夏桀)과 은주(殷紂)를 몰아내고 선정(善政)을 베푸니, 변방에 있는 오랑캐도 와서 굴복하고 신하가 되었다는 이야기이다.

예나 지금이나 정치지도자는 사리(私利)를 챙기는 욕심이 없어야 한다. 그래야 국민들이 지도자의 무사(無私)하고 공평함을 보고 신뢰를 보내는 것이다. 이러한 지도자를 생각할 때 필자는 세종대왕을 생각한다. 비록 병약했다고는 하지만, 주야로 오직 백성들을 위해서 훈민정음을 창제하고, 과학자를 우대하여 해시계인 앙부일구와 물시계인 자격루를 만들었으며, 북방에 육진(六鎭)을 개척하여 국토를 넓혔다.

세계에서 가장 과학적인 문자를 찾은 결과, 우리의 훈민정음이 가장 우수한 문자라는 결과가 나왔다고 한다. 지금 이 시점에서 컴퓨터의 자판기를 쳐서 글자를 입력하는데도 우리 한글이 세계에서 가장 빠르고 편리하다는 것이다. 지금 같은 스피드 시대에서 세계에서 가장 빨리 자판기를 쳐서 입력한다고 하니, 이 얼마나 대단한 문자인가!

그리고 세종은 관노(官奴)인 장영실(蔣英實)[18]을 중용하여 과학을 발전시켰으니, 그 당시의 계급사회에서 파격적인 인사정책으로 재주가 있고 자격이 있는 백성이면 누구라도 들어서 썼다는 것이 증명이 된 셈이다. 이러한 현명한 군주이기에 북쪽의 변방에 육진을 개척하여 국토를 넓히지 않았나 하고 생각한다.

18) 장영실(蔣英實) : 조선 전기 세종 때의 과학자. 한국 최초의 물시계인 보루각의 자격루를 만들었으며, 세계 최초의 우량계인 측우기와 수표를 발명하여 하천의 범람을 미리 알 수 있게 했다. 그 외 여러 과학적 도구를 제작 완성하였다.

• **하이일체(遐邇壹體)** : 원근(遠近)에 있는 나라들이 선정에 감복하여 하나가 되었다.

| 자원(字源) |

遐 하(叚)와 착(辶)의 합자니, 즉 가도(假道)이다. 가깝고도 **먼** 길이다.

邇 이(爾)와 착(辶)의 합자니, 바로 앞에 있는 너(爾)에게로 가(辶)는 사이는 **가까운** 것이다. 가까이 있는 것은 이(邇)고, 가깝게 짧은 길은 근(近)이다.

壹 하나를 **하나**의 선으로 표시한 상형문자이다.

體 뼈(骨)에 살이 담겨 있는 **몸**을 말한다.

에세이

　선정(善政)을 베푸니, 가까이 있는 나라건 멀리 있는 나라건 모두 감화되어 신하가 될 것을 맹세하고 복종하였으므로 하나가 되었다는 고사(故事)이다. 이도 앞의 문장을 이어서 은(殷)의 성탕(成湯)과 주(周)의 무왕(武王)의 이야기이다.

예부터 덕이 있는 사람에게는 사람들이 와서 붙는다고 한다. 그래서 예부터 '나무의 그늘 덕은 보지 못해도 사람 그늘의 덕은 강동 팔십 리에 간다.'라는 말이 있다.

조선 중기에 정여립[19]이라는 사람이 있었는데, 그 당시에는 현자(賢者)가 나왔다고 하였다 한다. 그래서 멀고 가까운 곳에 있는 사람들이 모두 그와 친하려고 노력하였는데, 어느 날 역적으로 몰리니, 그와 가까이 지내던 사람들도 모두 역적으로 연루되어 죽음을 당하거나, 아니면 귀양살이를 해야 했다고 한다. 이를 정철 등의 서인이 일으킨 기축옥사라고 한다.

근래 우리나라의 정치를 살펴보면, 삼김(三金)시대에는 김영삼과 김대중, 김종필 등에게 붙어서 정치를 한 사람은 모두 국회의원 한 자리씩은 하였다. 왜 이런 현상이 일어났느냐 하면, 우리 고대역사의 삼국시대처럼 삼각구도가 형성되어서, 김영삼은 경상도 유권자들이 밀었고, 김대중은 전라도 유권자들이 밀었으며, 김종필은 충청도 유권자들이 밀었기에 이러한 일이 가능했다고 한다. 그러나 이러한 행태는 나라의 힘을 하나로 합쳐야 하는 시기에 오히려 그 반대인 셋으로 나누었으니, 국가적으로 보면 오히려 국력을 낭비한 세월이 아니었나 하고 생각한다.

위의 하이일체(遐邇壹體)는 이러한 유가 아니고, 진정한 성군(聖

---

19) 정여립(鄭汝立) : 조선 중기 문신 겸 사상가. '천하는 일정한 주인이 따로 없다'는 천하공물설과 '누구라도 임금으로 섬길 수 있다'는 하사비군론 등 왕권 체제하에서 용납될 수 없는 혁신적인 사상을 품은 사상가이기도 하였다.

君)이 나타나서 도탄에 빠진 백성들을 구제했으므로, 이를 보고 먼 나라나 가까운 나라 모두 와서 진정한 마음으로 굴복했다는 이야기이다. 언제나 진심을 가지고 사심이 없는 정치를 펼쳐야만 진정 국민을 위한 정치가 되는 것이고 이러한 사람을 군자라고 하는 것이다.

●**솔빈귀왕(率賓歸王)** : 모두 복종하여 왕에게로 돌아왔다.

| 자원(字源) |

率 머리(亠)의 아래에 작은(幺) 것이 딸려(𠂤)있는 수가 열(十)이다. 한 사람이 열 사람을 **거느리는** 것이다.

賓 본래는 빈(宓)이니, 집(宀)에 와서 덮어(丙)주는 **손님**이다. 또 여기에 패(貝)를 덧붙였으니, 보배처럼 존귀한 **손님**이다. 귀한 손님은 빈(賓)이고, 집(宀)에 여럿이(各) 온 손님은 객(客)이다.

歸 언덕(阜)의 흙이 내려옴을 비(帚)로 쓸어서 되돌려 그치게(止) 하는 것이다.

王 위의 一은 하늘, 아래의 一은 땅, 가운데 一은 사람인데, 이 셋을 관통하는 하나(丨)는 최고의 인격자로써 인간을 통치하는 **임금**이다.

에세이

　이 문장도 위의 문장을 받아서, 모두 복종해서 왕께로 돌아온다는 것이다. 즉 왕에게로 머리를 돌린다는 말이다.

왕이라는 용어는 요순의 시대에는 천자(天子)를 제(帝)자로 써서 순제(舜帝), 요제(堯帝)라고 하였고, 하은주(夏殷周)의 시대에는 우왕(禹王), 탕왕(湯王), 무왕(武王)이라 하여 왕(王)자를 썼으며, 진(秦)의 시대에 내려오면 황(皇)자를 써서 전의 왕(王)과 차별이 되도록 하였으니, 진시황(秦始皇)이 그것이다. 그 다음 왕조부터는 황제(皇帝)라는 두 자를 써서 제왕의 위세를 드러내려고 노력한 것을 볼 수가 있다.

위에서 말한 천자(天子)라는 것은 중국을 통치하는 왕을 지칭한 것인데, 중국은 땅의 면적이 너무 커서 옛적에는 한 나라가 통치하기에는 힘에 부쳤다. 그래서 만든 것이 봉건제도였으니, 천자 자신의 형제와 가까운 친척과 나라를 세우는데 지대한 공로가 있는 공신들에게 봉토(封土)를 떼어주고 천자 대신 다스리게 하였던 것이다.

그래서 많은 제후들이 생겨났는데, 춘추 전국 시대에 내려오면서 종주국인 주(周)가 쇠약해지니까 많은 제후들이 모두 왕을 사칭하게 되었다. 맹자에 나오는 제나라 선왕과 월나라의 월왕, 오나라의 오왕 등의 칭호는 모두 제후가 왕을 사칭한 것이다.

우리나라도 조선에서는 제왕의 칭호를 쓰지 못하고 그냥 왕이라고만 했으니, 이는 그 당시의 제후라는 뜻이다. 그래서 명(明)과 청(淸)에 조공을 바쳤으니, 동지사(冬至使), 성절사(聖節使) 등의 호칭은 당시 중국의 천자에게 사신으로 가서 일을 보는 사람이다.

●**명봉재수(鳴鳳在樹)** : 성인이 나오면 나타나는 봉황새가 나무에 앉아 있고,

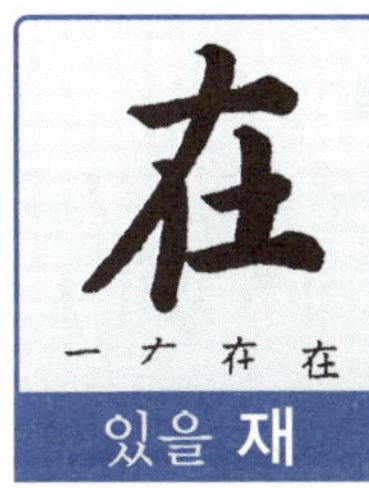

| 자원(字源) |

鳴 새(鳥) 입(口)으로 내는 소리이다. 슬픈 것이 아니고 본능적으로 **우는** 것이니, 물건을 진동시킨다는 뜻도 있다. 작은 동물이 큰소리를 내는 것은 제(啼)이다.

鳳 범(凡)과 조(鳥)의 합자니, 무릇(凡) 새(鳥) 중에는 산의 봉우리(峯)처럼 높은 **봉황**이다. 자웅(雌雄)의 이름이 다르니, 수컷은 봉(鳳)이고 암컷은 황(凰)이다.

在 재(才)와 토(土)의 합자니, 토(土)의 본질(才)은 물건을 싣고 **있는** 것이다. 어떤 시공간에 있는 것은 재(在)이고, 장성해 있는 것은 존(存)이고, 없었다가 있는 것은 유(有)이다.

樹 목(木)과 주(尌)의 합자니, 나무를 **세우는** 것이니, 즉 나무를 심는 것이다. 심은 나무는 수(樹)이고, 모든 나무를 심는 것은 식(植)이다.

에세이

봉황(鳳凰)은 성인(聖人)의 탄생과 함께 세상에 나타나는 새로 알

려져 있다. 수컷과 암컷이 서로 사이좋게 오동나무에 살면서 예천(醴泉)[20]의 물을 마시고 대나무 열매를 먹는다고 한다. 앞은 기린이고 뒤는 사슴이며, 목은 뱀과 같고 꼬리는 물고기 같으며, 등은 거북과 같고 턱은 제비 같으며, 부리는 닭을 닮았다고 한다. 오색의 깃털을 지니고, 울음소리는 오음(五音)으로 된 묘한 음성을 내며, 뭇 새의 왕으로서 아주 귀하게 여기는 환상적인 새니, 즉 영조(靈鳥)이다.

그래서 천자(天子)의 궁궐(宮闕)에 봉황을 장식하여 봉궐(鳳闕)·봉문(鳳門)이라 하였고, 천자가 타는 대가(大駕)에 장식하여 봉거(鳳車)·봉련(鳳輦)·봉여(鳳輿)라고 하였다. 그밖에도 천자의 도읍인 장안(長安)을 봉성(鳳城), 궁중의 연못을 봉지(鳳池)라 하였다.

이를테면, 높은 벼슬을 봉경(鳳卿)이라 하고, 좋은 벗을 봉려(鳳侶)라 하며, 아름다운 누각을 봉루(鳳樓)라 하고, 피리 등의 묘한 음을 봉음(鳳音)이라고 하는 등, 봉자가 들어간 단어는 나쁜 말이 없다. 또한 평화로운 세상을 상징하여 봉황내의(鳳凰來儀 : 봉황이 와서 춤을 춘다는 뜻)라는 말도 썼다.

그리고 《시경》〈대아(大雅) 권아(卷阿)〉에 보면, "봉황이 훨훨 날아 날개 깃을 탁탁 치며 앉을 자리에 앉는도다. 왕에게는 길사(吉事)가 많으시니, 군자가 부리는지라, 천자께 사랑을 받는도다. 봉황새가 울어대니, 저 높은 뫼이로다. 오동나무가 자라니, 저 양지쪽이로다. 무성한 오동나무에 봉황새 노래 평화롭도다〔鳳凰于飛 翽翽其羽 亦集爰止 藹藹王多吉士 維君子使 媚于天子 鳳凰鳴矣 于彼高岡

---

20) 예천(醴泉) : 중국에서 태평할 때에 단물이 솟는다고 하는 샘.

梧桐生矣 于彼朝陽 萋萋蒼蒼 雝雝喈喈〕."라고 하였다.

　이 문장도 또한 전의 문장을 받은 문장이니, 정치를 잘하여 태평
성대가 되면 그에 따른 이상한 징후가 나타나는 것이니, 이런 때는
반드시 봉황이 나타난다고 한다.

• **백구식장(白駒食場)** : 흰 망아지가 밭의 곡식을 먹는다.

| 자원(字源) |

白 땅으로 내려온(ノ) 햇빛(日)은 **희다**. 윗사람에게 **말(日)을 올리**(ノ)는 뜻도 된다.

駒 마(馬)와 구(句)의 합자니, **망아지**(馬)는 뜻이 되고, 구(句)는 음이 된 글자다.

食 인(人)과 량(良)의 합자니, 사람(人)에게 가장 좋은(良) 것은 **먹는** 것이다.

場 토(土)는 지(地)의 약자이고 양(昜)은 양(陽)의 약자니, 사람이 모이는 양(昜)지(地), 즉 **마당**이다. 넓은 공간은 장(場)이고, 물건이 있는 곳은 소(所)이고, 머무르는 곳은 처(處)이다.

에세이

《시경》 소아(小雅) 백구(白駒)에 "귀여운 흰 망아지가 내 밭곡식을 먹었다 핑계 대고, 발과 고삐를 묶어 놓고서 이 아침을 길게 늘이어, 귀한 우리 손님을 더 놀다 가시게 하리라〔皎皎白駒 食我場苗 縶

之維之 以永今朝 所謂伊人 於焉逍遙〕.”한 데서 온 말인데, 이 시는 어진 사람이 왔다가 돌아가려고 할 때 조금이라도 더 놀다 가게 하려는 주인(主人)의 아쉬운 정을 노래한 것이다.

이 문장도 위의 문장에 이어서 태평한 성대(聖代)에 하늘에는 새들이 한가히 날고 물속에서는 물고기가 뛰어오르며〔연비어천 어약우연(鳶飛於天 魚躍于淵)〕, 냇가에는 어동(漁童)들이 고기를 잡고 천변(川邊)에는 우마(牛馬)가 한가히 풀을 뜯는, 이러한 풍경을 백구식장(白駒食場)으로 표현하지 않았나 하고 생각한다. 그러므로 필자의 졸저 한시 한 수를 아래에 게재한다.

흔상풍국(欣賞楓菊)

사시의 강역(疆域)에는 경치가 아름다운데
귀뚜라미 울음소리 고향에도 들리겠지!
만산의 나무들은 모두 붉은 형상인데
하늘에 나는 갈매기는 강사(江沙)에 내렸네.
뚝방의 버드나무는 실 같은 손 드리웠고
채전(菜田)의 그윽한 향기는 국화와 같이 향기롭네.
초원의 말과 소 살진 몸을 과시하는데
저녁 하늘에 나는 기러기는 석양을 비켜가네.

사시강역경광가　실솔추성문고가
四時疆域景光佳　蟋蟀秋聲聞故家

만악수림홍엽상　벽공한로강강사
萬岳樹林紅葉像　碧空寒鷺降江沙

천제세류수사수　정포유향여국화
川堤細柳垂絲手　庭圃幽香如菊花

초야마우과윤체　모천비안석양사
草野馬牛誇潤體　暮天飛鴈夕陽斜

●**화피초목(化被草木)** : 그 덕화(德化)가 초목에까지 미친다.

| 자원(字源) |

化 본래는 인(人)자를 거꾸로 세운 화(匕)자로써, 사람이 나이를 먹으면 변해가는 것을 뜻했는데, 또 인(亻)변을 붙였으니, 사람만이 **화(化)하는 것**을 알기 때문이다.

被 의(衣)와 피(皮)의 합자니, 입은 옷(衣) 위에 방한(防寒)하는 가죽(皮)처럼 덮는 **이불**이니, 덮는 것이므로 **입는다**고도 한다.

草 본래 초(++)는 **풀**을 상형한 자니, 그것은 땅에 붙은 작은 것이다. 모든(十) 풀을 다 말(日)한 것이다.

木 원래는 위의 一은 두 끝이 꾸부러져서 위로 올라간 두 가지고, 가운데 ㅣ은 줄기고, 아래의 ㅅ은 뿌리니, 즉 **나무**이다. 심어서 서 있는 나무는 수(樹)이고 불에 때는 나무는 신(薪)이다.

에세이

　계속 연결되는 문장이다. 위에서 태평성대의 징후가 나타나고, 그리고 소와 말은 냇가에서 한가히 풀을 뜯고 있으니, 짐승에게도 성

왕(聖王)의 덕화는 미치는 것이니, 본문에서는 초목(草木)에게까지
그 덕화를 입었다는 것이다.

간단히 말해서, 우리나라는 지금 세계의 선진국의 대열에 오르려
고 하는 형국이니, 아마도 민주주의를 하면서 정치를 잘 했다고 보
는 것이 옳을 듯싶다. 그러므로 한국의 산은 파랗게 우거지지 않은
곳이 없다. 지금 한국 산의 나무들은 무럭무럭 자라고 있다. 우리나
라의 나무들은 누구에게 베임을 당할까를 걱정하는 나무는 한 나무
도 없다.

그런데 북한의 산을 보라. 모두 벌거숭이가 아닌가! 우리가 일제
식민이었을 때도 우리의 산은 모두 벌거숭이 산이었다. 이는 정치
를 잘못하면 초목에게까지 미친다는 것을 단적으로 보여주는 하나
의 예이다. 북한의 일당독재는 모두 평등하게 사는 낙원, 공산주의
를 만든다고 야단을 쳤지만, 결국은 자기 나라의 국민도 먹여 살릴
수 없는 지경에 이르렀으니, 어린 백성들은 산에 올라가서 풀뿌리
를 깨어 먹을 수밖에 없는 것이다.

이러한 것은 종교도 막을 수 없는 것이다. 오직 정치를 잘하는 현
자(賢者)가 나와야만 되는 것이다. 그래서 유가(儒家)에서는 현실
의 정치를 중요시 했으며, 또한 현실을 도피하지 않고 현실에 참여
하여 선(善)한 정치를 펼쳐서 그 덕화가 국민들에게까지 미치도록
하는 것이 유가(儒家)의 이상이었던 것이다. 비굴하게 피하지 않고
당당하게 참여하여 바른 정치를 하는 것이니, 이 얼마나 아름다운
가!

중랑천에는 어른의 팔뚝만한 잉어 떼가 무수히 많은데, 이들이 한
가히 유영을 하는 것을 보면 태평성대가 부럽지 않다. 사람들이 모
두 잘살기 때문에 이러한 고기들을 잡아먹지 않는 것이지, 만약 헐

벗고 굶주려 있다면 어찌 이러한 고기들을 그냥 놔두겠는가! 이는 덕화가 초목뿐 아니라 물고기에게도 미친 것이다. 지금이 우리나라 유사(有史) 이래 가장 잘사는 시기라고 하지 않는가!

• **뇌급만방(賴及萬方)** : 성군(聖君)의 선정(善政)은 만방에 미치도다.

| 자원(字源) |

賴 속(束)과 도(刀)와 패(貝)의 합자니, 쓰지 못하게 묶어(束)두었던 재물(貝)을 칼(刀)로 끊어서 쓰게 되니, 그의 힘을 **힘입는** 것이다.

及 가는 사람(刀)을 또(又) 뒷사람이 따라가서 **미쳐**간 것이다.

萬 본래는 벌의 일종을 상형한 것인데, 그의 수가 十千이나 되기 때문에 **만**이라는 글자가 되었다. 그래서 만(萬)이 숫자로 쓰게 되니, 다시 충(虫)을 붙여서 채(蠆)로 쓰게 되었다.

方 갑골(甲骨)문자에는 사람이 북쪽에서 동서를 잡고 남쪽으로 방향을 정한 형상으로 된 글자이다.

에세이

위에서는 초목도 그 덕화를 입었는데, 이 문장에서는 만방에까지 그 덕화가 미친다는 것이다. 이 문장까지가 추위양국(推位讓國)에서부터 시작하여 조민벌죄(弔民伐罪)를 거쳐서 쭉 이어지는 문장이다.

만방(萬方)이라는 단어는 천하의 모든 나라를 뜻하는 용어이니, 성왕(聖王)의 선정(善政)의 덕화가 이렇게 멀리까지 간다는 것이다.

필자의 아들이 보건복지부에 근무하면서 한국의 청소년을 이끌고 프랑스를 다녀온 일이 있다. 그의 말에 의하면, '공항에서 내려서 차를 타고 공항로를 달리는데, 길옆에는 풀이 너무 많이 우거져 있어서 지저분하게 보이기에, 왜 외국인이 많이 다니는 중요한 길을 보기 좋게 잘 정리하여 말끔하게 해놓지 않고 풀이 무성하게 놔두느냐!'고 물으니, 영접을 나온 관원이 하는 말,

'그 풀 속에는 벌레들이 사는데, 이를 베어내면 벌레들은 살 곳을 잃기 때문에 그냥 둡니다.' 라고 해서 충격을 받았다는 이야기를 필자에게 이야기해 주었다. 벌레들까지 생각하는 정치를 하니, 참으로 부러운 말이 아닐 수 없다. 그러나 이 천자문에는 지금으로부터 3,000년~4,000년 전에 벌써 뇌급만방(賴及萬方)이라 하여, 그 덕화가 만방에까지 미친다고 하지 않았던가! 참으로 보통사람들은 미처 생각하지도 못할 엄청난 말씀이 아닌가. 이 말씀이 본 단원의 말미를 장식하는 백미(白眉)이다.

아름다운 정치는 이렇게 멋지고 통쾌한 것이다. 유가(儒家)의 궁극적 목표가 여기에 있으니, 이러한 곳을 낙원(樂園)이라고 하는 것이고, 이 낙원을 향해서 부단히 노력하는 사람을 군자라고 하는 것이다.

제3장 수학(修學)

개차신발(蓋此身髮) · 사대오상(四大五常) · 공유국양(恭惟鞠養) · 기감훼상(豈敢毀傷) · 여모정렬(女慕貞烈) · 남효재량(男效才良) · 지과필개(知過必改) · 득능막망(得能莫忘) · 망담피단(罔談彼短) · 미시기장(靡恃己長) · 신사가복(信使可覆) · 기욕난량(器欲難量) · 묵비사염(墨悲絲染) · 시찬고양(詩讚羔羊)

• **개차신발(蓋此身髮)** : 대개 이 몸과 몸에 난 터럭은,

| 자원(字源) |

蓋 합(盍)자는 그릇에 뚜껑을 합(合)해서 덮은 것인데, 그 위에 또 풀(++)을 덮어서 **가리운** 것이다.

此 지(止)와 비(匕)의 합자니, 그친(止)곳에 짝 붙어(匕)있는 이것이다. 기울게(皮) 가는(彳) 저쪽은 피(彼)이고, 그친(止)데 온(匕) **이것**은 차(此)이다.

身 사람의 몸을 상형한 것이나, 또한 자(自)와 재(才)의 합자로 보면, 자기(自)의 재질(才)인 **몸**이다. 자기 스스로 일하는 몸은 궁(躬)이다.

髮 표(髟)와 발(犮)의 합자니, 털(彡)이 길게(長) 빼난(犮) 것이니, 긴 **머리털**이다. 짧은 머리는 모(毛)이고, 긴 털은 발(髮)이고, 턱수염은 수(鬚)이고, 볼수염은 염(髥)이다.

에세이

사람은 아버지한테서 정수를 받아서 어머니의 몸을 빌려서 태어

나는 것이니, 즉 아버지의 양기를 받고 어머니의 음기를 받아서 태어나는 것이다. 이렇게 태어난 우리 몸에는 모두 혼백(魂魄)이 들어 있는데, 혼(魂)은 정기(精氣)이니 하늘에서 오는 것이고, 백(魄)은 음기(陰氣)이니 땅에서 오는 것이다. 그러므로 몸은 자기의 몸이나 태어날 때에 부모님한테서 받은 것이므로, 자기 마음대로 해서는 안 된다는 것이다.

사람이 이 세상에 태어나면, 부모님의 양육을 받아야 비로소 사람이 되는 것이다. 처음에 태어나면 누워서 먹고 자야 하다. 삼 년간은 기저귀를 차고 어머니의 젖을 먹고 자라야만 자기의 의지대로 다닐 수가 있다. 그렇지 않으면 아기는 클 수가 없는 것이다.

소나 말 같은 짐승은 낳자마자 서서 걸어서 어미에게 가서 젖을 빤다. 그리고 얼마 있으면 뜀박질을 한다. 사람은 아기보다 몇백 배 빠르다. 그렇다고 짐승이 사람보다 나으냐 하면 그렇지는 않다. 왜 이러한 현상이 일어날까! 자연현상을 가만히 보면 금방 깨달을 수가 있다. 짐승은 일정한 주거(住居)가 없으므로 금방 어미를 따라 다녀야 한다. 그리고 맹수를 만나면 도망을 해야 한다. 그렇지 않으면 잡혀서 죽는다. 그러나 사람은 일정한 주거가 있으므로 짐승에게 잡혀 먹일 일이 없다. 그리고 대기(大器)는 만성(晩成)이라고 하지 않았는가! 지혜가 많은 사람으로 키우려면 많은 시간을 통해서 배우고 익혀야 하는 것이다.

유가(儒家)의 《효경(孝經)》 개종명의장(開宗明義章)에는, "이 몸은 모두 부모님에게서 받은 것이니, 감히 다치지 않게 하는 것이 효의 시작이요, 자신의 몸을 바르게 세우고 바른 도를 행하여 이름을 후세에 드날림으로써 부모님을 드러나게 해 드리는 것이 효의 마지막 이다〔身體髮膚 受之父母 不敢毀傷 孝之始也 立身行道 揚名於後世

以顯父母 孝之終也〕."라고 하였다.

  사람은 짐승과 같지 않아서 은혜를 입으면 갚을 줄을 안다. 이를 보본(報本)이라고 하는 것이다. 보본(報本)을 할 줄 알기 때문에 짐승과 구별이 되는 것이다. 그러므로 부모님에게서 받은 몸도 잘 보존할 의무가 있다는 이야기다. 그러나 국가의 위난이 생기면 나라를 위해서 몸을 날려 나라를 구해야 한다. 설사 나라를 위해 싸우다가 죽더라도 이는 불효가 아니다. 왜냐면 충과 효를 동일시하기 때문이다. 국가에 위난이 생겼을 때는 국가가 우선이 된다. 이는 나라가 있어야 부자도 있고, 가정도 있기 때문이다.

• **사대오상(四大五常)** : 사람의 몸은 사대(四大)[21]와 오상(五常)[22]이 있다.

| 자원(字源) |

四 갑골문자에서는 三자 위에 또 一을 더했는데, 전자(篆字)에서 변했으니, 이는 **사각형의 네 귀**를 표시하다가 두 귀는 생략한 것이다.

大 사람이 사지를 **크게** 벌리고 서 있는 형상이다. 두 발을 합치고 두 손을 조금 오므린 것은 소(小)자가 된다.

五 원래는 ×이렇게 써서 네 쪽 끝과 중심점을 합한 **다섯**을 뜻하였는데, 다음에 상하에 선을 그은 것은 전자(篆字)체이고, 해자(楷字)체는 또다시 五로 변한 것이다.

常 상(尙)과 건(巾)의 합자니, 사람은 포목(巾)으로써 몸 위(尙)를 덮는 옷, 즉 **치마**를 만들어 언제나(늘) 입는 것이다. 언제나 하는 일은 상(常)이고, 일관해 가는 것은 항(恒)이다.

---

21) 사대(四大) : 천지군부(天地君父)를 말한다.

22) 오상(五常) : 사람이 행해야 할 다섯 가지의 덕을 《송서(宋書)》에서는, "인(仁)·의(義)·예(禮)·지(智)·신(信)"이라 하였다.

사람이 이 세상에 태어나면, 사대(四大), 즉 천(天)·지(地)·군(君)·부(父)가 갖추어져 있다. 하늘이 있고 땅이 있으며, 나라에는 임금이 있고, 집안에는 부모님이 계시다. 이 중에 하나라도 빠지면 안 된다. 그리고 사람이 이 세상을 살아가려면 오상(五常), 즉 인(仁)·의(義)·예(禮)·지(智)·신(信)이 갖추어져 있어야 사람 구실을 하는 것이다.

인(仁)은 어진 마음이니, 즉 남을 사랑하는 고운 마음이다. 이는 사계절 중에 봄에 해당한다. 봄은 생명이 약동하는 계절이니, 인(仁)이 이러한 것이다.

의(義)는 옳은 것을 말한다. 의리(義理)있는 마음, 즉 비굴하지 않은 의리를 말하는 것이다. 의사(義士)는 국가가 위난(危難)에 처했을 때, 나라를 위해 자기의 몸을 내던지는 사람을 말한다. 이는 자기 나라의 국민이 남의 압제를 받을 때에 이를 구원하려는 위대한 행동이니, 이러한 것을 의리 있는 행동이라고 한다.

예(禮)는 예절을 말하니, 사람이 사회생활을 하면서 예의가 있어야 사람다운 사람으로 대접을 받는다. 일례로, 부모님에게는 효도하고, 나라에는 충성하며, 형제간에는 우애가 있어야 하고, 어른을 공경하고, 어린이는 잘 이끌어야 하며, 친구 간에는 신의가 있는 것 따위가 다 예의범절에 속한다.

지(智)는 지혜를 말한다. 사람은 지혜가 있어야 공부를 잘한다. 공부를 잘하면 많은 지혜를 쌓을 수 있고, 그렇게 함으로써 지략(智略)이 생겨서 큰일을 할 수가 있는 것이다.

신(信)은 신의를 말한다. 사람은 신의가 있어야지, 신의가 없는 사

람은 사회에서 인정을 받지 못한다. 만약 친구 간에 약속을 했는데
그 약속을 지키지 않으면, 친구간의 의리는 깨지고 만다. 신의가 없
는 사람은 큰일을 할 수가 없다.

● 공유국양(恭惟鞠養) : 공손히 오직 잘 길러야 하니,

| 자원(字源) |

恭 공(共)과 심(忄)의 합자니, 상대의 마음(忄)과 같이(共)해서 **공경**하는 것이다.

惟 심(忄)은 심(心)이 선 것이고, 추(隹)는 추(推)의 약자니, 마음(心)으로 미루어서(推) **생각하는** 것이다.

鞠 혁(革)과 국(匊)의 합한 형성(形聲)자이다. 《설문통훈정성(說文通訓定聲)》에 "국(鞠)을 가차(假借)하여 **기른다**고 하였다."고 하였으니, **기르는** 것이다.

養 양(羊)과 식(食)의 합자니, 양(羊)을 먹여(食) **기르는** 것이다. 먹여서 기름은 양(養)이고, 도와 기름은 육(育)이며, 가축을 기름은 축(畜)이다.

에세이

이 문장에서 '공손히'라는 것은, 몸을 함부로 놀리지 말라는 뜻이

다. 어떤 사람들은 자기 몸은 자기의 것이라 해서 늘 술에 만취하여 싸움질을 하며, 혹은 황음(荒淫)에 빠져서 자기의 몸을 혹사시키는 일이 있으니, 이러한 행동을 하지 말고 공손히 이 세상을 살라는 것이다.

또한 '기른다.'는 말은 육체를 기른다는 말이다. 기름에는 두 가지의 종류가 있으니, 하나는 육체를 기르는 일이고, 하나는 정신을 기르는 일이다. 육체는 백(魄)에서 온 것이니, 곧 땅에서 온 것이다. 그러므로 육체를 기르려고 하면, 반드시 땅에서 나온 것을 먹어야 한다. 땅에서 나오는 식물에는 다섯 가지의 맛이 있다. 곧 단맛(甘), 매운맛(辛), 쓴맛(苦), 신맛(酸), 짠맛(鹹) 등이니, 이 맛들이 인체의 오장(五臟)으로 들어가서 각기 영양이 된다.

그러면 오미(五味)는 오장(五臟)과 어떻게 연관이 되는가! 즉 단맛은 비장(脾臟)으로 들어가고, 매운맛은 폐장(肺腸)으로 들어가며, 쓴맛은 심장(心腸)으로 들어가고, 신맛은 간장(肝腸)으로 들어가며, 짠맛은 신장(腎臟)으로 들어간다. 이 오미가 각 장부로 들어가서 그 장부의 부족함을 채워준다. 그러므로 보(補)가 되는 것이고, 영양이 되는 것이다.

정신과 육체를 비교하면 물론 정신이 위에 있고, 육체는 밑에 있다. 그렇다고 해서 정신만 기르면 육체는 쇠약해지고 만다. 육체가 쇠약해지면 정신도 또한 쇠약해지는 것이니, 이것이 어느 쪽은 더 중요하고 어느 쪽은 중요하지 않는 것은 아니다. 육체와 정신 모두 건강해야 하는 것이다.

이곳에서 특별히 육체를 기른다고 한 것은, 몸은 부모한테서 받은 것이니, 부모가 주신 것을 함부로 훼손하지 말라는 뜻이다. 이것이

효도의 시작인 것이다. 그러므로 증자(曾子)[23]는 죽음에 임박해서
제자들에게 자기의 몸을 보여주면서 상한 곳이 없다는 것을 자랑스
럽게 말씀했던 것이다.

23) 증자(曾子) : 중국 춘추시대(春秋時代)의 유학자. 공자의 도(道)를 계승하
   였으며, 그의 가르침은 공자의 손자 자사(子思)를 거쳐 맹자(孟子)에게
   전해져 유교사상사상(儒敎思想史上) 중요한 위치를 차지한다. 동양 오성
   (五聖)의 한 분이다.

기감훼상(豈敢毀傷) : 어찌 감히 훼손하고 상하게 하겠는가!

| 자원(字源) |

豈 《자휘(字彙)》에는 '山(屮)과 두(豆)의 합자라'고 했으나, 차라리 산(山)과 두(豆)의 합자로 보아, 나무그릇(豆)에 산(山)처럼 식물을 담는(丰)은 풍(豊)자가 된 것이니, 산(山)이야 **어찌** 두(豆)에 담을 수 있겠는가!

敢 공(攻)과 이(耳)의 합자니, 공이(攻耳)라, 칠(攻) 뿐(耳)이라는 결심을 가지고, **감히** 행동을 하는 것이다.

毀 구(臼)와 토(土)와 수(殳)의 합자니, 절구(臼)에 흙(土)을 창(殳)으로 찧어 **부수는** 것이다. 고의로 부숨은 훼(毀)이고, 닥쳐서 부서짐은 괴(壞)이다.

傷 인(人)의 몸에다 태양(昜)이 내려 쪼이면 피부가 **상하는** 것이다. 무엇에 부딪치면 상(傷)하게 되고, 서로가 부딪침은 해(害)하는 것이다.

에세이

효도는 백행(百行)의 근본이라고 맹자는 말씀하였다. 효도에도 두

가지가 있으니, 부모님의 뜻을 잘 헤아려서 그 뜻에 순종하는 효도가 있고, 그리고 부모님을 맛있는 음식으로 봉양하는 효도가 있다.

나를 이 세상에 나오게 하여주신 분이 부모님이다. 이 얼마나 영광스러운 일인가! 우리가 부모님의 수고가 아니면 어떻게 이 좋은 세상에 태어날 수가 있었겠는가! 이는 그 무슨 영광으로도 바꿀 수 없는 영광인 것이다. 그러므로 우리는 효도를 해야 하는 것이다.

그 효도의 첫 번째가 부모님이 주신 몸을 훼손하지 않는 것이다. 부모님은 나를 온전하게 이 세상에 내놓았는데, 나는 어찌 이 몸을 훼손하겠는가! 이것이 유가(儒家)의 교훈인 것이다.

그래서 노래자(老萊子)는 70살이 되어서도 어머니를 기쁘게 해 드리려고 색동옷을 입고 부모님 앞에서 어린아이 노릇을 하였던 것이다. 이 얼마나 아름다운 이야기인가! 필자의 15대조의 이름은 전엽(全燁)[24]인데, 조선 중기 명종조에 효자로 정려의 포장(襃奬)을 받았다. 그래서 조선왕조실록에 기록된 기사를 싣는다.

"옥천(沃川)에 거주(居住)하는 생원(生員) 전엽(全燁)은 천성이 순근(純謹)하여 사람을 성심으로 대접하고 어버이를 효성으로 섬겼다. 그의 아비인 목사(牧使) 전팽령(全彭齡)이 치사(致仕)한 뒤로 빈궁하여 끼니가 자주 어려워지자, 전엽이 힘을 다해 봉양하여 맛있는 음식을 적극 마련하였고, 그 음식이 남으면 반드시 아비가 주고

---

24) 전엽(全燁) : (1505~?)은 1543년(중종 38) 사마시에 합격하였으나 벼슬길에는 나아가지 않았다. 아버지가 별세하자 60세 가까운 늙은 몸으로 3년간 시묘하면서 한 번도 집에 오지 않았다. 시묘하는 도중에 산소 부근에서 샘물이 솟아오르고, 하얀색 제비가 날아와 집을 짓는 등의 이적(異蹟)이 있었다고 한다. 계모상을 당해서도 마찬가지로 시묘를 하였다. 효행으로 정려되고 벼슬이 정랑과 현감에 이르렀다. 『명종실록(明宗實錄)』

싶은 사람에게 주고자 하였다.[25] 혼정신성(昏定晨省)하여 슬하를 떠나지 않고 항상 옆에서 모시는 것을 임무로 삼았으며, 사환(仕宦)에는 뜻이 없었다.

기유년에 아비의 명령을 어기기 어려워 향시(鄕試)에 장원(壯元)하였으나, 관직을 얻는 것에 급급하지 아니하여 회시(會試)에 응시하지 않았으니, 이는 혼정신성을 빠뜨릴까 염려해서인 것이다. 평소 오가는 빈객이 그 아비를 방문하면 몸소 반찬을 마련하여 그 마음을 기쁘게 하였고, 병을 간호할 적에는 잠시도 곁을 떠나지 않았고, 약은 반드시 먼저 맛보았으며, 옷에는 띠를 풀지 않았다. 대고(大故)를 당하여서는 치상(治喪) 절차를 일체 《가례(家禮)》를 따랐고, 복(服)을 마친 뒤에도 출고반면(出告反面)[26]을 일체 평소와 같이 하였다. 계모(繼母)를 섬기는데도 한결같이 지성(至誠)으로 하였고, 족친 중에 빈궁하여 오갈 데 없는 이를 가엾게 여기어 구제해 주곤 하였다. 한 5촌질 되는 사람의 부처(夫妻)를 10년 가까이 데리고 있었는가 하면, 전토(田土)까지 넉넉히 주어 생계를 개척하게 하였고, 또 조카 두 사람이 몹시 빈궁하자, 전토를 주어 경작하게 하였으므로 향당(鄕黨)이 그 효우를 일컫고, 여리(閭里)가 그 행의에 탄복하였다."고 하여 전엽(全燁)에게 문려(門閭)에 정표를 하고 벼슬로 포상하였다.

---

25) 음식이 남으면 반드시 아비가 주고 싶은 사람에게 주고자 하였다. : 효(孝)에 있어 부모의 구복(口腹)만 봉양하는 것보다 그 뜻을 받드는 것이 더 값지다는 말로, 지극한 효행을 뜻함. 춘추 시대 증삼(曾參)이 그 아버지 증석(曾晳)을 봉양할 때 상을 물리면서, 아버지의 뜻을 받들기 위하여 남은 음식을 주고 싶은 사람이 없느냐고 물었고, 증석이 그 음식이 남아 있느냐고 물으면 으레 있다고 하였다 함. 《맹자(孟子)》 이루 상(離婁上).

26) 출고반면(出告反面) : 외출할 때 고유하고 돌아와서 참배하는 일.

● **여모정렬(女慕貞烈)** : 여자는 정렬(貞烈)[27]을 사모해야 하고,

| 자원(字源) |

女 계집을 상형한 글자라고 한다. 여(女)는 미혼 때는 낭(娘)이고, 출가하면 부(婦)이며, 아이를 낳으면 모(母)이고, 늙으면 파(婆)이며, 죽으면 비(妣)이다.

慕 모(莫)와 심(忄)의 합자니, 저물어서(莫) 못 보는 것을 마음(心)속으로 **생각하는** 것이다. 쌍방이 서로 말(言)을 주고받으면(絲)서 생각함(心)은 연(戀)이다.

貞 복(卜)과 목(目)과 팔(八)의 합자니, 거북 껍질을 불로 지지면 그 눈(目)이 갈라지는(八) 것이 길흉을 표시함이 **곧은** 것이다.

烈 열(列)과 화(灬)의 합자니, 줄지어(列)서 타는 불(灬)은 대단히 **맹렬한** 것이다.

25) 정렬(貞烈) : 여자의 지조나 절개가 곧고 굳음.

우리가 오늘을 살아가는 이 세상에서는 남녀관계는 평등한 것이 정상이다. 행여 남성이 위에 있고, 여성이 아래에 있다고 생각하면 이는 큰 오산이다.

그러나 남녀의 구조는 다르고 역할도 다르다. 천성적으로 태어난 음양의 관계는 뜯어고칠 수는 없는 것이다. 흔히 남녀의 관계를 하늘과 땅에 비유하는데, 이는 그 역할이 그렇다는 이야기이다. 즉 음양적인 이론으로 말한다면, 남자는 양에 속하고 여자는 음에 해당한다. 그러므로 남성은 본래 굳세고 강하게 태어났다. 이것이 남성의 아름다움인 것이다. 반면에 여자는 가늘고 여리게 태어났다. 물론 마음도 여린 것이다. 만약 여자가 강하고 굳세게 태어났다면, 이것은 정말 큰일이다. 왜냐면, 남녀의 관계는 서로 보완의 관계이고 그리고 또 결합하여 한 가정을 이루어야 하는 것이 하나의 숙명인 것인데, 여인이 강하여 남성의 강한 부분을 압도하게 되면 어느 남성이 좋아하겠는가!

위에서 말한 지조가 곧아야 한다는 것은, 참으로 아름다운 말이다. 이는 신하는 마음을 변하지 말고 임금께 충성을 해야 한다는 말과 같은 선상에 있는 이야기이다. 그래서 사육신인 박팽년, 성삼문 등의 충절을 추모하고 높이 받드는 것이다. 임금을 배반하고 세조를 선택한 한명회 같은 사람을 후인들이 경멸하고 멸시하는 것은 두 마음을 품었기 때문이다. 그래서 사육신을 제사하는 서원은 전국에 수 없이 많지만, 한명회를 제사하는 서원은 한 곳도 없는 것이다. 이렇듯 선인들은 오직 지조를 지킨 사람은 현창(顯彰)을 하였고, 반면에 두 마음을 품은 간사한 사람은 멸시를 하였던 것이다.

《삼국지연의》라는 책이 수천 년을 거쳐서 많은 사람들에게 사랑을 받는 책이 된 것은 '도원결의(桃園結義)'를 어기지 않고 끝까지 지킨 유비와 관우, 그리고 장비의 변하지 않는 절개와 우정이 있기 때문이다.

이 문장은 여성은 곧은 지조를 사모해야 한다는 것이니, 이러한 여성이 진정한 아름다운 여성이라는 것을 가르쳐주는 문장이다.

• **남효재량(男效才良)** : 남자는 재주가 뛰어난 사람을 본받아
야 한다.

┃ 자원(字源) ┃

男 전(田)과 력(力)의 합자니, 전지(田地)에서 노력(力)하여 생산하는
사내다.

效 교(交)와 복(卜)의 합자니, 상대자의 하는 일을 교(交)접해 보고 그
대로 작용(攵)하는 것이다. 즉 **본받는** 것이다. 남이 하는 대로만 하
는 것은 방(倣)이다.

才 《옥편(玉篇)》에는 재(才)자는 수(手)부에 있으니, 수(手)의 변형이
다. 손(手)처럼 일할 수 있는 능력이나, 그의 선천적인 **재주**는 일할
수 있는 재목(材木)이다.

良 간(艮)은 해(日) 뜨는 쪽으로 가까이(匕) 가는(乀) 것이다. **북쪽에
서 동쪽으로 가는 중간**, 겨울이 가고 봄이 오는 그 시점을 丶으
로 표시한 것이다.

에세이

이 세상에는 성인군자가 있고 영웅호걸이 있다. 모두 없어서는 안

될 훌륭한 재목들이다. 남자로 태어난 것은 밖에 나가서 일을 해야 하는 운명으로 태어난 사람이다. 잘났건 못났건 자기의 역량대로 밖에 나가서 일을 해서 가정을 이끌어야 한다. 그러므로 이 문장은 전에 문장을 이어서 남자가 해야 할 일 중에 가장 이상적인 것을 사모하고 추구해야 한다는 말이다.

사람은 누구나 이 세상에 태어나면 공부를 해야 한다. 그래야만 자기의 앞길을 개척할 눈이 트는 것이다. 공부를 하지 않아서 아무 것도 모르면 어찌 자기의 운명을 개척할 수가 있겠는가! 이러한 전제하에서 오늘의 우리나라를 본다면, 아주 긍정적인 측면이 많다. 세계에서 가장 교육열이 높은 나라가 한국이라고 하지 않는가!

일단 기본적인 교육을 받으면, 자신의 장점과 단점을 알게 된다. 자기가 남보다 더 잘하는 쪽으로 매진한다면 이 사람은 성공의 목표에 다가설 수가 있는 것이다.

전쟁이 많은 전시(戰時)와 평화로운 시대는 살아가는 방법도 절대로 다른 것이다. 일례로, 전시(戰時)라면 군인이 되어야 출세를 하여 영웅이 될 수가 있으나, 평화의 시대에는 학문도 좋고 예술도 좋으며 특기를 살리는 것도 좋다. 누가 말하기를, '오늘날 같은 평화의 시대에는 예술과 스포츠에서 영웅이 나온다.'고 하였다.

박세리, 박찬호, 박지성, 김연아 같은 스포츠맨은 움직이는 기업이라고 한다. 이름도 나고 돈도 많이 버니, 이보다 더 좋은 것은 없다. 그러나 사람은 이름을 남기고 호랑이는 가죽을 남긴다고 하지 않는가! 그래서 입신양명(立身揚名)하여 부모님을 현창(顯彰)하는 것이 효도라고 하였던 것이다. 그러므로 생활도 궁하지 않고 명예도 따른다면 이 얼마나 좋겠는가! 본장의 말씀은 이러한 사람이 되려고 노력해야 한다는 이야기이다.

• **지과필개(知過必改)** : 자기의 잘못된 점을 알면 반드시 고쳐야 하고,

| 알 **지** | 허물 **과** | 반드시 **필** | 고칠 **개** |

| 자원(字源) |

知 시(矢)와 구(口)의 합자니, 과녁을 맞히는 화살(矢)처럼, 진리에 맞는 말(口)은 **아는** 것이다. 지(智)는 밝게(日) 아는(知) 것이다.

過 과(咼)와 착(辶)의 합자니, 입이 한쪽으로 삐뚤어져(咼) 간(辶) 것은 본 자리에서 **지나간** 것이다. 그것이 즉 **허물**이다.

必 《설문(說文)》에는 팔(八)과 과(戈)의 합자라고 했으나, 차라리 심(心)과 별(丿)의 합자로 보면, 마음(心)이 통(丿)해서 어떤 원인에서는 **반드시** 어떤 결과가 나옴을 아는 것이다.

改 기(己)와 복(卜)의 합자니, 자기(己) 잘못을 매쳐(攵)서 **고치는** 것이다. 남쪽(丙)처럼 밝은 방향으로 매쳐(攵)서 고치는 것은 경(更)이다.

　공자의 제자 안회(顔回)[28]는 허물이 있으면 반드시 고치고, 다음에는 그러한 허물을 범하지 않았다는 기록이 있다. 잘못함을 알아서 뉘우치고 나서, 다시 그러한 허물을 범하는 사람을 하우불이(下愚不移)[29]라고 하는 것이다.

　《주역(周易)》에서는 "선한 일을 보거든 자기도 그렇게 되도록 노력하고, 자기에게 허물이 있거든 고치도록 힘쓰라〔見善則遷 有過則改〕."고 말했고, 공자(孔子)는 "허물이 있거든 고치는 것을 꺼리지 말라〔過則勿憚改〕."고 말했으며, 맹자(孟子)는 "만일 옳은 일이 아니라는 것을 알았다면 빨리 그만두어야 할 것이다〔如知其非義 則斯速已矣〕."고 말하였다.

　왜 이렇도록 성인들께서 착하게 살고 허물이 있으면 반드시 고치라고 한 것일까! 《주역(周易)》〈곤괘(坤卦) 문언(文言)〉에 "선을 쌓

---

28) 안회(顔回) : 공자가 가장 신임하였던 제자이며, 공자보다 30세 연소(年少)이나 공자보다 먼저 죽었다. 학문과 덕이 특히 높아서 공자도 그를 가리켜 학문을 좋아하는 사람이라고 칭송하였고, 또 가난한 생활을 이겨내고 도(道)를 즐긴 것을 칭찬하였다. 은군자적(隱君子的)인 성격 때문인지 그는 "자기를 누르고 예(禮)로 돌아가는 것이 곧 인(仁)이다"라든가, "예가 아니면 보지도 말고, 듣지도 말고, 말하지도 말고, 행동하지도 말아야 한다."는 공자의 가르침을 지킨 사람임에도 불구하고, 장자(莊子)와 같은 도가(道家)에게서도 높이 평가되었다. 젊어서 죽었기 때문에 저술(著述)이나 업적은 남기지 못했으나 《논어(論語)》에 〈안연편(顔淵篇)〉이 있고, 그 외에 몇몇 서적에도 그를 현자(賢者)와 호학자(好學者)로서 덕행(德行)이 뛰어난 사람이라고 전하는 구절이 보인다.

29) 하우불이(下愚不移) : 타고난 자질이 탁박(濁駁)한 사람은 그 기질을 변화시킬 수 없다는 말이다. 《論語 陽貨》

은 집안에는 반드시 남은 경사(좋은 일)가 있다〔積善之家 必有餘慶〕.”고 하여 착한 일을 하면 집안이 잘되고, 악한 일을 하면 반드시 남은 재앙이 있다고 하였다.

필자는 이따금씩 이런 상념에 젖곤 한다. “나는 8남매인데, 모두 장성하여 가정을 이루고 살지만 지금까지 한 사람도 험한 꼴을 보지 않고 잘 살고 있으니, 이는 아마도 조상께서 죄를 짓지 않고 착하게 사신 덕분이 아닌가!”고 생각한다.

그래서 옛 사람들은 가능하면 죄를 짓지 않고 살려고 노력하였다. 그러나 요즘의 세태를 보면, 참으로 가관(可觀)인 일이 많기도 하다. ‘보이스피싱’이라 하여 전화를 가지고 남을 속여서 돈을 빼먹는 사기꾼도 있고, 남의 집이나 토지를 팔아먹는 사기꾼도 많으니, 세상을 잘 살아가기가 참으로 어려운 세상이다. 그러나 욕심에 집착하지 않고 착하게 살아가면 절대로 사기꾼에게 손해를 보지 않는다. 사기꾼은 반드시 욕심을 내어 돈을 많이 벌려는 사람에게 붙어서 사기를 치는 것이다. 즉 틈을 보이는 사람에게 붙어서 사기를 치는 것이다.

득능막망(得能莫忘) : 얻은 것이 있으면 잊지 말아라.

得	能	莫	忘
彳 彳 彳 得 得	ム 育 能 能	⺾ 甘 草 莫	亠 亡 忘 忘
얻을 **득**	능할 **능**	말 **막**	잊을 **망**

| 자원(字源) |

得 척(彳)과 애(寻)의 합자니, 가(彳)서 취한(寻) 것은 **얻은** 것이다. 운명적으로 얻는 것은 득(得)이고, 자주적으로 얻는 것은 획(獲)이다.

能 본시는 하나의 곰의 족속을 상형한 것인데, 그 짐승은 다른 짐승에 비해서 체력이나 지력(智力)이 우수해서 무엇을 **능히** 하는 것이다.

莫 서쪽의 풀(⺿)과 풀(⺿) 속으로 해(日)가 지니, 저문다는 뜻에서 어두우니 일하지 **말라**는 뜻이 되었다. 저문다는 뜻으로는, 다시 일(日)자를 덧붙여서 모(暮)로 쓴다.

忘 마음(心) 위에서 기억이 없어(亡)진 것이다. 마음(心)이 식역(識域) 아래로 내려갔으니 **잊어버린** 것이다. 마음(心)이 왼쪽으로 쏠려서 오른쪽에는 없는(亡) 것은 망(忙)이다.

에세이

공부하는데 있어서나 수양을 하는데 있어서, 얻은 것이 있으면 잊지를 말아야 한다. 그래야만 그 얻은 지식이 쌓이고 쌓여서 훌륭한 인격자가 되는 것이다.

사람은 반드시 어려서 공부를 해야 한다. 어려서 한 공부는 머리에 저장이 되어서 늙어죽을 때까지 잊지를 않는다. 그러나 나이가 40세 이상이 되면 머리도 퇴화하여서 오늘 들으면 내일은 잊어버린다. 그러므로 남아있는 기억이 없다. 이는 필자의 경험을 말한 것이다.

혹시 나이가 들어서도 잊지 않는다는 사람이 있기는 하다. 이러한 사람은 특별한 사람이고, 대다수의 사람들은 필자처럼 나이가 들면 금방 잊는다.

필자는 지금 만 63세인데, 성균관대학교 유학대학원을 다닌다. 이는 학문의 갈망에서 온 노망에 불과하다. 행여 학문의 넓은 세계를 만나보려고 학교에 들어간 측면도 있고, 또는 젊어서는 못했으니, 나이가 들어서라도 해야 한다는 측면도 있다. 하지만 깊은 학문은 역시 혼자 해야 한다는 것을 알았다.

학문을 하는 것도 역시 팔자에 타고나야 하는 것이다. 팔자에 없는 공부를 하려면 머리만 아프고 짜증이 난다. 그래서 필자는 항상 늙어서도 공부를 하러 다니는 사람을 보면 "저사람 반드시 '문천성(文天星)30)'을 타고난 사람이야."라고 한다.

잊지 않는다는 것은 참으로 어려운 것이다. 그래서 공자나 주자도 항상 건망증을 치유하는 환약을 지어서 복용한 것으로 사료된다. 왜냐면 《동의보감》에 공자나 주자가 복용하던 처방이 기록되어 있으니 하는 말이다. 그러므로 학자는 늙어죽도록 학문과 씨름하는 사람들이니, 이러한 사람들은 반드시 건망을 치료하는 약을 상비약으로 복용하면서 살아가야 한다.

---

30) 문천성(文天星) : 명리학(命理學)에서 쓰는 용어인데, 천성적으로 학문을 하기에 적합한 능력을 받아서 태어난 사람을 말한다.

● **망담피단(罔談彼短)** : 남의 단점을 말하지 말고,

｜ 자원(字源) ｜

罔 망(网)과 망(亡)의 합자니, 그물(罔)로서 수많은 고기를 잡아 **없애**(亡)**는** 것이다. 전부 아닌 것은 망(罔)이고, 아직 아닌 것은 미(未)이며, 옳지 않은 것은 비(非)이다.

談 정렬(炎)이 있는 **말씀**(言)이니, 음은 담으로, 염(炎)의 변성이다. 깊은 말은 담(譚)이고, 독자적인 말은 어(語)이며, 소설적인 말은 화(話)이고, 질서 있는 말은 논(論)이며, 체계 있는 말은 강(講)이다.

彼 척(彳)과 피(皮)의 합자니, 짐승을 잡아 가죽(皮)을 벗겨가니(彳) 이것에서 **저**것이다. 자기를 본위로 해서 가까운 것은 차(此)이고, 멀리 있는 것은 피(彼)이다.

短 옛적에는 화살(矢)로써 길이를 재고 두(豆)로써는 양을 재는 것이었으니, 팥(豆)만한 화살(矢)의 길이는 **짧은** 것이다.

에세이

남의 장점은 아무리 말해도 좋으나, 남의 단점은 말하면 안 된다.

내가 남의 단점을 말하면 그 사람이 다시 나의 단점을 말한다. 이렇게 되면 서로 감정이 쌓여서 싸움을 하고 만다. 옛적 조선의 명종 때에 명재상인 상진(尙震)[31]대감이 길을 가는데, 어느 농부가 검정 소와 누런 소 등 두 마리로 밭을 갈고 있었다. 그래서 대감이 그 농부에게 "여보 어느 소가 더 일을 잘하오." 하니, 그 농부가 밭을 갈다가 잠시 일손을 놓고 대감께 가까이 다가와서 귀에 대고 작은 말로 "사실은 검정소가 잘하는데, 못하는 소가 들으면 싫어하므로 속으로 말을 한다."고 하였다. 그래서 상대감은 머리가 찡하는 큰 충격을 받았다는 이야기가 있다. 사실 짐승인들 자기의 잘못을 말하면 좋아하겠는가! 그러므로 이를 깨닫고 귓속말로 말을 한 농부는 일찍이 깨달은 자인 은자(隱者)인 것이다.

　건전한 비판은 공정한 사회를 위해서는 없어서는 안될 아주 소중한 기능이다. 우리 사회는 신문이 비판의 기능을 담당하고 있다. 만일 신문의 비판 기능이 없어진다면, 이 세상은 지금보다 훨씬 더 위험한 사회가 되고 만다. 그래서 신문이 필요한 이유이다. 그러나 신문이 건전한 비판을 넘으면 하나의 권력으로 떨어지게 된다. 그래서 이 세상은 중용(中庸)의 덕이 필요한 것이다

　그러나 비판이 남을 헐뜯는 인신공격이 된다면, 사태는 매우 심각해져서 잘못하면 법정으로 가서 시비를 가리는 사태로 발전하게 된다. 법정에 가기 전에 아무 이유 없이 자기의 단점을 들은 본인은 얼마나 기분이 나쁘겠는가! 그러므로 조선조에서는 남을 헐뜯는 비

---

31) 상진(尙震) : 조선 명종 때의 문신(1493~1564). 자는 기부(起夫). 호는 송현(松峴)·향일당(嚮日堂)·범허재(泛虛齋). 지춘추관사로 《중종실록》의 편찬에 참여하였으며 영의정을 지냈다.

판을 엄격하게 삼갔다고 한다. 그도 그럴 것이 조선은 군주정치의 시대이므로 비판의 기능이 활성화되지 않아서, 언제 무슨 일이 벌어질지 모르는 사회이었다. 조선의 사화(士禍)[32]를 생각하면, '벙어리 삼 년이라'는 말이 공연히 나온 말이 아니다.

그러므로 남의 단점을 말하는 것은 좋은 행위가 아니다. 남의 단점을 말하는 시간에 남의 장점을 말하기를 권하고 싶다.

---

32) 사화(士禍) : 조선 시대에 조신(朝臣) 및 선비들이 정치적 반대파에게 몰려 참혹한 화를 입던 일. 무오사화, 갑자사화, 기묘사화, 을사사화가 있었다.

• 미시기장(靡恃己長) : 자기의 장점을 믿지 마라.

| 자원(字源) |

靡 가느다란 삼대(麻)가 쓰러져서(非) 썩어 **없어져** 가는 것이다.

恃 심(忄)과 사(寺)의 합자니, 백성들은 관청이나 절(寺)을 마음(心)으로 **믿는** 것이다. 질서를 믿는 것은 시(恃)이고, 사람을 믿는 것은 신(信)이다.

己 三의 글자에 왼쪽의 밑과 오른쪽의 위를 丨으로 막아서 사방을 표시하고 그의 중앙(己)에 위치한 자기를 의미하나, 그는 제삼자의 **자기**다.

長 초목이 甲에서 乙(乚)로 자라나 변화(匕)해서 그의 지면(一)으로 올라가니(亠) 그 처음은 (厂), 다음은 (丰), 끝으로 (丰), 이렇게 **크고 자라니 어른**이란 뜻이다.

에세이

예부터 군자가 이 세상을 살아가는 데는 깊은 물에 임한 듯이, 얇은 얼음을 밟는 듯이(臨深履薄) 조심하며 살아가야 한다고 한다. 이 세상을 살아가기가 그렇게 호락호락하지가 않다는 말이다. 그러므로 자기의 장점을 맹신하지 말라는 것이다.

재주 많은 원숭이가 나무에서 떨어진다는 말이 있지 않은가! 그래서 우리의 속담에는 '나무를 잘 타는 자식과 헤엄을 잘 치는 자식은 낳지도 말라.' 는 말이 있는 것이다.

《삼국지연의》에 보면, 마속(馬謖)33)이 제갈량의 말을 듣지 않고 잘난 체하며 자신의 지략만 믿다가 세 번이나 적군에 패하는 우를 범하고, 결국은 참수까지 당하는 수모를 겪었던 것이다. 제갈량은 자기의 가장 가까운 벗의 아우이고 사랑하는 부하장수였지만, 군율을 잡기 위해서는 어쩔 수 없이 참수라는 극형을 감내하였던 것이다. 여담이지만 마속을 참수한 제갈량은 그의 남은 가족을 잘 보살폈다는 아름다운 미담이 있다.

후회(後悔)없이 세상을 살기란 그렇게 녹록하지가 않다. 필자도 이제 63년을 살았지만, 언제나 앞에는 장애물이 있어서 여간 조심하며 산 것이 아니다. 좌고우면(左顧右眄)하며 이리 살피고 저리 살피며 산 것이 겨우 자식들 대학 졸업시키고 결혼시켜서 분가하게 하였고, 남은 것은 달랑 32평 아파트 한 채뿐이다. 만약 나의 장점을 믿고 건방지게 날뛰다가 실족(失足)이라도 했다면 어찌했겠는가! 싶다.

---

33) 마속(馬謖) : 중국 삼국 시대 촉한(蜀漢)의 무장(武將, 190~228). 자는 유상(幼常). 재주가 뛰어나고 병략이 밝아 제갈량의 명으로 북벌할 때 일군(一軍)의 통수가 되었으나, 촉한의 요지 가정(街亭)의 싸움에서 위나라 장군 장합에게 크게 패하여 중원 공략의 계획이 허사로 돌아갔다. 제갈량은 이를 애석하게 여겼으나, 눈물을 흘리며 목을 베었다고 하여 '읍참마속(泣斬馬謖)' 이라는 고사로 알려진 인물이다.

• **신사가복(信使可覆)** : 나를 믿게 하려면 되풀이하여 믿음을
주어야 하고,

자원(字源)

信 인(亻)과 언(言)의 합자니, 사람(亻)이 한 말(言)대로 믿는 것이다.
사람의 약속을 믿음은 신(信)이고, 배후의 세력을 믿는 것은 시(恃)
이다.

使 인(亻)과 장(丈)과 구(口)의 합자니, 어른(丈)의 말씀(口)으로 사람
(亻)을 일하게 하는 것이다. 하게 하는 말은 령(令)이고, 하게 하는
일은 사(使)이다.

可 『설문(說文)』에는 구(口)와 기(己)의 합자라고 했으나, 구(口)와 정
(丁)의 합자로 보아, 진리에 맞는(丁) 말(口)은 옳으니, 마땅히 해야
하는 것이다.

覆 아(襾)와 복(復)의 합자니, 위를 덮고(襾)고 돌려(復)서 아래로 덮
는 것이라. 엎치는 것이니, 음은 복이고, 또다시(復) 덮(襾)는 뜻으
로 음이 부이다.

오륜(五倫)에 붕우유신(朋友有信)이라는 말이 있다. 벗과 벗은 서로 믿음이 있어야 한다는 말이다. 믿음이 없으면 그들의 우정은 깨지는 것이니, 이는 친구의 경우에만 해당하는 말이 아니다.

'늑대와 양치기 소년'의 이야기를 해보자, '양치기 소년이 뒷동산에서 양을 치면서, 호랑이가 나타났다.'고 큰 소리로 외치니, 마을 사람들이 그 소년을 구하려고 낫과 곡괭이를 들고 몰려왔다. 그러나 호랑이는 없었다. 이는 소년의 거짓말이었다. 소년은 마을 사람들이 자기의 거짓말에 속는 것이 매우 재미가 있었다. 그래서 다음날 또 '호랑이가 나타났다.'고 하니, 또 마을 사람들은 그 소년을 구하려고 낫과 곡괭이를 들고 몰려왔다. 소년은 또 자기의 거짓말에 마을 사람들이 속는 것이 한없이 재미가 있었다. 그런데 이번에는 진짜 호랑이가 나타났다. 그래서 기겁을 한 소년은 '호랑이가 나타났다.'고 크게 소리쳤다. 그러나 두 번이나 속은 마을 사람들은, 또 속는 줄 알고 나타나지 않았다. 결국 소년은 어떻게 되었겠는가!

위의 이야기는 사람의 말에는 믿음이 있어야 한다는 것을 단적으로 보여준 일화이다. 《맹자》 이루 하(離婁下)에 "책선(責善)[34]은 붕우 사이에 적용되는 도리이다. 부자(父子)가 책선하는 것은 은의(恩義)를 해치는 것 가운데 큰 것이다〔責善 朋友之道也 父子責善 賊恩之大者也〕."라는 말이 나온다. 붕우지간에 책선(責善)하는 것은, 자기의 벗은 자신의 말을 믿고 따를 것으로 알고 있으면서, 악한 일을

---

34) 책선(責善) : 벗 사이에 착하고 좋은 일을 하도록 서로 권함.

떠나서 착한 일을 하라고 말하는 것이니, 만일 벗이 이 말을 세 번 이상해도 따르지 않으면 벗을 버려도 괜찮다고 하였다.

유유상종(類類相從)이라 하여 그 사람을 보려면 그 벗을 보면 안다는 것이다. 그러므로 믿음이 있는 사람이어야 벗으로 사귀는 것이고, 믿을 수 없는 사람을 벗으로 사귀면 언제나 손해만 보는 것이다. 그래서 예부터 벗은 가려서 사귄다고 했던 것이다.

• **기욕난량(器欲難量)** : 기량과 포부는 헤아리기 어렵도록 넓어야 한다.

| 자원(字源) |

器 사방에 늘어 있는 모든 물건이나, 특히 도구인 **그릇**이다. 또한 인간(人)이 만든(工) 물건들(品)이라 할 수 있다. 모든 기구는 기(器)고, 음식 그릇은 명(皿)이다.

欲 곡(谷)과 흠(欠)의 합자니, 사람의 속이 골짝(谷)처럼 비어(欠)서 그것을 채우려고 **욕심**을 내는 것이다.

難 탄(黃)과 추(隹)의 합자니, 탄(黃)은 근(堇)의 변체로서 황(黃)의 약자와 토(土)의 합자인데, 황토색의 아름다운 새(隹)는 구하기가 **어려운** 것이다.

量 왈(日)과 중(重)의 합자니, 일리(一里)를 말하는 것은 즉 **헤아리는** 것이다.

에세이

이 몸이 죽어가서 무엇이 될고 하니, 봉래산(蓬萊山) 제일봉에 낙락장송(落落長松) 되었다가 백설이 만건곤(滿乾坤)할제 독야청청

(獨也靑靑)하리라.

위의 시는 사육신의 한 사람인 성삼문 선생의 시이다. 선생은 '충신은 두 임금을 섬기지 않는다〔忠臣不事二君〕.'고 하는 대명제를 가지고, 그 말씀을 지키기 위해 목숨까지 내놓은 충신이다. 선생인들 어찌 호화로운 생활을 마다하겠는가! 그러나 사람다운 삶을 살다가려고 노력하다 자신은 물론 자기 집안까지 모두 몰락하는 비운을 겪었다. 그러나 세상은 반전되어 지금은 한국 최고의 충신으로 자리매김하는 영광을 안았다.

《논어》〈옹야(雍也)〉편에 나오는 공자의 제자 안회(顔回)의 이야기다. "한 도시락의 밥과 한 표주박의 물을 먹으며 궁벽한 시골에서 사는 것을 다른 사람들은 견디지 못하는데, 안회(顔回)는 그 즐거움을 고치지 않았다〔一簞食 一瓢飮 在陋巷 人不堪其憂 回也不改其樂〕."고 하였다.

안회는 공자 같은 성인(聖人)이 되려고 부단히 노력하여, 공자와의 학문의 완성도가 종이 한 장 차이라고까지 하였으나, 수명을 짧게 타고나서 젊어서 죽고 말았다. 이에 공자는 "하늘이 나를 망하게 하였구나! 하늘이 나를 망하게 하였구나!" 하고 탄식한 내용이 논어에 나온다.

사람이 태어나면 큰 그릇이 되려고 노력하라는 본문의 내용이다. 누군들 큰 사람이 되고 싶지 않겠는가마는, 그러나 그것은 그렇게 녹록하지가 않다. 그렇다면 어떻게 사는 것이 크고 보람차게 사는 것인가! 물론 여러 가지 방법이 있으나, 우리 유가(儒家)에서는 백성(국민)을 위해서 살아야 한다고 가르친다. 사람이 태어나서 공부를 많이 하고 나면, 나라에 벼슬하여 백성들이 편안히 살도록 정치를 해야 한다는 것이다. 실제로 조선의 많은 학자들이 이렇게 살려고 무척이나 노력하였다.

•**묵비사염**(墨悲絲染) : 묵적(墨翟)[35]은 실에 물이 듦을 슬퍼하
였고,

| 자원(字源) |

墨 태고에는 석탄 같은 **검은**(黑) 흑(土)을 풀어서 썼던 것이나, 후세에
는 연기의 끄름을 모아서 아교로 뭉쳐서 제조하게 되었다.

悲 비(非)와 심(心)의 합자니, 비(非)정에 놓인 마음(心)이니, **슬픈** 것
이다.

絲 **실타래**를 상형한 자가 변한 것이다.

染 수(氵)와 구(九)와 목(木)의 합자니, 목(木)은 색의 원료이고 구(九)
는 색의 가지 수인데, 물(氵)로 색을 **물들이는** 것이다. 색을 드리
는 것은 염(染)이고, 물에 적시는 것은 유(濡)이다.

---

35) 묵적(墨翟) : 묵자를 말하니, 중국 전국시대 초기의 사상가. 묵자 및 그의
후학인 묵가(墨家)의 설을 모은 《묵자(墨子)》가 현존한다. 유가가 봉건제
도를 이상으로 하고 예악(禮樂)을 기조로 하는 혈연사회의 윤리임에 대
하여, 오히려 중앙집권적인 체제를 지향하여 실리적인 지역사회의 단결
을 주장한다.

《회남자(淮南子)》에 보면 "묵적(墨翟)은 하얀 실에 물이 듦을 보고 슬퍼하였으니, 이는 그것이 황색도 되고 검을 색도 된다.〔墨翟見染絲而悲。爲其可以黃可以黑〕"고 하였다

이 문장에는 하얀 실이 검게 물드는 것이 슬프다 했으나, 실상은 착한 사람이 악한 사람으로 물들어감을 슬퍼한 것이다.

맹모삼천(孟母三遷)이라는 말이 있다. 이는 맹자의 어머니가 아들을 잘 키우기 위해 세 번 이사를 하였다는 이야기이니, 즉 처음에는 공동묘지 부근에 집을 얻어서 사는데, 어린 맹자는 매일 장례(葬禮)를 지내는 놀이를 하고 있었다. 그래서 맹자의 어머니는 시장 근처로 이사를 하였다. 이번에는 상인들이 장사하는 모습을 보고 동네의 아이들과 같이 그와 똑같은 놀이를 하고 있었다. 그래서 이곳도 어린자식을 키울만한 곳이 못된다고 생각하고 학교 부근으로 이사를 하였더니, 이번에는 학생들이 공부하는 놀이를 하면서 놀았다. 그래서 맹자의 어머니는 생각하기를, "이곳이이야말로 어린 맹자를 기를만한 곳이다." 하고 그곳에 눌러 살았다는 이야기이다.

어린아이들은 반드시 자기 부모나 주위의 어른들의 하는 모습을 보고 배우는 것이다. 이는 논에 물을 몰아넣으면 그 물이 점점 젖어들어서 나중에는 온 논에 물이 가득해지는 이치와 같이, 어린이의 교육은 점차로 젖어들어서 나중에는 습관이 되는 것이므로, 반드시 환경이 좋은 곳을 골라서 살아야 하는 것이다.

요즘은 텔레비전을 보고 컴퓨터로 일을 하는 세상이다. 그러므로 어린이는 자연히 텔레비전에서 어른들의 하는 모습을 보면서 자라게 되어 있다. 이는 참으로 어린이를 키우는데 있어서 좋은 환경이

아니다. 만약 어린이에게 텔레비전을 보게 한다면 반드시 어린이
프로를 선택해서 보게 해야 한다. 만약에 한창 공부하는 학생이 컴
퓨터의 놀이에 빠진다면 그 아이는 공부와는 점점 멀어진다. 그러
므로 오늘날 부모님들의 육아는 옛날보다 훨씬 어렵다.

　필자는 아이들이 한창 공부할 때는 아예 텔레비전을 없애고 보지
않았던 기억이 생생하다. 아이를 키우는데도 자기의 희생이 반드시
따르는 법이다.

• **시찬고양(詩讚羔羊)** : 시경에서는 고양장(羔羊章)[36]을 칭찬하였다.

| 자원(字源) |

詩 土(之)와 촌(寸)과 언(言)의 합자니, 자수와 음률이 법칙(寸)에 맞아 가도록(土) 지은 말(言)이니, 즉 시다. 붓(聿)으로 말(曰)함은 서(書)다.

讚 언(言)과 찬(贊)의 합자니, 말(言)로써 도와주는(贊) 것이다. 즉 **칭찬하는** 것이다. 말로써 들어 올려주는 것은 예(譽)이고, 상품으로 기려주는 것은 포(褒)이다.

羔 양(羊)과 화(灬)의 합자니, 불에 타면 검은 재만 남으므로, 검은(灬) **양(羊)**을 나타내는 검은 양이다.

羊 (丷)은 머리와 뿔이고 (芊)은 머리와 꼬리까지의 네 발이니, **양**이다. **양**은 성질이 온순하기 때문에 착하다는 의미의 글자에 많이 쓰인다.

에세이

　《시경(詩經)》 소남(召南) 고양(羔羊)장에는, "고양의 가죽이여, 흰

---

36) 고양장(羔羊章) : 《시경》 소남(召南) 중의 한 편명. 대부들이 문왕(文王) 의 정치에 감화되어 고양처럼 순해졌다는 것을 비유한 시.

실로 다섯 군데를 꿰맸도다. 조정에서 물러나와 밥 먹으니 의젓하고 의젓하도다〔羔羊之皮 素絲五紽 退食自公 委蛇委蛇〕.”라고 하였으니, 이는 곧 고관(高官)의 검소한 생활을 노래한 것이다.

우리나라도 조선에서는 관료들이 나이가 들어 늙으면 고향으로 낙향하는 것을 낙(樂)으로 삼았고, 그곳에서 산수를 벗하면서 후학을 양성하는데 힘을 기울였다. 필자의 16대조 송정(松亭) 전팽령(全彭齡) 선생도 말년에 낙향하여 충북 옥천에다 취원정(聚遠亭)과 양신정(養神亭)을 짓고 그곳에서 후학을 양성하였다. 지금은 취원정은 없어지고 양신정은 지방문화재로 남아 있다. 전팽령(全彭齡) 선생은 중종 때에 현량과에 2등으로 합격하였는데, 임금 앞에서 마지막으로 보는 시험인 전시(殿試)를 보지 않았고, 뒤에 식년문과에 급제하여 가선대부에 올랐으며 청백리로 선정되었으니, 현량과와 청백리에 동시에 든 사람은 조선조에서 오직 선생 한 사람뿐이다.

양(羊)은 크게 나누어서 세 가지의 종류가 있으니, 하나는 털을 깎아서 사용하는 양이고, 둘은 젖을 짜내어 먹는 젖양이며, 세 번째는 양을 잡아서 고기를 쓰는 양이니, 이를 염소라고도 한다. 필자도 어려서 염소를 많이 길렀는데, 이는 성격이 너무 정갈해서 여간해서는 습(濕)한 곳을 가지 않는다. 성격이 유순하고 비교적으로 먹성이 좋아서 아무 풀이나 잘 뜯어서 먹는다. 그리고 양은 절대로 다른 동물에게 피해를 주지 않고, 자기들끼리도 잘 어울린다.

그러므로 양(羊)변이 들어간 글자는 모두 착하고 아름답다는 글자가 많으니, 아름답다는 미(美)자도 양(羊)의 변이고, 맛있는 국을 나타내는 자는 갱(羹)이며, 의리를 나타내는 의(義)자도 있고, 부러움을 나타내는 선(羨)자도 있다.

제4장 충효(忠孝)

•**경행유현(景行維賢)** : 큰 행실을 쌓으면 현자(賢者)가 되고,

| 자원(字源) |

景 일(日)과 경(京)의 합자니, 햇볕(日)이 서울(京)처럼 선명한 **경치**이다.

行 왼쪽 발(彳)과 오른쪽 발(亍)을 서로 옮겨서 **걸어가는** 것이다.

維 사(糸)와 추(隹)의 합자니, 실(糸)을 가늘고 길게 미루어서(隹) 나가는 것이니, 즉 **밧줄**이다. 연속하는 벼리는 기(紀)이고, 통일하는 벼리는 강(綱)이다.

賢 신하(臣), 즉 관리가 잡고(又) 있어야 할 보배(貝)는 **착한** 마음이다.

에세이

　예부터 지금까지 공부를 하여 착한 사람이 된 자가 있고 악한 사람이 된 자가 있다. 현자(賢者)가 되려면 학문에 행실이 따라야 한다. 이를 학행(學行)이라고 한다. 행실이 따르지 않는 자는 현자가 아니다.

예부터 국가의 유익을 위해서 일을 하다가 죽은 자가 많다. 이들을 의사(義士)라고 한다. 왜냐면 이 사람은 국가의 이익을 위해서 일을 한 것이므로 그 나라의 국민들을 위해서 일을 한 것이 된다. 어제 평헌 안종익 학형의 서실(書室)에 갔는데, 안중근의사의 사진이 벽에 걸려 있는 것을 보았다. 아마도 같은 안씨이기에 그 사진을 걸어놓았을 것으로 생각한다. 사실 안중근의사는, 일제에 압박받던 시기에 온 나라의 백성들은 일제의 탄압에 시달리며 살아야 했는데, 이때의 조선총독이 이토 히로부미였으니, 그의 지시 하에 조선을 합병하고 억압하고 수탈했으므로, 조선인의 입장에서 생각하면 이 자를 그냥 둘 수는 없는 일이었다. 그러나 누가 자기의 목숨을 내어놓고 이 일을 하겠는가! 그러나 안중근은 의연히 일어나서 이토 히로부미를 단번에 쏘아 죽였으니, 이 얼마나 대단한 일인가! 당시 중국도 일제의 침입을 받았고, 인구는 우리의 몇십 배이지만, 안중근의사 같은 의인이 나타나지 않았는데, 안중근의사의 의거소식을 듣고 깜짝 놀랐다고 한다.

이렇게 나라와 국민을 위해서 내 몸을 내던지는 행위는 현자(賢者)나 할 수 있는 일이다. 중국의 역사에 나오는 형가(荊軻)[37]라는 검객(劍客)이 있다. 당시 연(燕)나라는 진(秦)나라가 강성대국을 이루는 것을 가만히 앉아서 볼 수는 없는 노릇이었다. 이에 연(燕)의 왕도 모르게 태자 단(丹)은 형가를 불러 진(秦)의 왕을 죽일 것을 모

---

37) 형가(荊軻) : 중국 전국 시대의 자객으로, 연(燕)나라 태자 단(丹)을 위하여 진(秦)나라에 들어가 진왕을 보고 비수를 꺼내어 찌르려다가 뜻을 이루지 못하고 죽었다.

의하고, 형가를 진나라에 보냈지만, 결국 실패로 끝나고 만다.

　이렇게 나라를 위해서 목숨을 바치는 사람을 의인(義人)이라고 한다. 이들은 모두 국가와 민족을 위해서 일한 사람들이니, 현자라 부를 수도 있다. 그러나 꼭 목숨을 버려야 현자가 되는 것은 아니다. 고려 말의 두문동 72인도 모두 불사이군(不事二君)의 의리를 지킨 현자들이다.

• **극념작성(尅念作聖)** : 자기의 사심을 이기면 성인(聖人)이 된다.

| 자원(字源) |

尅 극(克)과 도(刂)의 합자니, 칼(刂)로써 **이기는**(克) 것이다. 능히 이기는 것은 극(克)이고, 쳐서 이기는 것은 극(尅)이며, 힘으로 이기는 것은 승(勝)이고, 전쟁에서 이김은 첩(捷)이다.

念 금(今)과 심(心)의 합자니, 언제나 지금(今) **생각**(心)하는 것이다. 장래를 생각함은 려(慮)이고, 이성으로 생각함은 사(思)이며, 과거를 생각함은 모(慕)이고, 애정으로 생각함은 연(戀)이다.

作 사(乍)는 잠깐이라는 뜻에서 비로소 라는 뜻이 되었으니, 사람(亻)이 비로소(乍) 무엇을 **만드는** 것이다. 끊어서 만듦은 제(製)고, 글로써 만듦은 저(著)이다.

聖 본래 말(口)을 듣는(耳) 것이 잘(壬) 통하는 것이라 했으나, 실은 귀(耳)로 듣고 말(口)하는 견식이 왕(王)이 될 자격이 있는 자인 **성인**이다.

에세이

《논어(論語)》 안연장에 있는 말씀이다. "안연이 인(仁)에 대해 묻자, 공자께서 말씀하시기를, ‘자신의 사욕을 이겨 예(禮)로 돌아가는 것이 인(仁)을 실행하는 것이니, 하루라도 자신의 사욕을 이겨 예로 돌아간다면, 천하 사람이 모두 어질다고 허여(許與)할 것이다.’고 하였다. 안연이 그를 실행할 조목(條目)을 청하자, 공자가 말씀하기를, ‘예가 아니면 보지 말고, 예가 아니면 듣지 말고, 예가 아니면 말하지 말고, 예가 아니면 움직이지 말아야 한다〔子曰 非禮勿視 非禮勿聽 非禮勿言 非禮勿動〕.’고 하였다. 안연이 이 ‘네 가지를 하지 않음〔四勿〕’으로써 극기복례(克己復禮)하였다.’”고 하였다.

《논어(論語)》 학이장에서 증자가 말하기를, “나는 날마다 세 가지로 내 몸을 살피나니, ‘남을 위하여 도모함에 마음을 다하지 못했는가? 벗과 사귐에 미덥지 못했는가? 스승에게 배운 것을 익히지 못했는가?〔曾子曰 吾日三省吾身 爲人謀而不忠乎 與朋友交而不信乎 傳不習乎〕’”고 하였다. 증자는 이 세 가지로 날마다 자신을 살펴서 다스렸다고 하여 일일삼성(一日三省)이라는 사자성어가 생겼다.

위의 말씀은, 공자의 수제자인 안연과 증자가 자신을 수련하는 단면을 한마디로 나타낸 글이다. 생각을 이긴다는 것은 자기의 사사로운 생각을 버리고 공평무사한 마음으로 돌아감을 말한 것이니, 맹자(孟子)의 “인욕(人慾)을 막고 천리(天理)를 나의 마음에 두라〔遏人慾存天理〕.”고 한 말씀과 같은 말이다.

이렇게 함으로써 성인(聖人)이 된다는 것이니, 성인의 마음은 항상 공평무사해서 무슨 일을 하던 간에 천리와 같이 된다는 것이니, 참으로 어려운 것이다. 여기에서 말한 성인은 유가(儒家)의 성인(聖人)을 말한 것이다.

● **덕건명립(德建名立)** : 덕을 세우면 이름이 서고,

| 자원(字源) |

德 척(彳)과 덕(悳)의 합자니, 바른(直) 마음(心)인 양심으로만 가는(彳) **덕**이다. 공덕(羊)으로 말(口)함은 선(善)이고, 이상(首)으로 가는(辶) 것은 도(道)이다.

建 聿(律)과 廴(廷)의 합자니, 정부(廷)에서 법률(律)을 **세우는** 것이니, 모든 계획을 세우는 뜻으로 쓴다. 질서를 세우는 것은 건(建)이고, 물건이 서는 것은 입(立)이다.

名 석(夕)과 구(口)의 합자니, 어두워서 보이지 않는 저녁(夕)에 입(口) 으로 불러서 알리는 **이름**이다.

立 지상(一)에서 사람이 사지(四肢)를 벌리고(大) **서** 있는 형상이니, 그 것이 변해서 머리(亠)와 두 다리(ㅆ)가 지면(一)에 **서** 있는 것이다.

에세이

  을지문덕(乙支文德) 장군이 패수에서 당나라 100만 대군과 싸워 서 대첩(大捷)을 하였고, 양만춘 장군이 안시성에서 역시 당나라 100

만 대군을 막은 것은 고구려를 지키고 고구려 백성을 지킨 것이다.

강감찬(姜邯贊) 장군이 귀주에서 거란 군을 물리쳤고, 서희(徐熙)가 거란과 담판하여 강동 6주에서 여진을 몰아내고 압록강 이남을 회복한 것도, 모두 고려를 위한 일이고 고려 백성을 위한 일이었다.

세종이 이종무(李從茂)[38]를 삼군도체찰사(三軍都體察使)로 임명하여 대마도를 정벌한 것도, 이순신(李舜臣) 장군이 임진왜란에서 왜구를 물리친 것도 모두 조선을 위해서였고, 그리고 조선의 백성을 구제하려고 한 행위인 것이다.

임진왜란 때에 조헌(趙憲)의 군사 700명의 의군(義軍)이 금산의 전투에서 왜적과 맞서서 싸우다가 모두 전사한 것도, 안중군의사가 일제암흑기에 이토 히로부미를 총살한 것도 모두 조선을 위한 것이고, 제주도의 만덕(萬德) 같은 사람은 여인으로서, 제주도에 흉년이 들었을 때에 자신의 곡식을 내놓아서 제주도의 백성을 구제한 일도 모두 덕을 세워서 이름이 난 것이며, 현세의 이태석 신부가 아프리카 수단에서 의료봉사를 하다가 소천(召天)한 일도 모두 덕을 세워 이름을 낸 사건들이다.

위에 열거한 사건은 나라를 구한 유명한 사건을 열거한 것이고, 이 외에도 나라와 백성을 위해서 헌신한 현자들이 무수히 많다. 이들의 모든 행위는 덕을 세운 것이고, 따라서 이름이 세상에 난 것이다. 살신성인(殺身成仁)의 마음을 가지고 세상을 살다보면 모두 이름이 나고 명예가 생기는 것이니, 이러한 삶이 모두 덕건명립(德建名立)에 해당한다.

---

38) 이종무(李從茂) : 고려 말 조선 초의 무신. 왜구를 격파했고 제2차 왕자의 난에 공을 세웠으며 쓰시마 섬을 정벌했다.

• **형단표정(形端表正)** : 형체가 단정하면 표정도 바르다.

| 자원(字源) |

形 형(幵)과 삼(彡)의 합자니, 幵은 정(井)의 약자로서, 질서정연함을 뜻하고, 삼(彡)은 터럭과 채색이라는 뜻이니, 색채가 띈 질서 있는 **얼굴**이다.

端 입(立)과 단(耑)의 합자니, 물건이 처음(耑)에 성립(立)될 때는 반드시 **바른** 것이니, 그의 시발점은 **끝**이다. 시작하는 끝은 단(端)이고, 마치는 끝은 말(末)이다.

表 토(土)와 의(衣)의 합자니, 땅(土)에 덮인 옷(衣)은 **겉**이다. 내용이 나타난 겉은 표(表)이고, 내부와는 떠난 겉은 외(外)이다.

正 일(一)과 지(止)의 합자니, 오직 하나(一)인 양심에 그쳐(止)서 행동하면 **바른** 것이다. 바른 형상은 정(井)이고, 바른 성격은 정(貞)이며, 직선으로 바른 것은 직(直)이다.

에세이

정인군자(正人君子)라는 말이 있다. 올바른 사람이 군자라는 말이다. 사람은 얼굴이 그 사람의 간판이다. 얼굴을 보면, 선한 사람과 악한 사람을 구별할 수가 있다. 그렇기에 어린 아이는 천사처럼 보이는 것이다. 사실 어린아이가 무슨 사악함이 있겠는가! 순진함 그대로이니, 이가 곧 천사인 것이다.

길을 가다보면 별의별 사람을 다 보게 된다. 참고적으로 말한다면, 이 세상 사람들은 모두 각기 모습이 다르다. 왜냐면 각기 타고난 기질이 다르기 때문이다. 그런데 사람이 오래 살다보면 그 사람의 내면에 들어있는 것이 외부로 표출되는 것이니, 즉 정인군자는 겉의 표정도 바르게 보이고, 사기꾼은 얼굴이 간사하게 보이며, 군인은 군인답게 보이고, 교사는 교사처럼 보인다. 목사와 스님은 인자하게 보이고, 운동선수는 건강하게 보인다.

그러므로 늙은 사람을 보면 그 사람의 전력을 대충 아는 것이니, 궁핍하게 산 사람과 풍요하게 산 사람은 얼굴을 보아도 대비가 되어 보인다.

그런데 위의 형단표정(形端表正)이란 말은, 자기가 좀 궁핍해도, 자기가 좀 넉넉해도, 자기가 높은 지위에 있어도, 자기의 지위가 낮은 평범한 시민일지라도, 이를 관계하지 않고 말한 것이니, 형체는 단정하고 표정도 바라야 한다는 내용이다.

옷을 입는 것도 단정한 옷이 있고, 좀 유별난 옷이 있으며, 품위가 있는 옷이 있고, 몸에 찰싹 달라붙어서 옷 속의 몸이 다 드러나 보이는 옷이 있다. 사람들은 모두 넉넉한 사람, 넉넉한 생활, 넉넉한 마음씨, 넉넉한 인상 등을 좋아할 것이다. 그런데 요즘처럼 옷이 몸에 찰싹 들러붙은 옷은 젊은 사람은 그래도 괜찮겠지만 나이가 든 사람은 넉넉한 옷을 입어야 한다. 넉넉한 옷이어야 그 안으로 바람이 소통하여 건강에도 좋고 보기에도 좋은 것이다. 이러한 모든 것이 사람의 표정으로 나타나는 것이니, '저 사람은 넉넉한 사람이야!' 라는 소릴 듣는다면 얼마나 좋겠는가!

- **공곡전성(空谷傳聲)** : 군자의 말은 빈 골짜기처럼 신속하게 소리가 통하고,

空	谷	傳	聲
빌 **공**	골 **곡**	전할 **전**	소리 **성**

| 자원(字源) |

空 혈(穴)과 공(工)의 합자니, 구멍(穴)으로 만들어(工)진 그 속은 **빈** 것이다. 유(有)의 가운데에 무(無)한 부분은 공(空)이고, 그것을 형용하는 말은 허(虛)다.

谷 八 이것은 산이 갈라진 것이고, 구(口)는 그 속의 빈 골인데, 그곳에 물이 흘러내리는 산의 **골**이다. 산속에서 샘물이 내로 통하는 곳은 곡(谷)이고, 외지로 통하지 않는 빈 골은 계(谿)다.

傳 인(亻)과 전(叀)과 寸(扌)의 합자니, 손(寸)으로 끌어서(叀) 남(亻)에게 **전하는** 것이다.

聲 돌(石)을 쳐(殳)서 소리(声)를 내는 것은 경(磬)인데, 여기서 석(石)을 이(耳)로 바꾸었으니, 귀로 듣게 하는 **소리**다. 쳐서 듣는 소리는 성(聲)이고, 마음으로 내는 소리는 음(音)이다.

《주역》 중부괘(中孚卦) 구이(九二)에 보면, "우는 학이 그늘에 있거늘, 그 새끼가 화답하도다. 나에게 좋은 벼슬이 있어, 내 너와 더불어 가지고자 한다〔鳴鶴在陰 其子和之 我有好爵 吾與爾靡之〕."고 하니, 공자께서 말씀하시었다.

"군자가 집에 살면서 착한 말을 내면 천 리의 밖에서도 응하거든, 하물며 가까운 곳에서이랴! 그 집에 살면서 착하지 못한 말을 내면 천 리의 밖에서도 그 말을 어기거든 하물며 가까운 곳이랴! 말은 몸에서 나와 백성에게 더해지며, 행실은 가까이에서 출발하고 먼 곳에서 본다. 언행은 군자의 추기(樞機)[39]니, 추기(樞機)의 발함이 영욕(榮辱)의 주체이다. 말과 행실은 군자가 천지를 움직이는 바이니, 삼가지 않겠는가!〔子曰 君子居其室 出其言善 則千里之外應之 況其邇者乎 居其室 出其言不善 則千里之外違之 況其邇者乎 言出乎身 加乎民 行發乎邇 見乎遠 言行 君子之樞機 樞機之發 榮辱之主也 言行 君子之所以動天地也 可不愼乎〕"라고 하였다.

이는 위의 덕건명립(德建名立)과 형단표정(形端表正)을 이은 말씀으로, 사람이 덕을 세우고 품행이 단정하면 자연히 먼 곳에서도 알아준다는 말이니, 아무도 없는 빈 골짜기일지라도 그곳에까지 이름이 전해진다는 말씀이다.

조선조 임진왜란 때에는 많은 사람들이 국가를 위해서 싸웠다. 그중에서 이순신 장군은 세계 해군전의 역사상 가장 위대한 성과를

---

39) 추기(樞機) : 몹시 중요한 사물. 또는 사물의 중요한 부분.

거두었다. 그러므로 400여 년이 지난 오늘날에도 그 덕을 기리며 환호하지 않는가!

　사람이 재산이 아무리 많으면 무얼 하는가! 그 재산을 남을 위해서 썼을 때만이 명예가 되어서 자신에게 영광이 되어 돌아오는 것이다. 사람에게 나타나는 영광의 빛은 자신을 희생하는데서 발하는 것이니, 자기희생 없이 많은 것을 받으려고 하는 자는 욕심쟁이이니, 이런 자를 소인이라 하는 것이다.

• **허당습청(虛堂習聽)** : 빈 집에서도 익히 들린다.

┃ 자원(字源) ┃

虛 호(虍)와 구(丘)의 합자니, 범(虍)이 사는 언덕(丘)이 **빈** 것이다.

堂 상(尙)과 토(土)의 합자니, 방 앞에 높이(尙) 흙(土)으로 만든 **마루**
이다. 그러나 지금 우리의 가옥제도에서 마루는 나무판자를 깐 곳
을 지칭한다.

習 우(羽)와 백(白)의 합자니, 백(白)은 자(自)의 약자로, 새 새끼가 날
개(羽)로서 비로소(白) 날기를 **익히는** 것이다. 행동을 익히는 것은
습(習)이고, 지식을 익히는 것은 이(肄)다.

聽 이(耳)와 정(壬)과 직(直)과 심(心)의 합자니, 마음(心)을 바로(直)
잘(壬) 귀(耳)에 두어서 **듣는** 것이다. 귀(耳) 문(門)에 와 들림은 문
(聞)이다.

에세이

이는 위의 공곡전성(空谷傳聲)의 대구(對句)이니, 청(聽)자가 운
(韻)이다. 천자문은 모두 운서(韻書)이다. 운서란 것은 음률을 넣었

다는 말이니, 즉 음양이 들어가 있어서 글에 율동이 있고 흥취가 있는 것을 말한다.

사람이 태어나면 우선 공부를 많이 해야 한다. 책 속에 공과(功過)의 역사가 숨어 있고, 책 속에 천하를 가슴에 품을 수 있는 학문이 숨어 있다. 그러므로 공부를 많이 해야 남보다 더 많은 일을 할 수가 있는 것이다.

그리고 사람은 마음의 공부를 해야 한다. 아무도 없는 산속에 들어가서 혼자 생활을 해보면 마음이 풍요로워지고 지혜의 문이 활짝 열린다. 이러므로 사람들의 심금을 울릴 수 있는 시도 쓸 수가 있고, 수필도, 소설도 잘 쓸 수가 있는 것이다.

지금 이 세상의 인구는 약 70억 명에 육박했다고 한다. 이렇게 많은 사람이 사니, 그 사람들의 하는 일이 얼마나 많이 다르며, 그 사람들의 생각이 얼마나 많이 다르겠는가! 그러나 이를 둘로 나눈다면, 선한 사람과 악한 사람으로 나눌 수 있다.

이왕에 세상에 사는 인생이라면, 누구인들 선한 자의 편에 속하고 싶지 않겠는가! '범은 죽어서 가죽을 남기고, 사람은 죽어서 이름을 남긴다.'고 하지 않았는가! 만약 착한 사람으로 이름을 전하면, 자신에게 명예가 됨은 물론 자기의 가문과 자기의 후손에게 명예가 되지 않겠는가!

이러한 착하고 선한 명예는 사람들의 입을 통하여 자연히 멀리까지 들리게 되니, 아무도 살지 않는 빈 집일지라도 사람의 말은 익히 들린다는 말씀이다. 그러므로 이를 두려워해서 말을 삼가라는 말씀이다.

• **화인악적(禍因惡積)** : 재앙은 악함을 많이 쌓으므로 인해서 오고,

| 자원(字源) |

禍 시(示)와 와(咼)의 합자니, 하느님(示)이 사람의 운명을 삐뚤게(咼) 만드는 것은 **재앙**이다. 수(巛)나 화(火)의 재앙을 받는 것은 재(災)다.

因 위(囗)와 대(大)의 합자니, 영토를 확대(大)하는 데는 반드시 한 지역으로 **인(因)해서**야만 되는 것이다. 취해가는 것은 인(因)이다.

惡 아(亞)는 보기에 추한 것이다. 추한(亞) 마음(心)은 **나쁜** 것이다. 음은 악이니 악(愕)할 정도다. 그는 **미우니**, 그런 일을 **어찌**할까라는 뜻에서 음은 오다.

積 곡식(禾)이나 재물(貝)을 여럿(三)으로 올려(丨) **쌓아가는** 것이다.

에세이

　이 세상에는 선악이 존재한다. 그러므로 사람도 선한 사람이 있는가 하면 악한 사람이 있다. 그러나 이 세상은 이 둘 다 필요로 한다. 왜냐면 사람이 악한 행위를 많이 쌓으면 하늘에서 징계를 해야 하

는데, 이때에 악인을 동원한다. 곧 악인은 정의를 위한 몽둥이 역할을 하는 것이다.

《주역》 곤괘 문언(文言)에 보면, "착함을 쌓은 집안에는 반드시 남은 경사가 있고, 착하지 않음을 쌓은 집안에는 반드시 남은 재앙이 있나니, 신하가 그 임금을 죽이며 자식이 그 아비를 죽임이 일조(一朝)와 일석(一夕)에 이루어진 것이 아니다. 그 온 바의 까닭은 점차적인 것이다〔積善之家 必有餘慶 積不善之家 必有餘殃 臣弑其君 子弑其父 非一朝一夕之故 其所由來者 漸矣〕."라고 하였다.

이 말씀을 아는 사람은 죄를 짓지 않는다. 왜냐면 자신이 한 나쁜 행위가 자식과 손자에게까지 미친다고 분명히 말하지 않았는가!

화복(禍福)을 받는 데에 있어서 이렇게 분명하고 명쾌하게 한 성인의 말씀은 오직 《주역》 곤괘 문언(文言)뿐이다. 가시나무를 심었는데, 그 나무의 뿌리에 병이 있다면 그 나무의 줄기나 가지는 튼튼하지 못할 것이 확실하다. 이 자명한 이치를 왜 사람들은 깨닫지 못하는지 모르겠다.

우리는 내일 일을 알지 못하고 살아간다. 그러나 봄이 오면 그 다음에는 여름이 온다는 것은 잘 안다. 왜냐면 경험으로 아는 것이다. 이 화복(禍福)도 그것과 똑같은 것이다. 착한 일을 많이 한 사람에게는 복이 찾아오고, 착하지 않은 일을 한 사람에게는 반드시 재앙이 온다는 것이다. 마치 봄이 오면 여름과 가을이 오는 것처럼, 그러므로 사람은 착한 일에 보험을 들어서 자신의 자손이 번영하기를 기대하면 반드시 그대로 된다.

• **복연선경(福緣善慶)** : 복(福)은 착한 경사를 인연한다.

| 자원(字源) |

福 갑골문에서는 배가 볼록한 병을 그린 것이 복(畐)으로 변했으니, 밭(田)은 큰데 먹는 식구(口)는 하나(一)이라. 식량이 남음이 있는 것인데, 신(示)이 **복**을 주는 것이다.

緣 사(糸)와 단(彖)의 합자니, 실(糸)오리 끝(彖)을 따로 잇는 것이나, 그것이 무엇으로 인(因)해서 맺어(結)지는 **인연인** 것이다.

善 본래는 誩(兢)과 양(羊)의 합자를 선(善)으로 썼으니, 둘이 다투는 (兢) 것을 양(羊)이 중간에서 조화시키니 **착한** 것이다.

慶 녹(鹿)과 심(心)과 치(夂)의 합자니, 남의 길사(吉事)에 예물로써 사슴(鹿)가죽을 가지고 축하하는 마음(心)으로 가(夂)서 **경축**하는 것이다.

에세이

위의 화인악적(禍因惡積)을 이은말이다. 왜 화(禍)가 먼저 나오고 복(福)이 뒤에 나왔느냐 하면, 천자문은 운서(韻書)이기에 복연선경

(福緣善慶)의 경(慶)자가 운으로 왔기 때문이다. 이 세상은 언제나 복을 받는 선인(善人)이 있는가 하면 화(禍)를 당하는 악인(惡人)이 있다.

《주역》 곤괘 문언(文言)에서 정자(程子)[40]는 말하기를, "천하의 일이란, 쌓음으로 말미암아 이루어지지 않는 것이 없으니, 집(가문)에 쌓은 것이 착하면 복과 경사가 자손에게 미치거니와, 쌓은 바가 착하지 못하면 재앙이 후손에게 내려가서 그 큼이 시역(弑逆)하는 재앙에 이르니, 다 오랫동안 쌓음으로 인해서 이르게 된 것이고, 하루아침 하루저녁에 이루어진 것은 아니다〔天下之事 未有不由積而成 家之所積者善 則福慶及於子孫 所積不善 則災殃流於後世 其大至於 弑逆之禍 皆因積累而至 非朝夕 所能成也〕."라고 하였다.

맹자(孟子)는 "사람의 성품은 본래 착하다."고 하여, 사람들 모두에게 긍정적인 말로 자존심을 세워주었다. 맹자의 이 한 말씀을 유가(儒家)에서 평하기를, 하(夏)나라의 우(禹)가 9년의 홍수를 잘 다스려서 백성을 구한 것과 맞먹는 업적이라고 하였다. 그런데 사람이 본래 착한 성품을 타고 났지만, 세상을 살아가는데 있어서의 하는 행위는 자유를 부여하였으니, 자신이 착하게 살 수도 있고, 착하지 않게 살 수도 있는 것이다.

그래서 맹자는 사람이 살아가면서 못된 짓을 하는 것을 인욕(人慾)이 앞을 가리어서 그런 것이다, 라고 하였던 것이다. 사람이 욕심이 없어서도 안 되는 것이지만, 이 욕심은 어디까지나 자신의 발

---

40) 정자(程子) : 중국 송나라의 유학자 정호(程顥)와 정이(程頤) 형제를 높여 이르는 말.

전을 위해서, 혹은 국가의 이익을 위해서 해야지 자기 자신의 배만
채우는 데에 쓴다면, 이는 소와 돼지에 불과한 인간이 되는 것이다.
　여하튼 요즘의 세상 사람들은 복잡하게 생각하는 것을 싫어하므
로 단순하게 생각해서 위에서 말한 대로, 착하게 살면 복을 받고,
악하게 살면 화를 당한다는 평범한 진리를 깊이 깨달아서 가능한
한 착한 일을 행하여 국가와 사회에 유익하게 살 것을 권한다.

• **척벽비보(尺璧非寶)** : 한 자나 되는 커다란 구슬도 보배가
아니고,

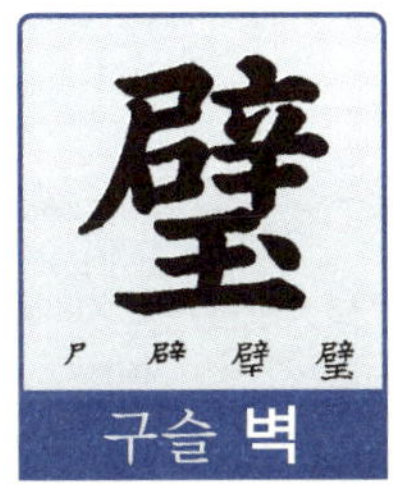

| 자 척 | 구슬 벽 | 아닐 비 | 보배 보 |

┃ 자원(字源) ┃

尺 손목 금에서 동맥까지는 한 치(寸)이고, 팔 접는데 까지는 한 **자**
(尺)이다. 척(尺)자에 尸는 손목의 금이고, ㇏은 팔의 접는 데를 표
시한 것이다.

璧 벽(辟)과 옥(玉)의 합자니, 임금(辟)이 가지고 있는 옥(玉)이다.

非 왼쪽(刂)과 오른(阝)쪽이 서로 등져서 상대방을 아니라고 서로 나무
라는 것이니, 따라서 **옳지 못한** 것이다.

寶 면(宀)과 옥(玉)과 부(缶)와 패(貝)의 합자니, 집(宀) 안에 있는 그릇
(缶)에 패물(貝)을 감춰둔 것은 **보배**이다. 드물게 있는 보배는 진
(珍)이다.

에세이

《한비자(韓非子) 화씨(和氏)》에 보면, 화씨벽(和氏璧)에 대하여 나
온다. 말인즉, 화씨(和氏)는 춘추 시대 초나라의 변화(卞和)를 가리

킨다. 그가 형산(荊山)에서 직경이 한 자나 되는 박옥(璞玉)을 얻어 여왕(厲王)과 무왕(武王)에게 바쳤으나, 옥을 감정하는 사람이 보고 돌이라 하여 두 발이 잘리고 말았다. 그 후 문왕(文王)이 즉위하자, 화씨는 형산 아래서 박옥을 안고 사흘 밤낮을 울었다. 문왕이 이 사실을 듣고 사람을 보내 "천하에 발이 잘린 사람이 많은데 그대만이 유독 이렇게 우는 것은 어째서인가?" 하고 묻자, 그가 대답하기를, "나는 발이 잘린 것을 슬퍼하는 게 아니라 보배로운 옥을 돌이라 하고 곧은 선비를 미치광이라 하니, 이 때문에 슬피 우는 것입니다." 하였다. 이에 왕이 옥공(玉工)을 시켜 박옥을 다듬게 하니, 직경이 한 자나 되고 티 한 점 없는 큰 옥이 나왔다 한다.

세상에서 제일 큰 옥이 화씨벽(和氏璧)이다. 그런데 이렇게 큰 옥도 보배가 아니라고 한다. 그러면 무엇이 보배인가! 이는 천하를 잘 다스려서 사람들이 모두 잘 사는 나라를 만드는 인재(人材)가 보배라는 것이다. 그러므로 자식을 잘 키워서 인재(人材)를 만드는 것이 가장 큰 복이고 보배로운 것이다.

그런데 인재가 아무리 많아도 사람을 써주는 군주(대통령)가 있어야 한다. 써주는 사람이 없으면 도량이 커서 천하를 덮을 만하더라도, 그 포부를 펼칠 장소가 없으므로 결국 은자(隱者)가 되고 만다.

그래서 강태공은 40년은 공부하고 40년은 자기의 시대가 오기를 기다렸으며, 40년은 주(周)의 무왕을 만나서 천하를 통일하고 어진 정치를 펼쳤던 것이다. 흔히 요즘에 낚시하는 조사(釣士)들이 강태공을 함부로 부르는 사람이 많은데, 강태공은 성인(聖人)의 경지에 오른 아주 훌륭한 사람으로 주역에서도 미래를 아는 선각자를 "강태공이 다시 온다."고 했다. 그래서 주의 무왕이 강태공에게 제(齊)나라를 주어서 다스리게 했다. 즉 강태공은 제(齊)나라의 시조이다.

● 촌음시경(寸陰是競) : 촌음(寸陰, 시간)을 이 다투어라.

| 자원(字源) |

寸 『설문(說文)』에는, "손목에 한 치가 동맥이기 때문에 그 맥을 촌구(寸口)라."고 한다 했으니, 一은 손목의 금인데, 그 아래 점으로 표시한 곳이 즉 **한 치**니, 맥이 뛰는 곳이다.

陰 본래 음(侌)은 지금(今) 구름(云)이 끼어서 그늘진 것인데, 뒤에 阝 변을 덧붙였으니, 광선이 오는 쪽에 언덕으로 막힌 **그늘**이다.

是 왈(日)과 정(正)의 합자니, 바르(正)다고 말(日)하니 **옳은** 것이다.

競 부(音)는 咅, 인(儿)은 人의 변형인데, 咅은 침을 뱉으면서 부(否)인 하는 것이다. 그러한 사람(儿)이 서로 대립해서 **다투는** 것이다.

에세이

촌음(寸陰)이라는 말은 한 치의 그늘이니, 즉 짧은 시간을 말한다. 사람이 이 세상에 태어났다가 100년 이내에 거의 모두 돌아간다. 짧은 인생에서 공부도 하고, 자식도 낳아 가정도 꾸리고, 외부에 나가 활동을 하면서 보람찬 인생을 살아야 한다. 그러므로 예부터 "석촌음(惜寸陰)"이라는 용어가 있는 것이다. 그러므로 고려 말의 대학자인 이색의 "군자석촌음(君子惜寸陰)"이라는 시 한 편을 소개한다.

군자석촌음(君子惜寸陰)

노야방고주	
老冶方鼓鑄	노련한 대장장이가 쇠를 녹일 때에
홀약불상금	
忽躍不祥金	갑자기 상서롭지 못한 쇠가 뛰듯이[41]
인정혹유구	
人情或踰矩	인정은 법도를 넘을 수도 있거니와
가외상제심	
可畏上帝心	두려운 것은 바로 상제의 마음일세.
독거귀자수	
獨居貴自守	홀로 있을 땐 굳게 지킴이 귀중한데
중어옥이음	
衆語玉爾音	남들은 나더러 멀리한다 말하누나.
춘풍방호탕	
春風方浩蕩	봄바람이 한창 광대히 불어와서

41) 노련한 ---뛰듯이 : 인간이 대자연에 제대로 순응하지 못함을 뜻한다. 노련한 대장장이는 곧 조화옹(造化翁)을 비유한 것이고, 쇠를 녹이는 용광로는 곧 천지(天地)를 비유한 것이다. 《장자(莊子)》 대종사(大宗師)에 "지금 위대한 대장장이가 쇠를 녹이는데, 그 쇠가 펄펄 뛰면서 '나는 반드시 막야검이 되겠다.'고 한다면, 대장장이는 반드시 이를 상서롭지 못한 쇠로 여길 것이고, 지금 사람이 한번 사람의 형체를 타고났다 해서 '나는 내세에도 꼭 사람이 되어야 한다.'고 한다면, 조화옹도 반드시 그를 상서롭지 못한 사람으로 여길 것이다〔今大冶鑄金 金踊躍曰 我且必爲鏌鋣 大冶必以爲不祥之金 今一犯人之形而曰 人耳人耳 夫造化者必以爲不祥之人〕." 한 데서 온 말이다.

홍 록 생 교 림
紅綠生郊林　꽃과 방초가 교외 숲에 만발하니

조 성 열 아 정
鳥聲悅我情　새소리는 나의 뜻을 기쁘게 하고

화 의 최 아 음
花意催我吟　꽃 마음은 나의 시를 재촉하여라.

명 지 물 오 여
明知物吾與　물과 내가 동류임을 밝게 알았나니

기 념 쇠 로 침
豈念衰老侵　어찌 늙음이 닥쳐옴을 염려할거냐!

단 당 근 환 락
但當勤歡樂　다만 의당 부지런히 즐기어야지

군 자 석 촌 음
君子惜寸陰　군자는 한 치의 그늘을 아낀다오.

촌음을 아껴서 열심히 공부를 한 사람은 모두 성공을 한다. 왜냐면 노력의 대가(代價)는 반드시 받는 것이니까! 그리고 문명의 이기(利器)에 특별히 관심을 가져야 한다. 무슨 말인가 하니, 요즘 젊은 이들은 스마트폰을 모두 소지하고 다니면서 언제나 그 속에 빠져서 그곳을 쳐다본다. 그리고 전철 안에서 잠을 자면서도 귀에 이어폰을 꽂고 음악을 듣는다. 사람이 이 세상에서 100년을 산다고 하면 눈과 귀를 아끼고 보호하여야 한다. 만약 이를 혹사시키면, 자칫 실명(失明)이 되고 이롱(耳聾)이 될 수도 있는 것이다. 그러므로 한창 공부할 때인 청소년들은 시간을 다투어서 공부도 해야 하지만, 내 몸을 아껴서 건강을 유지해야 하는 것이다.

• **자부사군(資父事君)** : 아비 섬기는 것같이 임금을 섬기는 것을,

| 자원(字源) |

資 차(次)와 패(貝)의 합자니, 다음(次)의 돈(貝) 버는 사업에 **도움**이 되는 것이다. 무슨 수단으로서 필요한 것은 자(資)이고, 무릇 생활하는데 필요한 것은 재(財)이다.

父 팔(八)과 예(乂)의 합자니, 사리를 분별(八)해서 집일을 다스리는 (乂) 자는 어른이니, 즉 **아버지**다.

事 一은 하나의 목적, 口는 말하는 계획, ㅋ은 일하는 손, ㅣ은 끌어오는 갈고리니, 어떤 목적으로 계획해서 성과를 거두도록 **일하는** 것이다.

君 윤(尹)과 구(口)의 합자니, 백성을 명령(口)하는 최고의 치자(尹)는 **임금**이다. 그의 자리는 군(軍)의 힘으로 보전하는 것이다.

에세이

　유가(儒家)의 오륜(五倫) 중에 부자유친(父子有親)이 가장 우선이다. 다음은 군신유의(君臣有義)이다. 부언하면, 부자유친(父子有親)

은 부자간에는 친근함이 있어야 한다는 말이고, 군신유의(君臣有義)는 임금과 신하 사이에는 의리가 있어야 한다는 것이다.

맹자는 순(舜)임금을 대효(大孝)라 했다. 그러면 순(舜)의 효는 어떤 것인가!

"천하 선비가 다 자기를 좋아함은 누구나 바라는 것인데, 그래도 근심이 풀리지 않았고, 아름다운 여색은 누구나 좋아하는 것인데, 요임금의 두 딸을 아내로 삼고서도 근심이 풀리지 않았으며, 부(富)는 누구나 누리고 싶어하는 것인데, 천하를 다 차지하는 부(富)로도 근심이 풀리지 않았고, 귀(貴)는 누구나 얻고 싶어하는 것인데, 천자의 자리에 오른 뒤로도 근심이 풀리지 않았다. 이렇게 남들이 우러르고 좋은 여색을 가졌고, 부귀를 다 겸했어도 근심을 풀 수가 없었고, 오직 부모로부터 사랑을 받는 것만이 근심을 풀 수 있는 길이었다."고 하였으니, 이에 주자(朱子)가 이르기를,

"이는 맹자가 당시 순(舜)의 마음이 그랬으리라는 것을 추측한 것으로서 천하의 욕구를 다 차지해도 그것으로는 걱정을 풀 수 없고, 오직 부모의 사랑을 받는 것만이 걱정이 풀리는 길이라고 한 것이니, 맹자야말로 참으로 순의 마음을 아는 이라 하겠다."고 하였다.

이러한 자기 아비를 사랑하는 마음으로 임금을 섬겨야 한다는 것이다. "집에 들어가면 부모님께 효도하고, 밖에 나가면 나라에 벼슬한다〔入則孝 出則仕〕."고 하였으니, 임금을 섬김에 있어서는 반드시 아버지를 섬기는 것처럼 해야 한다는 것이다.

● **왈엄여경(曰嚴與敬)** : 말한다면 엄숙히 해야 하고 그리고 공경스럽게 해야 한다.

| 자원(字源) |

曰 구(口) 안에 一이 있으니, 입(口)속에 있는 혀(一)로써 **말**하는 것이다. 운(云)은 운(雲)의 고자(古字)로 말하는 뜻이 되었다.

嚴 훤(吅)과 엄(厰)의 합자니, 호령(吅)이 **엄한**(厰) 것이다. 즉 엄한 기상이니, 음은 엄이다. 무자비한 기풍은 엄(嚴)이고, 발 못 붙일 언덕은 험(險)이다.

與 본래는 준다는 뜻인 여(与)자를 두 손으로 같이 든다는 뜻인 여(舁)자 속에 넣었으니, 두 손처럼 서로 더불어 **주는** 것이다.

敬 구(苟)와 복(攵)의 합자니, 만약(苟)에 행동을 잘못하면 매로 친다(攵)고 하니, 조심해서 **공경**하는 것이다.

에세이

옛날에도 지금과 같이 출사(出仕)를 하면 날마다 출근을 하였다. 지금은 직장이 많지만, 옛적에는 직장이 나라에 벼슬을 하여 궁궐에 나가서는 임금을 섬기고, 외직으로 나가서는 임금을 대신하여 백성을 다스리는 것이니, 이때의 몸가짐은 엄격하고 조심해야 하는 것이다.

《진서(晉書) 도간전(陶侃傳)》에 보면, "진(晉)나라 도간(陶侃)이 형주자사(荊州刺史)로 있으면서, 매일 아침이면 밑에 있는 군인들을 시켜서 많은 벽돌을 대문 밖에 운반해 내게 하고, 저녁에는 운반해 들이게 하면서 '지금 너희들은 난세에 나라를 위해 일해야 하는데, 너무 편안하면 장차 감당하지 못할까 염려함이다.' 라고 하였다."는 말이 있다.

이는 군인은 난리가 났을 때에 한번 써먹기 위해서 육성하는 것인데, 평시에는 할 일이 없다고 해서 매일 편히 쉬게만 하면 나태해져서 군기가 빠지는 것이다. 그래서 도간은 군기를 잡기 위해서 매일 아침이면 안에 있는 벽돌을 밖으로 내게 하고, 밤이면 그 벽돌을 안으로 들이게 해서 군인들이 잡념을 갖지 못하게 하였던 것이다. 이러한 것이 벼슬아치가 해야 할 일인데, 이때는 엄하고 조심스럽게 해야 한다는 것이다.

이 문단에서는 임금을 섬김에는 엄한 모습과 공경하는 모습으로 임해야 한다는 것이다. 그러나 꼭 임금을 섬기는 자리가 아니라도 이 말씀은 유효하니, 사람이 너무 가볍고 경박하면 사람들이 무시하고 경멸하는 경향이 있다. 그래서 밖에 나가면 언제나 근엄하고 조심해야 하는 것이다.

세상에 나가면 사람들은 행동 하나하나를 주시하고 그에 상응하는 대접을 한다. 일례로, 공부를 많이 한 박사는 박사의 대접을 받고, 장사꾼은 장사꾼의 대접을 받는다. 자기의 처지에 따라서 대접을 받는 것이 이 세상이니, 이 문단에서는 각별히 유의하여 몸가짐을 근엄하게 하고 근신하라는 이야기이다.

• **효당갈력(孝當竭力)** : 효도는 마땅히 있는 힘을 다해서 하고,

  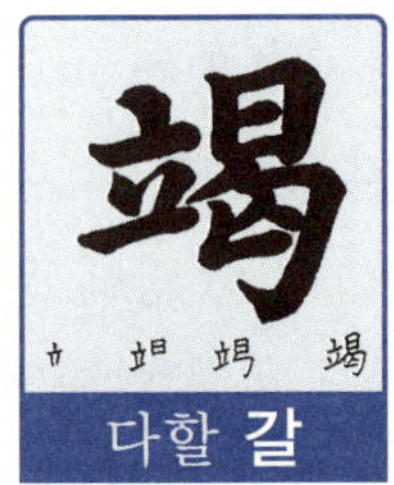 

| 자원(字源) |

孝 耂(老)와 자(子)의 합자로 보면, 자식(子)이 노친(老)을 업어서 **모시는** 것이고, 효(爻)와 자(子)의 합자로 보면, 자식(子)이 본받아(爻)야만 되는 효도이다.

當 농업시대에 사는 데는 토지(田)를 숭상(尙)함이 **마땅한** 것이다.

竭 『설문(說文)』 단주(段注)에서는 "들지 못하는 무거운 짐을 져서 든다."고 했으니, 무거운 짐을 어찌(曷) 들고 설(立)까! 짐이 무거우니 힘을 **다하는** 것이다.

力 사람이 두 팔로 **힘**을 쓰는 형상이니, ノ은 몸이고, フ은 오른쪽 팔이 주먹을 쥐고 있는 것이다. 힘으로 사역(使役)을 하니, 음은 역이다.

에세이

《예기(禮記)》 문왕세자편(文王世子篇)에 보면, "주(周)나라 문왕(文王)이 세자로 있을 때에 매일 3번씩 아버지 왕계(王季)에게 문안을 하였는데, 편안하다고 하면 매우 기뻐하였다."고 하였다. 문왕은 지금으로부터 약 3,000년 전의 사람들이다. 그때나 지금이나 부자

(父子)의 관계는 천륜(天倫)에 속하여 다를 것이 없다.

내가 이 세상에 나온 것은 전적으로 부모님이 있기 때문이다. 그리고 사람이 태어나면 3년간은 부모님이 똥오줌을 받아내고 기저귀를 채워 길러야 한다. 그러므로 어린 자식을 키우는 부모님의 정성과 사랑은 하늘보다도 높고 땅보다도 넓다. 그래서 시도 있고 노래도 있지 않은가! 그러면 아래에 양주동의 시 한 편을 소개한다.

낳으실 제 괴로움 다 잊으시고
기르실 제 밤낮으로 애쓰는 마음
진자리 마른자리 갈아 뉘시며
손발이 다 닳도록 고생하셨네.
하늘 아래 그 무엇이 넓다 하리오.
어머님의 희생은 가이없어라.

어려선 안고 업고 얼러주시고
자라선 문 기대어 기다리는 맘
앓을 사 그릇될 사 자식 생각에
고우시던 이마 위에 주름이 가득
땅 위에 그 무엇이 높다 하리오.
어머님의 정성은 지극하여라.

사람의 마음속엔 온 가지 소원
어머님의 마음속엔 오직 한 가지
아낌없이 일생을 자식 위하여
살과 뼈를 깎아서 바치는 마음
인간의 그 무엇이 거룩하리오.
어머님의 사랑은 그지없어라.

이 한 편의 시로, 왜 부모님께 힘을 다해 효도를 해야 하는 가를 다 말했다. 더 말을 해 무엇 하리오.

● **충즉진명(忠則盡命)** : 충성에는 목숨을 다해야 한다.

| 충성 충 | 곧 즉 | 다할 진 | 목숨 명 |

| 자원(字源) |

忠 중(中)과 심(心)의 합자니, 즉 **중심**(中心)이라. 남에게 유익하고 사회에 봉사하는 **참마음**이다.

則 재물(貝)을 칼(刀)로 공평하게 나누려면 반드시 **법도**가 있어야 하니, 음은 칙이다. 그것은 조건부기 때문에 "…하면" 하는 접속사도 되기도 하니, 음은 즉이다.

盡 드디어(聿) 불(灬)이 타서 그릇(皿)에 물이 **다 없어진** 것이다. 무엇을 위해 힘을 써 다하는 것은 진(盡)이고, 일을 하는데 힘을 다하는 것은 갈(竭)이다.

命 구(口)와 영(令)의 합자니, 하여금(令) 하는 **명령**이나, 또는 천명(天命)이라는 뜻에서 **생명**이라는 뜻도 되었다.

에세이

  충신은 우리 역사에도 많은 사람이 있다. 지금 한창 MBC 드라마에 나오는 계백을 말한다면, "계백은 일찍이 사로(仕路)에 나가 품

계가 달솔(達率 : 제2품)에 이르렀다. 당시 신라가 한강 유역을 강
점함으로써 그때까지의 나제동맹(羅濟同盟)이 결렬되자, 백제는 고
구려, 일본 등과 친교를 맺고 신라에 대항하였다. 고립상태에 빠진
신라는 당(唐)나라와 동맹을 맺고 원병을 요청하였다. 당나라 고종
(高宗)은 소정방(蘇定方)을 신구도(神丘道) 대총관(大摠管)으로 임
명하여 군사와 함께 바다를 건너 신라를 돕게 하여, 이른바 나당 연
합군의 5만 병력이 백제를 치기 시작하였다.

　이때 백제의 의자왕은 사치와 연락(宴樂)에 빠져 있다가, 사태가
위급해지자 계백을 장군으로 삼아 적을 막도록 하였다. 계백은 죽
기를 각오한 군사 5,000명을 이끌고 출전하면서, 이미 나라를 보전
하기 어렵다는 것을 직감하고 '살아서 적의 노비(奴婢)가 됨은 차라
리 죽음만 같지 못하다' 하여, 자기의 처자를 모두 죽이고 출전하여
비장한 결의를 보였다. 황산(黃山, 지금의 논산)벌에 이르러 세 진
영을 설치하고 군사들에게 맹세하기를 "옛날에 구천(句踐)[42]은
5,000명의 군사로써 오(吳)나라 70만 대군을 쳐부쉈으니, 오늘날 마
땅히 각자가 있는 힘을 다하여 최후의 결판을 내자" 하고, 신라의
김유신(金庾信)이 이끄는 5만의 군사를 맞아 네 차례나 그들을 격파
하였다.

　이에 신라군이 사기를 잃고 있을 즈음, 신라의 장군 품일(品日)은
16세의 어린 아들 관창(官昌)으로 하여금 나가 싸우게 하니, 관창은

---

42) 구천(句踐) : 중국 춘추 시대 월(越)나라의 왕(?~B.C. 465). 오(吳)나라의
　　왕 합려와 싸워 이겼으나, 그의 아들 부차에게 대패하여 회계산(會稽山)
　　에서 항복하였다. 그 뒤 기원전 473년에 범여의 도움으로 오(吳)나라를
　　멸망시켰다. 재위 기간은 기원전 496~기원전 465년이다.

백제군과 싸우다가 생포되었다. 계백은 어린 나이로 용전한 관창을
가상히 여겨 살려 보냈으나, 관창은 재차 나와 싸우다가 또 붙잡혔
다. 계백은 신라에 이같이 용감한 소년이 있으니 싸움은 이미 승부
가 난 것이라 예감하였다. 그는 관창의 목을 잘라 그의 말안장에 묶
어 신라군 진영으로 돌려보냈다. 예상했던 대로 신라군은 관창의
죽음으로 사기가 올라 총공격을 감행하였고 계백은 전사하였다.

• **임심이박(臨深履薄)** : 깊은 연못에 임한 듯, 엷은 얼음을 밟
는 듯이 조심하고,

| 자원(字源) |

臨 와(臥)와 품(品)의 합자니, 높이 누워(臥)서 여러 물체(品)를 내려다
보는 것이다.

深 본시 삼(罙)은 구멍(穴)이 깊은 것인데, 위의 점(丶)을 빼고 수(氵)
를 붙여서 물같이 깊은 것을 뜻한다. 종적으로 깊은 것은 심(深)이
고, 횡적으로 깊은 것은 수(邃)이다.

履 발(尸)을 편(又)하게 넣어서 가(彳)는 배(舟)는 신이다. 실행해서 가
는 것은 이(履)고, 가는(彳) 발(尸)을 담는 속이 빈(婁) 것은 구(屨)
이다.

薄 보(溥)는 물(氵)을 땅에 펴(尃)니, 넓어지는 것이다. 넓은(溥) 풀
(艹)잎은 엷은 것이다.

에세이

  《시경(詩經)》 소아(小雅) 소민(小旻)에 보면, 사람이 세상을 살아

가는 데는 "전전긍긍하여 깊은 연못에 임하듯, 얇은 얼음을 밟는 듯이 한다〔戰戰兢兢 如臨深淵 如履薄氷〕."라는 말이 있다.

본문은 위의 문장에서 나왔으니, 사람이 세상을 살아가는 데는 삼가고 조심해야 한다는 것이니, 조선시대에 살던 우리의 조상들은 참으로 조심하며 세상을 살았다고 한다.

당파(黨派) 싸움에 세월 가는 줄 모르던 지도층들은 서로 정권을 잡기 위해서 남을 모략하고 몰아세워서 결국에는 사화(士禍)[43]를 만들어내었다. 무오사화(戊午士禍)를 필두로 하여 갑자사화, 기묘사화, 을사사화 등 많은 사화를 일으켜서 많은 관료와 선비들이 목숨을 잃거나 귀양을 가는 참변이 무수히 일어났던 것이다.

이러한 시기에는 우선 목숨을 부지하고 살아가는 것이 제일이었다. 경주의 최부자 집의 가훈은 '진사까지만 하고 벼슬은 하지 말라.'고 하였다 하니, 이는 벼슬을 하면 당파에 휘말릴 것을 염려한 탁월한 교훈이었던 것이다.

필자의 14대조인 인봉(仁峰) 전승업(全承業)[44] 선생도 일찍이 판

---

43) 사화(士禍) : 조선 시대에 조신(朝臣) 및 선비들이 정치적 반대파에게 몰려 참혹한 화를 입던 일. 무오사화, 갑자사화, 기묘사화, 을사사화가 있었다.

44) 전승업(全承業) : 사재감첨정(司宰監僉正). 중봉(重峯)의 문인. 자는 효선(孝先), 호는 인봉(仁峰). 참판 팽령(彭齡)의 손자. 항의신편에 의하면, 중봉과 함께 가장 먼저 창의(倡義)하고 중봉의 밑에서 군수물자를 담당하는 막료로 활약하였고, 중봉이 쓴 상소문을 가지고 의주로 가던 도중 당진에서 중봉이 이끄는 7백 명의 군사가 전멸하였다는 소식을 접하고, 상소문은 부관 곽현에게 맡기고 금산으로 돌아와 벗 박정량과 같이 중봉의 시신을 수습하여 장례를 치르고, 나머지 7백 의사는 시신을 한 곳에 묻었음. 뒤에 사헌부장령(司憲府掌令)에 추증되었다. 《인봉집(仁峰集)》이 있고 후율서원(後栗書院)에 배향됨.

서 이준민의 추천에 의하여 사재감 첨정[45]에 제수되었지만 사양하
고 출사하지 않았다. 지금 같으면 청장(廳長)의 자리인데, 이를 마
다한 것은 아마도 혹 당파싸움에 휘둘릴 것을 염려한 때문인 듯하
다.

　이러한 행위 모두가 몸을 사리고 조심하며 살아가는 모범적인 행
위이다. 요즘도 마찬가지로 조심하며 살아가야지, 잘못하면 수렁에
빠질 염려가 많은 것이다.

---

45) 첨정(僉正) : 조선 시대에 각 관아의 낭청에 속한 종사품 벼슬. 돈령부,
　　봉상시, 종부시, 사옹원, 내의원, 상의원, 사복시 따위에 두었다.

• 숙흥온정(夙興溫凊) : 일찍 일어나서 부모님께서 주무시는 방이 따뜻한가, 서늘한가를 살핀다.

| 자원(字源) |

夙 범(凡)과 석(夕)의 합자니, 아직 날이 다 새기 전인 새벽 **일찍이** 이다.

興 여(舁)와 동(同)의 합자니, 두 손을 마주 들어서(舁) 같이(同) 힘을 써서, **일이 잘되는** 것이다. 사업이 일어남은 흥(興)이고, 육체가 일어남은 기(起)다.

溫 수(氵)와 온(昷)의 합자니, 온(昷)은 갇힌 죄인(囚)에게 식물그릇(皿)을 주는 인정이 **따뜻한** 것이나, 또 이에 氵를 덧붙여서 물질이 **따뜻함**을 표현한 것이다.

凊 빙(冫)과 청(靑)의 합자니, 빙(冫)은 뜻으로, 청(靑)은 음(音)으로 와서 **얼음**이라는 뜻이 되었고, 음은 정이다.

에세이

《예기(禮記)》에 부모 섬기는 도리를 말하되, "밤에는 편히 주무시게 해드리며, 새벽에는 문안하고[昏定晨省], 겨울에는 따뜻하게 하며, 여름에는 서늘하게 하라[冬溫夏凊].”고 하였다.

요즘의 세상은 필자가 어렸을 때와는 너무 세상이 많이 변했다. 필자가 어렸을 때는 국민들 거의가 농업에 종사했고, 모두 부모님을 모시고 살았다. 그때는 농사를 지어서 생활을 했기 때문에 부모님을 섬기는 것은 삼시세끼 봉양하고, 겨울에는 따뜻하게 불을 지피고, 여름에는 모기장을 치고 주무시게 했다.

이렇게 부모님을 모시는 방식이 옛날부터 필자가 어렸을 때, 즉 60, 70년대까지 쭉 이어져 오다가 근래에 와서 산업이 급속도로 변화해서 정신 차리지 못하게 빠르게 변화하고 있다. 자연히 부모님을 모시는 방법도 그 시대에 따라서 변화하는 것이니, 꼭 집어서 이렇게 해야 한다는 것은 아직은 없다.

그러나 한 가지 분명한 것은, 우선 부모님을 편안하게 해 드려야 한다. 요즘은 돈이 없으면 활동할 수 없는 시대이므로 용돈도 챙겨 드려야 하고, 여러 가지로 신경 쓸 일이 많다.

필자는 결혼을 하고는 아내를 부모님께서 계시는 시골로 보내서 몇 개월간 부모님을 모시면서 서로 정이 든 다음에 서울로 올라오게 했다. 이는 필자는 동생들이 많은지라, 보고 배우라는 측면도 있었다. 그러나 지금 와서 보면, 필자를 따라서 한 동생은 한 명도 없다. 필자의 부모님을 잘 모시려는 정성이 그때는 조금 있었던 것 같다. 여하튼 부모님과 자식의 관계도 한 번 만났다가 돌아가시면 되돌릴 수 없는 인생사이므로 후회 없이 모셔야 한다.

《명심보감》에는, “효순(孝順)한 자식은 도로 효순한 자식을 낳고, 오역(忤逆)한 자식은 다시 오역한 자식을 낳는다.”고 했다. 이 말씀을 명심해야 한다.

• **사란사형(似蘭斯馨)** : 효행이 있는 자는 그 덕이 난초같이 향기롭고,

| 자원(字源) |

似 인(亻)과 이(以)의 합자니, 남(亻)으로 써(以) 일을 시키면 외면으로는 이와 **같으나**, 내심으로는 다른 것이니, 그는 사심이 있기 때문이다. 보기에 같은 것은 동(同)이다.

蘭 초(艹)와 난(蘭)의 합자니, 풀(艹) 잎이 길게(蘭) 빼어난 **난초**이다. 가장 향기 있는 풀은 난(蘭)이고, 가장 신령스런 풀은 지(芝)다.

斯 기(其)와 근(斤)의 합자니, 그(其)와 합쳐있는 것을 도끼(斤)로 끊어오니 한 부분은 **이것**이다. 그를 버리고 취한 이것은 사(斯)이고, 그는 그르고 옳은 이것은 시(是)이며, 자신이 있는 곳에 이것은 차(此)이다.

馨 경(殸)은 **높은 음**을 내는 악기니, 경(磬)의 상형문자이다. 경쇠소리가 멀리 울리듯이 **향기**(香)가 멀리까지 진동하여 미친다.

난(蘭)에는 춘란(春蘭)이 있고 혜란(蕙蘭)이 있다. 춘란은 줄기에 꽃이 하나씩 피고 향기가 짙게 난다. 향기가 있으므로 사람들은 난을 군자에 비유했다. 혜란(蕙蘭)은 일경구화(一莖九花)라 하여 하나의 줄기에 아홉 개의 꽃을 피운다. 꽃이 매우 화려한 반면 향기가 없다.

난초는 한초(旱草)이다. 그래서 난초는 습지에서는 살지 않고 대체로 산의 등성이에 물이 쭉쭉 빠지는 곳에서 자란다. 필자는 수년 전에 성묘를 하러 새재[鳥峙]에 갔다가 난초가 군락을 이루며 살아가는 곳을 발견한 적이 있다. 산등성이의 가랑잎이 쌓인 그 위에서 자라고 있었다. 가랑잎이 쌓여있으므로 물이 잘 빠지는 조건의 지역에서 잘 자라고 있는 것을 발견하였다.

필자는 이번에 "사군자 난첩"을 출간했다. 왜냐면 현재 난을 치는 사람들은 난을 치는 이론을 잘 모르고, 마치 앵무새가 사람의 말을 받아서 하듯이 자기 선생이 그린 체본만 열심히 친다. 난초를 치는 이론을 습득하지 않으면 새로운 것을 창조할 수가 없다. 이론을 알고 난 다음에 난을 배우면 매우 빠르게 진전된다. 그래서 난초를 치는 이론을 붙여서 책을 낸 것이다.

필자가 책을 내면서 조선의 난과 중국의 난을 비교하여 관찰할 수 있도록 실었는데, 우리나라 조선의 난화가 더욱 아름답게 보였다. 그래서 아래에 조선말 석파의 난을 한 점 싣는다.

▲ 석파의 난화

• **여송지성(如松之盛)**: 그 덕의 무성함은 상설(霜雪)에도 시들
지 않은 소나무와 같다.

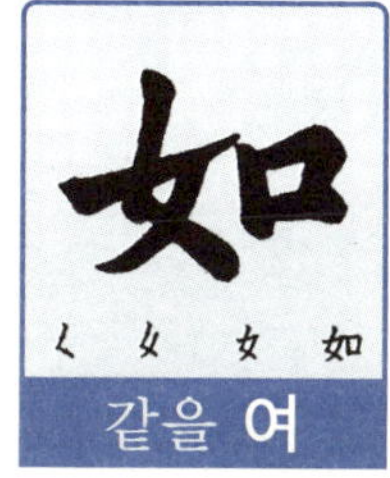

| 자원(字源) |

如 남자의 말(口)을 여자(女)가 따라가며 일을 하면, 그것은 말과 **같은**
것이다. 내용이 같음은 여(如)이고, 겉만 같음은 사(似)이며, 보기에
같음은 동(同)이고, 만약에 같음은 약(若)이다.

松 목(木)과 공(公)의 합자니, 공목(公木)은 **소나무**이다.

之 전자(篆字)로는 㞢 이렇게 쓰니, 지면(一)에서 나무의 움(屮)이 커
올라가는 것인데, 그것이 之로 변해서 소유격의 접속사로서 ○○
의란 뜻이 되었다.

盛 성(成)과 명(皿)의 합자니, 그릇(皿)에 만들어진(成) 음식을 담은 것
이다. 따라서 높이 담은 **성한** 것이다.

에세이

《논어》 자한(子罕)에 "날씨가 추워지고 나서야 소나무와 잣나무가
뒤늦게 시듦을 알게 된다(歲寒然後知松柏之後彫也)."라는 말이 있

다. 추사의 "세한도(歲寒圖)"는 이에서 힌트를 얻어서 그린 그림이
다.

▲ 세한도

　추사 김정희 선생은 1840년(헌종 6)부터 9년 동안 제주 대정에서
유배생활을 하였다. 사대부가 아는 이 하나 없는 낙도(落島)에 왔으
니, 외지에서의 외로움은 가히 짐작하고도 남는다. 그러나 선생은
시문과 서법(書法)에 능한 사람으로, 외로우면 시 한 수 짓고, 또 외
로우면 글씨를 썼을 것이다.
　위에 게재한 "세한도"는 세계에 내놓아도 한 점 흠이 없는 걸작이
다. 소나무와 잣나무가 혹독한 겨울을 만나도 꿋꿋이 그 푸른 잎을
유지하는 것을 보고, 자신의 유배생활을 반추해서 자신도 저 소나
무와 같이 언제나 푸르겠노라는 생각으로 그렸을 것이니, 자신의
유배생활을 한 폭의 그림에 넣었다는 것이 많은 의미가 있다.

소나무는 글자 자체가 공목(公木)이다. 모든 사람들이 애용하는 나무라는 것이다. 이 소나무로 기둥을 삼아서 집을 지으면, 그 집은 1,000년을 간다고 한다. 송진이 있으므로 좀벌레도 먹지 않는다고 한다. 그리고 소나무는 향기가 좋다. 그래서 소나무에 바람이 불면 솔 향이 퍼지는 것이다. 이러므로 군자는 소나무를 좋아했던 것이다.

제5장 수덕(修德)

천유불식(川流不息) · 연징취영(淵澄取映) · 용지약사(容止若思) · 언사안정(言辭安定) · 독초성미(篤初誠美) · 신종의령(愼終宜令) · 영업소기(榮業所基) · 적심무경(籍甚無竟) · 학우등사(學優登仕) · 섭직종정(攝職從政) · 존이감당(存以甘棠) · 거이익영(去而益詠)

• **천유불식(川流不息)** : 흐르는 냇물은 쉬지 않는다.

| 자원(字源) |

川 본래는 《《 이렇게 쓰던 것은 직선으로 변경한 것이다. 견(〈)은 작은 도랑이고, 괴(《《)는 좀 큰 도랑인데, 천(川)은 큰물이 흐르는 **내**다.

流 수(氵)와 류(㐬)의 합자니, 류(㐬)는 달아놓은 기폭이 아래로 늘어진 것이니, 물(氵)이 아래로 **흐르는** 것이다.

不 꽃봉오리의 볼록한 상형으로서 **아니라**는 뜻이 되었다. 없어지지 않음은 불(不)이고, 서로 등져서 아님은 비(非)이며, 아직 아님은 미(未)이고, 모두 아님은 망(罔)이다.

息 자(自)는 비(鼻)의 고자(古字)니, 코(自)에다 마음(心)을 두고 숨 쉬는 것인데, 일을 그만 두고 **쉬는** 것이다.

에세이

필자가 2011년 8월에 중국의 산동성에 있는 곡부(曲阜)를 방문하여 니산(尼山)에 가 보았다. 니산은 공자의 아버지 숙량흘(叔梁紇)과 어머니 안징재(顔徵在)가 아들을 얻기 위해서 축원(祝願)한 산이다. 이곳에는 부자사(夫子祠)가 있고, 그리고 그 위에는 부친인 숙량흘(叔梁紇)의 사당이 있고, 그 아래에는 산신사(山神祠)가 있었다. 그리고 조금 아래로 내려오니 정자 하나가 서 있는데, 이곳에서 공자는 1km쯤 앞에서 흐르는 물을 보시고,

"가는 것은 이와 같구나. 쉬지 않고 주야로 흐르도다〔子在川上曰 逝者如斯夫 不舍晝夜〕."라고 하시었으니, 이는 쉬지 않고 흐르는 것이 도체(道體)의 본연임을 깨닫고 말씀하신 것이다. 우리의 눈에 보이지는 않지만 세월의 흐름도 언제나 쉬지 않고 흘러가고, 저 물도 또한 밤낮을 쉬지 않고 흘러가니, 둘 다 똑같은 것이다.

인생의 삶도 쉬지 않고 흘러간다. 사람이 잠깐 쉬어간다고 말은 하지만, 그러나 사람은 쉬어 있어도 세월은 흐르니, 그 세월을 탄 인간도 같이 흘러가는 것이다. 그러므로 《주역》 건괘(乾卦)의 상(象)에 "하늘의 건실한 운행을 본받아서 군자는 스스로 힘쓰면서 쉬지 않는다〔天行健 君子以自彊不息〕."라고 말하였다.

이는 해의 쉬지 않음을 말한 것이니, 군자는 한시도 쉬지 않고 굳세게 가는 저 해를 보면서 이를 본받는다고 하였다. 이에 아래에 우탁(禹倬)[46]의 시조 한 수를 적는다.

> 한 손에 막대 잡고, 또 한 손에 가시 쥐고
> 늙는 길 가시로 막고, 오는 백발(白髮) 막대로 치렸더니
> 백발이 제 먼저 알고 지름길로 오더라.

[46) 우탁(禹倬) : 1263~1342. 고려 말 정주학(程朱學) 수용 초기의 유학자로 본관은 단양(丹陽), 자는 천장(天章) 또는 탁보(卓甫), 호는 백운(白雲) 또는 단암(丹巖), 시호는 문희(文僖)이다. 성균좨주(成均祭酒)로 치사(致仕)한 뒤 예안(禮安)에 은거하면서 후진 교육에 전념하였다. 경사(經史)에 통달하였고 역학(易學)에 더욱 조예가 깊어 세상에서 '역동선생(易東先生)'이라 일컬어졌다.

• **연징취영(淵澄取映)** : 연못의 물은 맑아서 만물을 비친다.

못 **연**

맑을 **징**

가질 **취**

비칠 **영**

| 자원(字源) |

淵 원래 연(開)은 흐르는 내에 깊은 곳인 소(沼)니, 천(川)자의 속에 ㅣ을 ─로 하고 네 개의 곡선으로 물이 도는 것을 상형한 것인데, 또 氵를 붙여서 물이 있는 **연못**을 표시하였다.

澄 수(氵)와 등(登)의 합자니, 흐른 물(氵)이 정지해 있으면 진애(塵埃)는 밑으로 가라앉고 물(氵)은 위로 올라와서(登) **맑아지는** 것이다.

取 이(耳)와 又(手)의 합자니, 옛적에 포로를 잡는 데는 귀(耳)를 손(又)으로 **잡아오는(취하는)** 것이다.

映 일(日)과 앙(央)의 합자니, 햇빛(日)이 가운데에(央) 오니, 만물의 그림자가 **비취는** 것이다. 햇빛이 비취는 것은 조(照)고, 그림자가 비취는 것은 영(映)이다.

에세이

　연못의 물이 맑고 고요하면 만물을 비출 수 있다. 사람의 마음을 맑은 연못의 물같이 맑게 하고 흔들리지 않게 하여 만물을 비추라.

그리고 맑은 물이 비추듯 마음을 맑게 하라. 이는 《주해천자문》에 있는 말씀이다.

지금은 좋은 거울이 많아서 거울에 자신을 비춰보지만, 아주 먼 옛날에는 거울이 없어서 물에 자신을 비춰봤으며, 그 뒤에는 동(銅)으로 거울을 만들어서 얼굴을 비춰봤다.

사람이 얼굴도 예뻐야 하지만, 더욱 중요한 것은 마음이 예뻐야 하는 것이다. 마음이 예뻐지려면 항상 마음에 끼인 때를 닦아내야 한다. 거울에 먼지가 앉으면 잘 비취지 못하는 것처럼 사람의 마음에도 때가 끼면 지혜가 없어지고 통찰력이 부족해지는 것이다. 그래서 옛 성현들은 항상 마음의 때를 닦아내려고 노력했던 것이다.

물이라는 것은 연못을 만들어서 만물을 비추게도 하지만, 이 물은 사람의 몸도 닦고 마음도 닦으며, 온 지구의 더러운 것을 모두 씻어내는 역할을 한다. 그래서 기독교에서는 세례의 의식을 물로 하는 것이다.

또한 이 물은 사람이 살아가면서 없어서는 안 되는 아주 귀중한 자원이다. 농사를 지어도 물이 있어야 하고, 밥을 지으려 해도 물이 있어야 하며, 설거지를 하려 해도 꼭 물이 필요한 것이다. 우리 인체에도 물의 함량은 약 70%나 된다고 한다. 그러므로 사람은 물을 섭취하지 않으면 한시도 살아갈 수가 없다.

동양철학에서 이 세상의 구성요소를 다섯 가지로 나누어 놓았으니, 이것이 오행(五行)이다. 즉 금목수화토(金木水火土)이니, 이 오행 중에 하나라도 없으면 이 세상은 이루어지지 않는다. 그러나 그 중에서 가장 귀한 것은 물이라고 할 수가 있다. 왜냐면 우리가 살고 있는 지구의 97%가 물로 되어 있다고 한다. 그래서 오행에서도 물이 숫자로 1이고 불이 2다. 이렇기에 물이 가장 귀중한 재산이다.

아주 옛날에 불이 없었을 때에도 사람들은 살았으나, 만약 물이 없
다면 살아갈 수가 없었을 것이다.

　이렇듯이 물은 만물을 비추기도 하고, 사람의 몸을 씻기도 하며,
또한 마음을 씻어내기도 한다. 이 중에서 마음을 닦아내는 것이 가
장 중요한 것이다.

• **용지약사(容止若思)** : 용모와 행동은 생각하는 듯이 하고,

| 자원(字源) |

容 면(宀)과 곡(谷)의 합자니, 계곡(谷)처럼 텅 빈집(宀)에 무엇이든 **받아들이는(용납하는)** 것이다.

止 一은 지면이고 (ㅑ)은 발뒤꿈치니, 발로 걸어가다가 땅에서 **그치는** 것이다. 스스로 그치는 것은 지(止)이고, 그치게 하는 곳은 정(停)이다.

若 초(艹)와 우(右)의 합자니, 오른손(右)으로 풀(艹)을 뽑는데, 여럿 가운데서 같은 **풀을** 가리는데 구별하기 어려우니, **만약**이란 뜻이 된다.

思 전(田)과 심(心)의 합자니, 두뇌(田)에서 작용하는 마음(心)이라. 즉 **생각하는** 것이다. 창조하는 생각은 사(思)고, 기억하는 생각은 억(憶)이다.

에세이

《예기(禮記)》 옥조(玉藻)에는, 옛날 군자가 수신하고 처세할 적에 견지해야 하는 아홉 가지 몸가짐이 있으니 "발걸음을 경망하게 하지 않고, 손으로 아무 데나 어지럽게 가리키지 말며, 눈은 흘겨보지

말고, 말을 경박하게 하지 않으며, 목소리를 온화하게 하여 괴상한 소리를 내지 말고, 고개를 곧게 세워 마구 갸우뚱거리거나 돌아보지 않으며, 기운을 엄숙하게 하고, 서 있을 때에는 바르게 서서 덕 있는 기상을 지니고, 낯빛을 장중하게 한다〔足容重 手容恭 目容端 口容止 聲容靜 頭容直 氣容肅 立容德 色容莊〕.”고 하였다.

　용지(容止)는 기거동작(起居動作)을 말하니, 사람이 세상에 살면서 하는 모든 동작을 말한다. 그 동작은 안정하게, 편안하게 하라는 것이다.

　요즘의 세상은 마음은 닦지 않고 몸만 예뻐지려고 한다. 속은 텅 비어있으면서 겉만 치장하고서 세상이 마치 자기 것인 양 행동하는 사람들이 아주 많다. 많은 시민이 사용하는 전차 안에서 젊은 여성이 과일이나 옥수수 같은 것을 자기 집에서 먹는 것처럼 아무 거리낌 없이 먹는 여성을 이따금씩 본다. 그리고 요즘은 여름철이라 그런지는 몰라도 젊은 여성들은 자기의 예쁜 다리를 뽐낸다는 것이 장딴지의 하얀 살까지 모두 남에게 보이도록 내놓고 다닌다. 민망하여 앞을 쳐다보지 못한다. 아름다움이라는 것은 살짝 감췄을 때에 나오는 것이지, 모두 다 남에게 보여주면 나중에는 무엇을 보여주려는 것인가! 아래에 필자의 졸작 시 “즉견(卽見)”을 소개한다.

夏女衣裳目不安	하녀(夏女)의 짧은 의상 쳐다보기 불안하고
紅靑色髮豈要冠	홍청색(紅靑色) 염색머리 어찌 갓이 필요한가!
二千歲始希望歲	2000년의 시작은 희망의 해인데
極旱農夫俯田嘆	극한 가뭄에 농부는 밭을 보며 탄식하네.

● **언사안정(言辭安定)** : 말은 안정감 있게 해야 한다.

자원(字源)

言 『설문(說文)』에는 건(辛)과 구(口)의 합자라고 했으나, 지금의 언
(言)자는 二(上)과 二(下)와 구(口)의 합자로 보아서 위와(上) 아래
(下)로 입을 놀려서 **말하는** 것이다.

辭 어지러운 죄(辛)를 다스리는(𤔔)데 **말하는** 것이다. 사(詞)로 통해서
말씀을 뜻하고, 또한 죄(辛)를 받는(受) 사(辤)로 통해서 물러난다,
사양한다는 뜻이 되었다.

安 면(宀)과 여(女)의 합자니, 집(宀)에 계집(女)이 있는 형상이다.
여자가 집안을 지켜 의식주의 일을 잘해야만 집이 **편안한** 것이
다.

定 면(宀)과 정(正)의 합자니, 집안(宀)을 바루어서(正) **자리가 잡힌**
것이다. 안정되는 것은 정(定)이고, 동요하다가 진정되는 것은 정
(靜)이다.

우리의 속담에 "말은 소진(蘇秦)⁴⁷⁾ 장의(張儀)⁴⁸⁾로군!"라고 하는 말이 있다.

《사기(史記)》에 보면, 장의(張儀)는 위(魏)나라 사람으로 진(秦)나라를 위해 연횡책(連衡策)을 가지고 연(燕)·조(趙)·한(韓)·위(魏)·제(齊)·초(楚) 여섯 나라에 유세하여 소진의 합종책(合從策)을 배반하고 진나라를 섬기도록 만들었는데, 뒤에 여섯 나라가 진나라를 배반하자, 위나라로 가서 정승이 되었다. 소진은 낙양(洛陽) 사람으로 맨 처음 진혜왕(秦惠王)을 찾아갔으나 자기 말을 써주지 않자 연·조·한·위·제·초 여섯 나라를 설득하여 진나라에 대항하도록 하고, 여섯 나라의 정승이 되었다.

이상은 "말"의 위력을 보여주는 소진과 장의 두 사람의 행위를 말한 것이니, 말이라는 것은 한 사람이 여섯 나라의 재상이 될 수도 있다는 것을 보여준 예이다.

이 단원은 이러한 달변을 원하는 것은 아니고, 옛 속담에 "말 한 마디 천 냥 빚도 갚는다."라는 말처럼, 온화한 말을 항상 해야 한다

---

47) 소진(蘇秦) : 중국 전국 시대 중엽의 유세가. 소진이 일개 서생 출신으로 지모변설로써 공명부귀를 얻어 그 이름을 천하에 떨쳤기 때문에, 진나라를 위해 연형 책을 썼던 장의와 함께 전국시대 책사의 제1인자로 병칭되고 있다. 그의 동생 소대, 소여도 역시 유세가로서 알려졌다.

48) 장의(張儀) : 중국 전국시대 위나라의 모사. 소진의 주선으로 진나라에서 벼슬살이를 하게 되어 혜문왕 때 재상이 되었다. 연횡책을 주창하면서 위·조·한나라 등 동서로 잇닿은 6국을 설득, 진나라를 중심으로 하는 동맹관계를 맺게 하였다.

는 말이다.

우리나라에도 중국의 소진 장의처럼 말을 잘해서 고려에 많은 이익을 안긴 외교 전략가가 있다. 다름 아닌 서희(徐熙)[49]이니, 993년(성종 12) 거란(契丹)의 내침 때에 중군사(中軍使)로 북계(北界)에 출전했다. 전세가 불리해지자 조정에서는 항복하자는 안(案)과 서경(西京) 이북을 할양하고 강화하자는 안 중에서 후자를 택하기로 했으나, 이를 극력 반대하고 자진해서 국서를 가지고 적장 소손녕(蕭遜寧)에게 가서 담판을 벌였다. 이때 옛 고구려 땅은 거란 소유라는 적장의 주장을 반박하고, 국명으로 보아도 고려는 고구려의 후신임을 설득하여 거란 군을 철수시켰다. 994년 평장사(平章事)로 청천강 이북의 여진족(女眞族)을 축출하고 장흥진(長興鎭)·곽주(郭州) 등을 축성하였으며, 압록강을 진취의 전략기지로 삼았다. 또 압록강 문제를 전담할 압강도구당사(鴨江渡勾當使)를 두게 했으며, 이듬해 안의진(安義鎭 : 安州) 등을 축성하고, 선주(宣州) 등지에 성보(城堡)를 쌓아 지금의 평북 일대의 국토를 완전히 회복했다.

---

49) 서희(徐熙) : 고려 전기의 외교가(942~998). 자는 염윤(廉允). 성종 12년
   (993) 거란이 침입하였을 때에, 적장 소손녕과 담판하고 유리한 강화를
   맺었으며, 이듬해에는 여진을 몰아내었다.

●**독초성미(篤初誠美)** : 처음을 독실하게 하는 것이 진실로 아름다운 것이고,

| 자원(字源) |

篤 『설문(說文)』에는 '종마죽성(從馬竹聲)'이라 했으나, 대나무(竹)로 말(馬)을 만들어 타던 죽마고우는 인정이 **두터운** 것이다. 물건이 두터운 것은 후(厚)다.

初 의(衣)와 도(刀)의 합자니, 포목으로 옷(衣)을 만드는 데는 칼(刀)로서 끊는 것이 **처음**이다. 번수로 처음은 초(初)이고, 사물의 비롯됨은 시(始)이며, 만드는 비롯됨은 창(創)이다.

誠 언(言)과 성(成)의 합자니, 말(言)한 것을 이루(成)도록 하는 **일관된 마음**이다. 말(言) 그대로 사람(亻)이 실행하는 것은 신(信)이다.

美 양(羊)과 대(大)의 합자니, 양(羊)은 큰(大) 것의 맛이 **아름다운** 것이다. 아름다운 물건은 가(佳)이고, 아름답다고 하는 것은 가(嘉)이다.

우리 속담에 '잘 자랄 나무는 떡잎부터 안다.'는 말이 있다. 이는 농부들이 더 잘 아는 이야기이다. 농부는 씨앗을 뿌리고 싹이 트는 것을 보면, 그 싹이 튼실하게 자랄 것인지, 아닌지를 알아서 튼실한 싹은 붓을 주고, 왜소한 싹은 뽑아버린다.

또한 용두사미(龍頭蛇尾)라는 말이 있다. 처음에 시작할 때는 쇠뿔을 빼듯이 달려들지만, 끝에 가서는 마무리를 잘 못하여 뱀 꼬리를 만든다는 이야기이다. 사람이 거의 이런 유가 많다. 그렇기에 용두사미 같은 짓은 하지 말라고 이 용어가 생긴 것이다.

아이들이 공부하는 것도 매한가지이다. 처음에는 모두 쇠뿔을 당기듯이 달려들지만, 이 처음의 마음이 끝까지 달려가지 못하고 중도에서 폐기하는 경우가 너무 많다.

필자도 자식들을 키워보니까, 처음에는 좋은 대학에 들어가는 것이 목표이었는데, 그러나 대학을 나오고 보니 취직이라는 산이 가로놓여 있고, 취직을 하고 나니 좋은 배우자를 만나야 하는 결혼이라는 산이 앞을 가로막고 있는 것을 보았다. 여기까지 모두 잘 치러야 자식을 잘 키웠다고 하는 것이다. 이것이 얼마나 어려운 일인지 모른다. 그래도 학부모들은 힘을 내야 한다. 이는 머리만 좋아서 되는 일이 아니고, 그 뒤에 꾸준한 노력과 이루고야 말겠다는 근성이 있어야 좋은 결과가 나오는 것이다.

이 모든 것이 독초성미(篤初誠美)처럼 처음부터 독실하게 해야 이루어지는 것이다. 사람이 성공하려면 반드시 끊임없이 노력하는 근성이 필요한 것이다.

• **신종의령(愼終宜令)** : 끝마침을 삼가서 마땅히 아름답게 하라.

| 자원(字源) |

愼 심(忄)과 진(眞)의 합자니, 진심(眞心)으로 **삼가는** 것이다. 혼자서도 삼감은 신(愼)이고, 대인(對人)해서 삼감은 근(謹)이다.

終 사(糸)는 연속되는 실이고, 동(冬)은 1년 사계절의 끝이라. 연속해 오던(糸) 것이 **끝마치는**(冬) 것이다. 깨쳐서 마침은 료(了)이고, 일해서 마침은 필(畢)이다.

宜 본래는 면(宀)과 다(多)의 합자였던 것이 차(且)로 변했으니, 집(宀)에는 가족이나 재산이 또(且)한 많은(多) 것이 **마땅**하다.

令 △(集)과 절(卩)의 합자니, △은 세 선이 모인 것이고, 卩은 약속한 신호라. 모이도록 신호로서 **하여금** 하는 것이니, **아름답다**는 뜻도 있다.

에세이

'끝맺음을 잘해야 한다〔有終之美〕.'고 하는 말이 있다. 이는 위 문장에서 이어지는 말씀이니, 영(令)자가 운(韻)이다.

이명박 대통령이 서울시장에 재직하면서 복개된 청계천을 뜯어내고, 그곳에 물을 대어서 옛적에 흐르던 청계천을 재현함으로서, 명성이 올라서 대통령에 출마하여 피선된 것이다. 지금은 맑은 물이 흐르는 청계천 변이 시민들이 운동하고 휴식하는 공간이 되었으니, 그것을 만든 사람을 어찌 싫어하겠는가! 이러한 것은 유종의 미를 거두었다고 하는 것이다.

봄에 농부가 씨를 뿌리는 것도 가을에 풍성한 수확을 기대하고 씨앗을 뿌리는 것이다. 풍성한 수확을 얻으려면 봄부터 가을까지 쉴 사이 없이 노력을 기울여야 한다. 만약 조금이라도 게으름을 핀다면, 어느새 찾아왔는지도 모를 병충해가 농사를 망치고 마는 것이다. 그러므로 끝까지 노력해야만 아름다운 가을, 풍성한 수확을 이룰 수가 있는 것이다.

농사 중에는 자식농사가 있다. 인생의 가장 중요한 것은 자식농사인 것이다. 누군들 집안이 잘되는 것을 마다하겠냐마는 자식을 잘 키우는 것은 그렇게 녹록하지가 않다. 경주의 최부자가 자기가 사는 곳에서 100리 안에 사는 사람 중에 굶는 사람이 없게 하라고 가르쳤다는 말은 시사(示唆)하는 바가 많다.

공자가 주역의 곤괘 문언(文言)에 언급한 '착한 일을 많이 쌓은 집안에는 반드시 남은 경사가 있다〔積善之家 必有餘慶〕.'고 한 것은, 한 번 왔다가는 인생에서 반드시 좋은 방향으로 유종의 미를 거두라는 말씀인 듯싶다. 그러므로 말도 신중하게 해야 하고, 행위도 신중하게 해서 좋은 결실을 맺어야 한다.

• **영업소기(榮業所基)** : 영화로운 일은 기인(꼭 그렇게 되어야 하는)한 바가 있고,

| 자원(字源) |

榮 영(炏)과 목(木)의 합자니, 영(炏)은 빛나는 불꽃(炊)이 덮여(冖)있는 것이다. 나무(木)가 끝마다 **꽃이 피어서 찬란한** 것이다. 나무의 꽃은 영(榮)이고 풀꽃은 영(英)이다.

業 삭(丵)은 풀이 많이 나서 서로 엉켜있는 것이다. 나무(木) 가지가 엉켜있는 것처럼 사람의 한 **일**이 서로 엉켜 쌓인 것이다.

所 『설문(說文)』에는 '伐木聲'이라 했으나, 도끼(斤)로 소나무를 쳐서 집(戶)을 짓는 **곳**이다.

基 그(其) 땅(土)은 어떤 건물을 짓는 **터**다. 건물을 짓는 터는 기(基)이고, 건물이 있는 터는 대(坮)이며, 건물이 헐린 터는 허(墟)이고, 흔적만 남은 터는 지(址)이다.

에세이

위의 문장을 이어받은 문장이니, 결론적으로 말하면 사람이 영화

롭거나 가정이 영화로운 것이 모두 자연적으로 온 것이 아니고, 그
렇게 되려면 그 조상들이 그만큼 많은 덕을 쌓았기 때문에 왔다는
것을 말한 것이다.

경주의 최 부잣집은 9대를 내려오면서 진사(進士)를 하였고, 경주
에서 제일가는 부자로 살았다고 하니, 그렇다면 어떻게 살았기에
그렇게 오랫동안 부유함을 유지하였는지를 알아보려고 한다. 우선
최 부잣집의 가훈을 알아보자.

경주 최 부잣집의 육훈(六訓)

1. 과거(科擧)를 보되, 진사(進士) 이상은 하지 마라.
   (당쟁에 얽히지 말라는 뜻)

2. 재산은 만 석 이상 지니지 마라.
   (욕심을 부리지 말고 사회에 환원하라는 뜻)

3. 과객(過客)을 후하게 대접하라.
   (인정을 베풀어 적을 만들지 말라는 뜻)

4. 흉년(凶年)에는 땅을 사지 마라.
   (가진 자로서 없는 자의 재산을 착취하지 말라는 뜻)

5. 며느리들은 시집온 후 3년 동안 무명옷을 입어라.
   (검소하고 절약하라는 뜻)

6. 사방 백 리 안에 굶어죽는 사람이 없게 하라.
   (상부상조하라는 뜻)

이상이 최 부잣집의 가훈이다. 필자가 2007년경에 이곳을 방문하
였는데, 영남대학교에서 교수를 파견해서 자세한 설명을 하는 것을
본 일이 있다.

9대를 이어서 진사를 했다는 것은, 대략 270년간을 진사를 하면서 그 부유함을 유지하였다는 것이니, 참으로 대단한 것이었다. 위에 열거한 가훈처럼 과객(過客)을 후히 대하고, 흉년이 들면 가난한 자가 내놓은 땅을 사지 말라는 것은, 빈한한 사람들이 흉년이 들면 먹고살기 위해서 자기의 땅을 싸게 내놓는 것이니, 이를 사지 말라는 것이고, 사방 백 리 안에 굶는 사람이 없게 하라는 것은, 그 지역의 경제를 책임져서 굶어죽는 사람이 없도록 하겠다는 것이니, 이 얼마나 훌륭한 처세인가! 그렇기에 지금까지도 "경주의 최 부자"를 사람들이 입으로 회자하는 것이 아닌가! 반드시 사람이 영화로운 것은 그 선대(先代)나, 아님 자신이 많은 적선(積善)을 했기 때문에 생긴 것임을 말한 문장이다.

● **적심무경(籍甚無竟)** : (이러한 자는) 명성이 자자(藉藉)하여 끝이 없을 것이다.

| 자원(字源) |

籍 죽(竹)과 자(耤)의 합자니, 옛적에 종이가 없을 때는, 대(竹)쪽을 빌려(耤)서 글을 썼으므로 **문서**를 지칭하는 것이다. 대쪽에 널리 기록하는 것은 부(簿)이다.

甚 감(甘)과 필(匹)의 합자니, 감(甘)은 단맛이니 식욕이고, 필(匹)은 짝이니 색욕(色慾)이라. 식색(食色)의 욕심은 누구나 **심한** 것이다.

無 본래는 천(天)자의 서북방 획을 굽혀서 무(无)로 썼는데, 진한(秦漢) 이후로 숲(林)이 무성(茻)한 橆(茂)자의 아래 임(林)을 화(火)로서 태웠으니, **없는** 것이다.

竟 음(音)과 인(儿)의 합자니, 음악의 소리(音)를 길게 빼다가 그쳐(儿)서 **끝마침**이라. 드디어 마침은 경(竟)이고, 깨쳐서 마침은 료(了)이고, 성공해서 마침은 종(終)이다.

에세이 🌱

적(籍)자는 자(藉)와 통용하는 글자로, 이곳에서는 자심(藉甚)으로 읽어야 한다. 옛적에 천자문은 어린아이에게 글자를 가르치는 용도로 사용하였으므로 적(籍)자를 적으로 읽던, 자(藉)로 읽던, 하등 상관이 없었으므로 그냥 '호적적'으로 배웠지만, 문장의 뜻이 통하게 배우려면 '명성(名聲)이 낭자(狼藉)하다.'는 자(藉)로 읽어야 문맥이 통한다. 이러한 것은 천자문에 또 있다. 즉 '신수열장(辰宿列張)'에서 신수(辰宿)를 가르칠 때에 '별진 잘숙'으로 가르쳤는데, 실은 '별신 별수'로 해야 옳은 것이다. 즉 별이 하늘에 열 지어 있다, 라는 말이다.

우리가 너무나 잘 아는 조선의 명장 이순신 장군의 이야기를 잠깐 하기로 하자. 이순신 장군은 임진왜란이 일어나자 조선의 수군을 지휘하여 일본의 수군과 싸워서 연전연승하여 왜군의 가슴을 서늘하게 만들었다. 또한 지략이 좋아서 거북선을 세계 최초로 건조하여 왜선을 격퇴시킨 명장이다.

조선의 곡창지대는 전라도인데, 왜선이 바다를 이용하여 전라도로 오는 길목을 차단하여 전라도에 왜군이 침범하지 못하게 하였으므로, 조선이 7년의 전쟁을 승리로 마칠 수 있는 결정적 역할을 한 장군이다. 물론 이순신 장군 한 사람이 모든 것을 다 한 것은 아니다. 육지에서는 각지에서 의병들이 일어나서 지방의 곳곳에서 왜군과 싸워서 많은 전과를 올린 사례가 얼마든지 많다. 필자의 14대조인 인봉(仁峰) 전승업(全承業) 선생도 중봉(重峯) 조헌(趙憲) 선생과 같이 창의(倡義)하여 많은 공을 세웠다. 그러나 그 중에서 이순신 장군의 공이 혁혁하기 때문에 지금까지도 이순신 장군의 이름을 말하는 것이다.

이렇게 국가와 백성을 위해서 목숨을 바치거나 일을 하면, 그 사람의 공명(功名)이 자자(藉藉)하여 끝이 없다는 말이다.

● **학우등사(學優登仕)** : 학문이 넉넉하면 벼슬을 하고,

| 자원(字源) |

學 덮어(冖) 쓰인 몽매한 아이(子)가 두 손(臼)을 들어서 좋은 본을 받아(爻)들임이니, 즉 가르침을 **배우는** 것이다.

優 남(亻)의 근심(憂)까지 근심해주는 사람은 마음이 **넉넉한** 것이다.

登 발(癶)과 두(豆)의 합자니, 등(登)은 높은 그릇(豆)에 고기(肉)를 손(又)으로 올리는 것인데, 癶은 조금씩 가는 것이나, 위로 **올라간** 것이다.

仕 인(亻)과 사(士)의 합자니, 선비(士) 사람(亻)이라. 그는 수양을 해서 나쁜 사심을 없앴을 것이니, 공정한 마음으로서 국가사회에 **벼슬**하는 것이다.

에세이

　《대학(大學)》에 나오는 수신제가치국평천하(修身齊家治國平天下)가 유학(儒學)의 대강령이다. 먼저 자기를 수양하고 다음에는 집안을 가지런히 다스리고, 다음에는 조정에 나가서 벼슬을 하여 나라

를 잘 다스리고, 다음에는 천하의 사람들이 모두 편안히 살 수 있는 세상을 만드는 것이다.

그러므로 유학(儒學)의 이상을 기본 강령으로 받아들인 조선에서는, 수신제가(修身齊家)한 많은 학자(學者)들이 조정에 벼슬하여 좋은 사회를 만들려고 많은 노력을 하였다. 그리고 학문을 숭상하여 학자를 우대했으며, 또한 청백한 관료를 포장(褒獎)하는 제도를 만들어서 청백리를 선발하였다.

사람이 벼슬을 하여 높은 자리에 앉으면 권세가 생겨서 거만해져서 결국은 부패한 관료로 떨어지기가 쉬운 것인데, 청백리를 선정하여 우대하는 제도가 있으므로 인해서, 자칫 부패에 빠지려는 마음을 바로잡으려고 하였던 것이다.

또한 나라가 위급할 때에는 팔을 걷어붙이고 나가 싸워서 국가의 위난을 구하는 것이 선비의 정신인 것이다. 조선의 문묘에 배향된 18현 중에서, 화평한 세상에는 국가에 벼슬하여 백성을 편히 살게 하고, 국가에 위난이 있을 때에는 주저 없이 나가서 싸워야하는 것이니, 이렇게 한 사람은 단 한 사람뿐이다. 그가 중봉(重峯) 조헌(趙憲) 선생이다. 그러므로 중봉 선생이 위대한 것이다.

죽산 안씨에 호(號)가 은봉(隱峯)인 안방준(安邦俊)[50]이라는 학자가 있다. 그는 선비는 포은(圃隱) 정몽주 선생과 중봉(重峯) 조헌 선생을 본받아야 한다는 뜻으로, 포은(圃隱)의 은(隱)자와 중봉(重峯)

---

50) 안방준(安邦俊) : 조선 중기의 학자(1573~1654). 자는 사언(士彦). 호는 은봉(隱峯)·우산(牛山). 임진왜란, 정묘호란, 병자호란 따위의 국난 때에 의병을 일으켰으며 성리학에 밝았다.

의 봉(峯)자를 따서 자신의 호를 삼았다고 한다. 포은 선생은 고려에 충성하면서 나라를 지키려고 반역세력과 싸우다가 이방원에게 죽임을 당하였다. 그러므로 그의 충절은 죽기까지 변하지 않았으니, 과연 위대한 것이다.

선비는 공부를 해서 넉넉한 사람이 되면, 위에 열거한 사람들처럼 국가를 위하는 사람이 되어야 한다. 이는 학우등사(學優登仕) 이후에 할 일이다.

●**섭직종정(攝職從政)** : 직무(職務)를 집행하고 정무(政務)에 참여한다.

| 자원(字源) |

攝 수(手)와 섭(聶)의 합자니, 여러 귀(聶)를 겸해서 한 손(扌)에 잡고 말해주는 것이다. 즉 **끼어드는** 것이다.

職 이(耳)와 직(戠)의 합자니, 윗사람의 명령을 듣고(耳) 알아서(戠) 사무를 보는 **직업**이다.

從 본래는 종(从)으로 썼으니, 한 사람(人)에 또 한 사람(人)이 따르는 것인데, 뒤에 또한 착(辶)을 덧붙였으니, **따라가는** 것이다. 뜻을 따름은 종(從)이고, 뒤를 따름은 수(隨)다.

政 정(正)과 복(攵)의 합자니, 백성을 바르도록(正) 쳐(攵)서 지도해 질서를 세우는 **정치**다.

에세이

　우리 역사는 단군에서부터 조선의 말에 이르기까지, 직장이라는 것은 오직 나라에 벼슬하여 국가의 일을 하는 것이었다. 이외의 일은 남의 집에서 머슴을 살거나, 마름을 하는 것 외에는 장사하고 고기를 잡고 농사를 짓는 것뿐이었다.

그러나 오늘날은 산업이 발달하고 교통이 편리해졌으며, 세계가 한 가족처럼 된 상황이고, 외국의 일이 곧 우리의 일이 된 이 시점에서, 직장은 공무원만 있는 것이 아니고, 공사(公社), 개인회사, 외국인회사, 은행 등 수만 개에 이른다. 불과 100년 사이에 이렇게 많은 직장이 생긴 것이다.

그러므로 꼭 정사(政事)에 참여해야만 되는 것은 아니다. 보다 많은 봉급을 받고 보람찬 생활을 하면, 이는 복을 받은 것이다. 이 단원의 섭직종정(攝職從政)은 위의 문장을 이은 것으로, 착한 일을 많이 하고 덕을 많이 쌓으면, 그 음덕으로 자손들이 정부의 관료가 되어서 정사에 참여하는 복을 받는다는 내용이니, 이는 좋은 직장을 말하는 것이다.

● **존이감당(存以甘棠)** : 감당(甘棠) 나무 아래 머물렀는데,

ナ ナ 存 存	㇗ ㇗ 以 以	一 艹 廿 甘	业 学 岩 棠
있을 **존**	써 **이**	달 **감**	아가위 **당**

자원(字源)

存 재(才)와 자(子)의 합자니, 아이(子)의 자질(才)이라. 물건이 생성해 **있는** 것이다. 존(存)한 것은 반드시 망(亡)하는 것이고, 유(有)한 것은 본시 무(無)에서 오는 것이다.

以 본시는 目 이렇게 썼던 것이 해자로 변한 것이니, ㇗와 인(人)의 합자라. 사람(人)이 도구(㇗)로**써** 일을 하는 것이다. 일하는 도구로써 하는 것은 이(以)고, 목적을 위해 쓰는 것은 용(用)이다.

甘 曰은 지(旨)의 고자(古字)니, 맛좋은 것인데, 맛 중에는 **단것**이 최상이라. 구(口)자의 양쪽 종선이 위로 올라간 것이다.

棠 상(尚)과 목(木)의 합자니, 상(尚)은 음을 나타내고, 목(木)은 훈을 나타낸 형성문자이니, **아가배나무**이다.

에세이

　감당(甘棠)의 시는 어진 관리의 아름다운 정사를 칭송하는 시이다.

"소공(召公)의 성(姓)은 희(姬)이고, 이름은 석(奭)이다. 기원전 11세기 때의 사람으로 주(周)나라 왕실(王室)의 일족(一族)이다. 소(召, 지금의 陝西 歧山) 지역을 식읍(食邑)으로 하여 소공(召公)이라고 부르며, 소공석(召公奭), 소백(召伯), 소강공(召康公), 주소공(周召公)이라고도 한다. 주(周) 성왕(成王) 때에 삼공(三公)의 위(位)에 올랐으며, 태보(太保)의 직책(職責)을 맡았다.

무왕(武王)을 도와 상(商)을 멸망시키고 주(周)를 건국하는 데 큰 공을 세워 연(燕, 지금의 河北 북부)을 분봉(分封)받아 전국시대(戰國時代) 칠웅(七雄) 가운데 하나인 연(燕)의 시조(始祖)가 되었다. 하지만 소공(召公)은 직접 연(燕)을 다스리지는 않고, 호경(鎬京, 지금의 陝西省 長安縣)에 머물러 있으면서 장자(長子)인 희극(姬克)을 계(薊, 지금의 北京)로 보내 다스렸다.

소공(召公)은 주(周) 문왕(文王)부터 강왕(康王)까지 4대에 걸쳐 정사(政事)를 돌보았는데, 특히 무왕(武王)이 죽고 성왕(成王)이 어린 나이로 즉위하자, 주공(周公) 희단(姬旦)과 함께 훌륭히 보필하여 주(周) 왕조(王朝)의 기반을 확립하였다. 소공(召公)과 주공(周公)은 각각 주(周)를 동서(東西)로 나누어 다스렸는데, 주공(周公)은 낙읍(洛邑, 지금의 河南省 洛陽)에 머물면서 동쪽 지역의 제후(諸侯)들을 관장하였고, 소공(召公)은 서쪽 지역을 다스렸다. 소공(召公)이 다스렸던 지역에서는 후백(侯伯)부터 서인(庶人)까지 모두 제 할 일을 얻어 실직자가 없었다는 말이 나올 정도로 모범적인 통치가 이루어졌다고 전해진다. 그는 곳곳을 순시하며 백성들의 어려움을 살폈는데, 감당(甘棠) 나무 아래에서 백성의 송사(訟事)를 듣고 공정하게 해결해 주어 후대(後代)에도 사람들이 소공(召公)을 대하듯 그 나무를 대하며 그의 선정(善政)을 기렸다고 한다. 여기에서 어진 정치를 펼친 사람을 그리워하는 마음을 나타내는 '감당지애(甘棠之愛)', '감당유애(甘棠遺愛)' 등의 성어(成語)가 비롯되었다. 그리고 〈시경(詩經)〉에도 "우거진 저 감당 나무 자르지도 말고 베지도 마십시오. 소백께서 지내셨던 곳입니다. 우거진 저 감당 나무 자르지도 말고 꺾지도 마십시오. 소백께서 쉬셨던 곳입니다. 우거진 저 감당 나무 자르지도 말고 휘지도 마십시오. 소백께서 즐기셨던 곳입니다〔蔽芾甘棠 勿翦勿伐 召伯所茇. 蔽芾甘棠 勿翦勿敗 召伯所憩. 蔽芾甘棠 勿翦勿拜 召伯所說〕."라는 민요(民謠)가 실려 있다.

- **거이익영(去而益詠)** : 소공(召公)은 갔으나, 그러나 더욱 감당시(甘棠詩)를 읊었다.

| 자원(字源) |

去 본래는 대(大)와 거(厶)의 합자였던 것이 대(大)는 토(土)로 변한 것이다. 厶는 그릇이고 大는 뚜껑이니, 그릇을 써야 할 때는 뚜껑이 **가버려**야만 되는 것이다.

而 갑골(甲骨)문자에서는 턱과 수염을 그렸던 것이 전자(篆字)에서 해자(楷字)로 변했으나, 이것이 **접속사**로서 위(一)에 문장에 이어(丨) 문장을 전개(朮)하는 것이다.

益 슶은 ☵(坎)괘의 변형이니, 물을 의미하는 것이다. 그릇(皿)에 물(슶)을 **더하는** 것이다.

詠 언(言)과 영(永)의 합자니, 말(言)을 길게(永) 빼서 **읊는** 것이다. 소리를 길게 뺌은 영(永)이고, 소리를 곡조에 맞춰서 함은 가(歌)이며, 소리를 크게 내는 것은 창(唱)이다.

옛적에는 왕이나 관료가 선정을 베풀면, 그에 감화된 백성들은 이를 노래로 만들어서 불렀다고 한다. 우리들이 야외에서 음식을 먹을 때에는 으레 "고시래"라고 하는데, 이는 우리나라 고조선의 단군왕검 때에 농정을 맡아 백성들이 잘 살도록 정사를 편(고시)를 기려서 "고시래"라고 한다.

이 외에도 신라의 선화공주와 백제의 무왕과의 선화가 유명하다. 이 이야기는,

"선화공주는 진평왕의 셋째 딸로 용모가 무척 아름다웠는데, 이를 연모(戀慕)한 서동(薯童), 즉 후일 백제의 무왕(武王 : 재위 600~641)이 《서동요(薯童謠)》를 짓고, 선화공주가 밤마다 남몰래 서동을 만난다는 소문을 신라의 서울인 금성(金城)에 퍼뜨렸다.

마을의 아이들이 노래를 부르며 돌아다니자 진평왕은 선화공주의 행실이 부정(不貞)하다 하여 귀양을 보냈다. 귀양 가는 도중에 서동이 나타나 그녀를 구출해주고 두 사람은 백제로 건너가 결혼하였다."라고 하고, 《삼국사기(三國史記)》에 의하면 "서동은 법왕의 아들로서 후에 무왕이 되었고, 따라서 선화공주는 그의 왕비가 되었다. 선화공주는 무왕에게 청하여 전라북도 익산에 미륵사(彌勒寺 : 왕흥사라고도 함.)를 창건하였고 무왕과 사이에서 아들 의자(義慈)를 낳아 태자로 삼았다."라고 한다.

우리가 잘 아는 《시경(詩經)》은 모두 이러한 사실적인 이야기를 노래로 만들어 부른 것을 모은 책이다. 사람이 많은 덕을 베풀면, 그 덕을 입은 사람들은 잊지를 않는 것이니, 우리는 세상을 선(善)하게 살아야 하지 않겠는가!

제6장 오륜(五倫)

악수귀천(樂殊貴賤) · 예별존비(禮別尊卑) · 상화하목(上和下睦) · 부창부수(夫唱婦隨) · 외수부훈(外受傅訓) · 입봉모의(入奉母儀) · 제고백숙(諸姑伯叔) · 유자비아(猶子比兒) · 공회형제(孔懷兄弟) · 동기연지(同氣連枝) · 교우투분(交友投分) · 절마잠규(切磨箴規)

• **악수귀천(樂殊貴賤)** : 음악은 귀천을 달리 하였고,

풍류 **악**

다를 **수**

귀할 **귀**

천할 **천**

| 자원(字源) |

樂 나무(木)로 만든 대 위에 管(白)과 絃(幺) 악기로 음악을 하고 **즐기는** 것이다. **좋아한다**는 뜻에서는 음이 요다.

殊 주(朱)는 주(誅)의 약자로서 죽인 해골(歹)은 머리와 몸통이 끊긴 것이다. 하나가 둘로 달라진 것이니, 그는 보통 있는 일이 아니라 **특수한** 것이다.

貴 중(中)과 일(一)과 패(貝)의 합자니, 중(中)으로 일(一)관해 쓰는 재물(貝)은 **귀한** 것이다.

賤 패(貝)와 잔(戔)의 합자니, 잔(戔)은 창으로 쳐서 남은 것이 작다는 뜻이다. 재물(貝)이 적(戔)고 남은 것이 적음은 즉 **천한** 것이다.

에세이

《주역(周易)》 계사(繫辭) 상(上)에 보면, "하늘은 높고 땅은 낮으니, 건곤(乾坤)이 정해졌고, 낮고 높음이 펼쳐졌으니 귀천(貴賤)이 자리했으며, 동정(動靜)이 떳떳함이 있으니 강유(剛柔)가 판단되고, 방소로

유(類)를 모으고 물건으로써 무리를 나누니 길흉(吉凶)이 생기고, 하늘에는 형상을 이루고 땅에서는 형용을 이루니 변화가 나타났다〔天尊地卑 乾坤 定矣 卑高以陳 貴賤 位矣 動靜有常 剛柔 斷矣 方以類聚 物以群分 吉凶 生矣 在天成象 在地成形 變化見矣〕."고 하였다.

고대 중국의 제왕이 음악과 예의를 제정한 것은, 주로 덕성을 함양하고 존비귀천의 질서를 바로잡으려고 한 것이다.

음악을 연주함에 있어서는, 천자는 팔일무(八佾舞)를 춘다 하여 영인(伶人) 8명씩을 종횡으로 열을 지어 세워서 64명이 춤을 추게 하였고, 제후(諸侯)는 48명, 대부(大夫)는 32명, 사(士)는 16명을 사용하는 등 군신 간의 귀천에 따라 음악의 제도를 달리한 것이다. 또한 묘제(廟制), 즉 사당의 제도도 천자는 7묘(廟), 제후는 5묘(廟), 대부(大夫)는 3묘(廟), 상사(上士)는 2묘(廟), 중(中)·하사(下士)는 1묘(廟)로 하고 서인(庶人)·서사(庶士)는 묘(廟)가 없고 침실에서 제사하였다.

또한 복제(服制)에도 전자는 12장(章), 공(公)은 9장(章), 후(侯)·백(伯)은 7장(章), 자(子)·남(男)은 5장(章), 사(士)는 조화(藻火)뿐이었고, 보행(步行)에도 부치(父齒)에는 수행(隨行)하고 형치(兄齒)에는 안행(雁行)하며, 붕우(朋友)에는 불상유(不相踰) 등으로 존비(尊卑)에 따라 예제를 달리 하였다.

오늘날과 같은 평등한 세상에도 귀천은 있으니, 높은 자리에 앉은 사람은 귀한 것이고 낮은 자리에 앉은 사람은 천한 것이다. 호텔에 들어가도 비싼 방이 있는가 하면 싼 방도 있으며, 비행기를 타도 이코노미, 비즈니스, 퍼스트 등의 등급으로 구분이 되어 있으니, 이도 엄밀히 말하면 귀천이 되는 것이다. 그러므로 위에서 말한 것처럼 귀천은 이 세상이 생기면서부터 있는 것이니, 산은 높고 계곡은 낮은 것처럼 그렇게 귀천은 나뉘는 것이다.

• **예별존비(禮別尊卑)** : 예(禮)는 높고 낮음을 분별한다.

| 자원(字源) |

禮 예(豊)는 높은데 드리는 높은 그릇인데, 그곳에 식물을 담아서 **정성스러운 정신**(示)으로 표시하는 것이다. 착한 마음은 인(仁)인데, 그의 행동은 **예(禮)**가 된다.

別 과(另)와 도(刀)의 합자니, 칼(刀)로써 나누어(另)져서 서로가 **다른** 것이다. 나눠서 다른 것은 별(別)이고, 나눠서 있는 것은 분(分)이다.

尊 맑은 술(酋)을 노소가 모여서 잔을 돌리는데, 법도(寸)있게 **높은** 사람부터 시작하여 낮은 데로 내려오는 것이다.

卑 甶는 술을 뜨는 그릇이고 십(十)은 여럿을 뜻하니, 여럿이 쓰는 그릇은 **천한** 것이다. 존(尊)의 반대로 낮게 함은 비(卑)이고, 고(高)의 반대로 낮은 위치는 저(低)이다.

에세이

조선의 문학가 정철 선생의 시 한 수를 적는다. 사람으로서 사람다운 행동을 하지 않으면 말과 소에다 갓을 씌워 밥을 먹이는 것과 같다고 하였다.

마을 사람들아 옳은 일 하자스라
사람이 되어 나서 옳지 못하면
마소를 갓 고깔 씌워 밥 먹이나 다르랴

사람이 이 세상을 살아가는 데는 사례(四禮)라는 것이 있다. 즉 관례(冠禮), 혼례(婚禮), 상례(喪禮), 제례(祭禮)가 이것이다. 관례라는 것은 요즘으로 말하면 성인식이고, 혼례는 결혼하는 것을 말하며, 상례(喪禮)는 초상이 나면 예에 따라 장사를 지내는 것을 말하고, 제례(祭禮)는 제사지내는 것, 즉 사대봉사(四代奉祀)를 말한다. 또한 사제(師弟) 간에는 사제(師弟)의 예가 있고, 상관을 대하는 것과 부하직원을 대하는데도 각각 예의가 있는 것이다.

부부간에는 부부의 예가 있고, 부자간에는 부자의 예가 있으며, 붕우(朋友)간에는 벗의 예가 있고, 장유(長幼) 간에는 장유의 예가 있다. 《예기(禮記)》 곡례 상(曲禮上)에 "나이가 배나 더 많은 사람에게는 아버지처럼 섬기고, 10년이 더 많은 사람에게는 형처럼 섬기고, 5년이 더 많은 사람과는 어깨를 나란히 하고 걷되 조금 뒤처져서 따라간다〔年長以倍 則父事之 十年以長 則兄事之 五年以長 則肩隨之〕."라는 말이 나온다. 이는 인간관계에서의 예의를 말한 것이니, 사람이 만물의 영장이 되는 것은 물론 지혜가 있어서 그런다고 하지만, 이보다 더 중요한 덕목인 예절이 있기 때문이다.

만약에 사람이 사람으로서 사람의 대접을 받지 못한다면 이 얼마나 서글픈 일인가! 그러므로 예절바른 사람이 되어서 누구에게도 민폐를 끼치는 사람이 되어서는 안 된다. 이 세상은 혼자 사는 공간이 아니라, 더불어 사는 사회이기에 더욱 예절을 지킬 줄 아는 사람이 되어야 하는 것이다.

• **상화하목(上和下睦)** : 윗사람은 온화하고 아랫사람은 화목해야 하고,

| 자원(字源) |

上 一을 기준으로 해서 그 위에 한 ㆍ를 쳐서 위를 표시하고, 또 그 위로 ㅣ을 그어서는 **올라가는** 것을 뜻하였다.

和 화(禾)와 구(口)의 합자니, 벼(禾)가 처음 필 때 헛껍질이 터진(口) 것이 화분을 수정해서는 입을 다물듯이 전체로 **합하는** 것이다. 입(口)을 합(厶)함은 합(合)이다.

下 一을 기준으로 해서 그 아래에 한 ㆍ를 쳐서 아래를 표시하고, 그 밑에 ㅣ을 그어서 **내려가는** 것이다.

睦 목(目)과 육(坴)의 합자니, 육지(坴)처럼 후중한 마음의 눈(目)으로 **친하게** 되는 것이다. 화친하는 행동은 목(睦)이고, 화합하는 형용은 목(穆)이다.

에세이

이 세상에 화목(和睦)만큼 아름다운 단어는 없다. 사람은 사회적

동물이라 했다. 즉 사람은 모여서 일을 하고 정보를 교환하며, 서로 사랑하고 더불어 살아가는 것이 행복이라는 것이다.

상하의 관계는 상관과 부하, 임금과 신하, 아버지와 아들, 어른과 어린이, 형과 아우, 언니와 동생 등 다양한 관계가 있으니, 이러한 상호 관계에서 화목하지 않으면 관계는 깨지고 만다. 그러므로 상관은 온화한 모습으로 부하직원을 대해야 하고, 부하직원은 공경하는 마음으로 상관을 대해야 한다.

상명하복(上命下服)의 관계는 군대에서 가장 적합한 용어이다. 그러나 이러한 관계에도 윗사람은 온화하게 합리적인 방법으로 명령을 내려야 하고, 아랫사람은 상관을 거스르지 말고 가능한 복종해서 상하의 관계가 화목하게 되어야 한다.

《사기(史記) 권(卷) 55 유후세가(留侯世家)》에 있는 장량(張良)[51]의 고사(故事)를 알아보기로 하자. "장량이 일찍이 하비(下邳)의 다리 위에서 황석공(黃石公) 노인을 만났는데, 그 노인이 짐짓 자기 신을 다리 밑으로 떨어뜨리고는 장량에게 가서 주워 오라고 하므로, 장량이 마지못해 내려가서 신을 주워 오자, 그 노인은 또 그 신을 자기 발에 신기라고 하므로, 장량이 공손하게 꿇어앉아서 그 신을 신

---

51) 장량(張良) : 한(漢)나라의 개국공신으로, 그의 선대(先代)는 한(韓)나라의 다섯 왕에 걸쳐 재상이 되었다. 한나라가 망한 뒤에 장량은 가재(家財)를 털어 복수를 꾀하다가 한고조(漢高祖) 유방(劉邦)을 도와 마침내 진나라를 멸망시키고는, "이제 세 치 혀로 제왕의 사부(師傅)가 되어 만호후(萬戶侯)에 봉해졌으니, 포의(布衣)의 선비로서는 극치라, 나의 분수에 족하다. 원컨대 인간사를 버리고 적송자(赤松子)를 따라 노닐고자 한다."하고는, 신선이 되고자 벽곡(辟穀)을 하였다 한다. 《漢書 張陳王周傳》

겨주었더니, 그 노인이 속으로 "이 아이는 가르칠 만한 아이다." 생
각하고 장량에게 《태공병법(太公兵法)》 한 권의 책을 주므로, 장량
이 그때부터 이 책을 열심히 공부하였는데, 뒤에 한(漢)나라 고조
(高祖)를 보좌하여 천하를 통일하게 되었다는 고사에서 온 말이다.

　상화하목(上和下睦)은 상하의 관계에서 서로 잘해야 한다는 의미
이다. 윗사람은 아랫사람을 온화하게 감싸고 아랫사람은 윗사람을
공경해야 두 사람의 관계가 원만하게 유지되는 것이다. 사람은 이
세상을 살아가면서 남을 배려하는 마음을 가져야 큰 인물이 될 수
가 있다. 만일 자기만 위해 달라고 한다면, 이는 소아병적인 사람이
니, 절대로 원만한 대인관계가 될 수가 없다.

- **부창부수(夫唱婦隨)** : 남편이 먼저 말을 꺼내면 부인은 따라야 한다.

자원(字源)

夫 이(二)와 인(人)의 합자니, 두 사람(二人)이 일체가 된 집에서 아내의 책임까지 진 **남편**이다.

唱 구(口)와 창(昌)의 합자니, 입(口)으로 소리를 성(昌)하게 내서 **부르는** 것이다. 노래를 부르는 것은 창(唱)이고, 매력으로 사람을 즐겁게 함은 창(倡)이다.

婦 여(女)와 추(帚)의 합자니, 비(帚)를 들고 가정을 청소하는 여자(女)는 **며느리**다.

隨 수(逌)는 힘이 적은 왼쪽(肴)이 힘이 센 오른쪽이 가는(辶)대로 따라가는 것인데, 또 언덕(阝)처럼 높은 것을 앞세우고 **따르는** 것이다.

에세이

부부는 남녀가 일체가 된 한몸이다. 남자는 양기(陽氣)를 받고 태어났고, 여자는 음기(陰氣)를 받고 태어났다. 음양이 함께 있어야 융합이 되는 것인데, 모두 한쪽만 가지고 있으니 온전하지 못하다. 그래서 서로 부족한 면을 채우려고 결혼을 하는 것이다.

양기를 타고 난 남자는 힘이 세므로 밖에서 일을 하고, 음기를 타고난 여자는 힘이 약하므로 집안에서 살림을 하며 아이를 기르는 것이니, 이것이 옛적에 남녀관계의 설정이다. 지금은 두뇌로 하는 일이 많으므로 여성들도 사회에 나와서 많은 활동을 한다. 여자는 섬세하므로 이러한 유형의 일은 여자가 남자보다 낫게 할 수가 있다.

남녀의 관계는 옛적에는 천지(天地)의 관계로 보아서, 하늘이 비를 내리면 땅은 받아들이고, 하늘이 비를 내리지 않으면 땅은 황막해진다. 모든 것을 하늘이 하는 대로 따라가는 것이다. 이러한 기본적 관계를 보아서 부창부수(夫唱婦隨)라는 말이 나온 것 같다.

본문은 관윤자(關尹子)⁵²⁾의 삼극(三極)에서 "천하에 세 가지의 이치가 있으니, 남편은 부르고 부인은 따르고, 수컷은 달리고 암컷은 쫓아가며, 수새는 울고 암새는 응한다〔天下三理 夫者唱婦者隨 牡者馳牝者逐 雄者鳴雌者應〕."고 하였다.

모름지기 남녀가 결혼하여 한 가정을 이루니, 이는 천하의 대사(大事)이고 상법(常法)인 것이다. 여기에서부터 시작하여 일가친척과 사회와 국가로 발전하는 것이다.

---

52) 관윤자(關尹子) : 1권으로 되어 있으며, 주(周)나라의 윤희(尹喜)가 찬한 책이라고 하는데, 실은 후대 사람이 의탁해서 지은 책으로 오대 시대 때 글을 아는 방사(方士)가 지은 책이라고 한다.

　가정의 가장 중요한 덕목은 화목해야 하는 것인데, 행여 부부가 서로 자기를 주장하다 보면 싸움이 벌어지고, 싸우다 보면 가정의 파탄이 나는 것이다. 그러므로 남남끼리 만난 부부의 가정은 많은 위험에 노출되어 있는 것이다. 이를 방지하려면 서로 한 발짝씩 물러서서 화합하는 방향으로 가야 한다.

　그리고 부부가 가정을 이루면 둘 사이에서 아기가 생기는 것이 정상이다. 이 아기는 부부의 사랑의 열매이므로 잘 키워서 훌륭한 사람을 만들어야 한다. 물론 아이가 따라오지 못하는 경우도 혹 있을 것이나, 부모가 된 자는 최선을 다해서 노력을 해야 한다. 이 아이를 위해서도 절대로 이혼을 해서는 안 된다.

•외수부훈(外受傅訓) : 밖에 나가서는 스승의 가르침을 받고,

| 자원(字源) |

外 《설문(說文)》에는 석(夕)과 복(卜)의 합자로, 저녁(夕)에 점(卜)치는 것은 필요가 없으니, **바깥**이다.

受 손가락(爪)으로 무엇을 가지고 덮어(冖)주니 손(又)으로 **받는** 것이다. 남이 주는 것을 받는 것은 수(受)이고, 나간 것을 쳐서 들이는 것은 수(收)이다.

傅 부(尃)는 부(敷)의 약자니, 가르침을 펴는(敷) 사람(亻)은 **스승**이다. 한 사람을 가르치는 스승은 부(傅)이고, 뭇사람을 가르치는 스승은 사(師)이다.

訓 언(言)과 천(川)의 합자니, 냇물(川)처럼 순하게 내려가는 말(言)로써 **가르치는** 것이다. 본받도록 가르침은 교(敎)이고, 깨치도록 가르침은 회(誨)이다.

에세이

예부터 자식은 자기가 가르치지 못한다고 했다. 왜냐면 가르치다

보면 화가 치밀어서 언성이 높아지니, 오륜의 첫째 강령인 부자유친(父子有親)이 상처를 받게 된다. 그리고 외부에는 훌륭한 선생님이 많으므로 잘 선택하여 가르쳐야 한다.

옛적에는 연원(淵源)53)이라는 것이 있으니, 훌륭한 인재를 많이 키워낸 선생의 연원이 자연히 각광을 받고, 학생들도 그곳으로 몰려오는 것이 정상이다. 지금의 교육으로 보면 좋은 대학에 들어가는 것과 같은 이치이다.

조선은 문(文)을 숭상한 나라이므로, 자연히 훌륭한 문인들이 많이 배출되었다. 그리고 부모에 효도하고 나라에 충성하는 충효의 학문을 중요시했으므로, 훌륭한 학문을 갖추고 부모님께 효도하고, 나라에 충성하며, 친구 간에는 신의를 지키는 등 행위가 좋은 학자들이 우후죽순처럼 배출되었다. 이어서 관직에 나가서는 청렴함을 표창하였으므로, 청렴결백한 관리들이 많이 배출되어서 그 가문을 빛내기도 하였고, 그리고 여인들에게도 정숙함을 강조하였으므로 열녀들이 많이 배출되었다.

사람은 무조건 좋은 대학을 나와 출세를 하는 것만 가지고 모든 것이 다 잘되었다고 생각하면 안 된다. 왜냐면 사람에게는 반드시 행동이 따라야 하기 때문이다. 행위가 따르지 않는 출세는, 결국에는 자신을 파멸로 몰아넣는 경우가 너무 많다. 그러므로 사람은 자신의 행위에 책임을 지는 사람이 되어야 한다.

요즘 부산저축은행의 부정대출 사건으로 온 나라가 발깍 뒤집혔다. 이 사건을 수사하는 과정에서 금감원의 부원장이 자살을 시도

---

53) 연원(淵源) : 사물의 근원을 말함.

한 사건이 발생했다. 은행을 감독해야 할 감독관청의 부원장이 오히려 부정에 연루되어 있으므로, 이를 모면하기 위해서 자살을 기도한 것이다. 이러한 사건이 우리사회에는 비일비재하다. 왜 이러한 사건이 연이어 일어나느냐 하면, 청백의 미덕을 가르치지 않았기 때문이다. 거꾸로 가도 서울만 가면 된다는 사고를 가지고 온갖 비리를 저지르며 출세의 가도를 걷다 보니, 이러한 일이 많이 일어나는 것이다. 그러므로 교육을 바로잡아야 한다.

- **입봉모의(入奉母儀)** : 집에 들어와서는 어머니의 거동을 의범(儀範)으로 삼아 받든다.

| 자원(字源) |

入 ノ 이는 위에서 내려온 것인데, ＼의 밑으로 **들어가서** 서(立) 있으므로 음은 입(立)이다. 구멍으로 들어가는 것은 입(入)이고, 밀어 넣는 것은 입(込)이다.

奉 《설문(說文)》에는 丰廾(兩手)의 합자라 했으나, 대(大)와 이(二)와 수(手)의 합자로 보면, 위대(大)한 데에 대해서 두(二) 손(手)으로 **받드는** 것이다.

母 여(女)와 자(子)의 합자니, 계집(女)이 아래로 아이(子)를 낳으면 **어머니**가 되는 것이다. 여자는 시집가면 부(婦)이고, 아이를 낳으면 모(母)다. 사내는 장가들면 부(夫)고, 가장이 되면 부(父)이다.

儀 인(亻)과 의(義)의 합자니, 의(義)로운 사람(亻)의 법도 있는 **거동**이다.

에세이

자식을 키우는 데는 어머니의 역할이 매우 중요하다. 《열녀전(列

女傳)》에 이르기를, "옛날에는 부인이 아이를 임신하면 잠자리에 누울 때에 비스듬하게 자지 않았고[寢不側], 앉을 때는 한쪽으로 삐딱하게 앉지 않았으며[坐不邊], 서 있을 때는 한쪽 다리에만 의지해서 서지 않았다[立不蹕]. 사특한 맛을 지닌 음식을 먹지 않았고, 바르게 썰지 않은 음식을 먹지 않았으며, 바르게 펴지지 않은 자리에는 앉지 않았다. 눈으로는 사특한 색깔을 보지 않았고, 귀로는 음란한 소리를 듣지 않았다. 밤이면 소경으로 하여금 시(詩)를 외우게 하고 바른 일을 말하게(道正事) 하였다. 이와 같이 할 경우 아들을 낳으면 형체와 용모가 단정하고 재주가 다른 사람보다 뛰어날 것이다."라고 하였다.

《열녀전》에 또 이르기를, "태임(太任)은 문왕(文王)의 어머니이다. 지임씨(摯任氏)의 중녀(中女)인데, 왕계(王季)가 그에게 장가들어 비(妃)로 삼았다. 태임의 성품은 단정하면서도 순일[端一]하였고 성실하면서도 장엄[誠莊]하였으며, 오직 덕스러운 행실만을 하였다. 문왕을 임신함에 미쳐서는 눈으로는 나쁜 색깔을 보지 않고, 귀로는 음란한 소리를 듣지 않았으며, 입으로는 거만한 말을 하지 않았다. 이에 문왕을 낳으니, 밝고 거룩하였는바, 태임이 하나를 가르치면 백을 알아 마침내 주(周)나라의 시조가 되었다. 군자가 이에 대해 태임은 능히 태교를 하였다."고 하였다.

하루는 증자의 아내가 장에 가려고 나서는데, 아이가 따라가겠다고 울어 대는 것이었다. 증자의 아내는 아이를 떼어놓으면서 말했다. "애야, 집에 있어라. 내가 장에 갔다 온 뒤에 저 돼지를 잡아줄 터이니" 하고 약속했다. 아내가 장을 보고 돌아오니, 남편이 돼지를 끌어내어 잡으려고 하는 것이었다.

깜짝 놀란 아내가 "아니, 왜 이래요? 누가 정말로 돼지를 잡아 주겠다고 한 것인가요? 애들이 하도 따라오겠다고 해서 그냥 그렇게 말한 것이지요." 하면서 펄쩍 뛰었다.

이에 증자는, "아이들에게 그런 실없는 말을 하는 게 아니오. 아이들은 부모에게서 배우는 것이오. 당신은 아이들에게 속임수를 가르치는 것이요. 어머니가 자식을 속여서 믿지 못하게 된다면 교육이 어찌 있을 수 있겠소" 하고는 그 돼지를 잡아서 아이들에게 먹였다.

맹자가 어려서 공부를 중단하고 집에 돌아오자, 맹자의 어머니가 베틀에 앉아서 짜던 베를 칼로 자르고는, "네가 공부를 중단한 것은, 내가 이 베를 자른 것과 같다〔子之廢學 若吾斷斯織也〕."라고 하였다. 맹자가 이 말을 듣고 더욱 공부를 열심히 하여 대유(大儒)가 되었다고 한다.《列女傳 鄒孟軻母》

이상의 고사는 어머니의 역할이 자식을 키우는데 얼마나 큰 것인가를 잘 가르치는 내용이다. 사람은 정직한 것만이 생명이 있는 것이다. 조삼모사(朝三暮四)하면서 남을 속이는 자는 반드시 뒤끝이 좋지 않은 것이다.

●**제고백숙(諸姑伯叔)** : 모든 고모와 백부(伯父)와 숙부(叔父)의

| 자원(字源) |

諸 언(言)과 자(者)의 합자니, 말(言)이란 것(者)은 **모든** 것을 다 나타내는 것이다.

姑 여(女)와 고(古)의 합자니, 신부를 맞은 고녀(古女)는 즉 **어미**이나, 또 **고모**의 칭호로도 쓴다.

伯 백(白)은 오색의 근본이고, 노인의 색이다. 인(亻)을 붙여서는 어른을 뜻하니, 형제 중에 **맏**이다.

叔 숙(未)과 우(又)의 합자니, 콩(未)이 한 깍지에 여러 개가 들어 있는 것처럼 또(又) 사람의 형제 중에 있어서는 제삼의 사람인 **아저씨**의 칭호가 되었다.

에세이

사람이 이 세상에 태어나면, 자기와 가까운 친척이 있으니, 이를 분류하면 친가(親家)와 외가(外家), 그리고 처가(妻家)가 있다. 여기에서 친가의 가까운 사람을 친척(親戚)이라 말하고, 그 이외의 혼인

에 의해 맺어진 사람들을 모두 인척(姻戚)이라고 한다. 이 모두를 일러 구족(九族)이라 하니, 그 범위는 다음과 같다.

친가(親家)의 고조·증조·조부·부친·자기·아들·손자·증손·현손까지의 동종(同宗) 친족을 통틀어 이르는 말이니, 자기를 본위로 직계친은 위로 4대 고조(高祖)까지와, 아래로 4대 현손(玄孫)에 이르기까지이며, 방계친은 고조의 4대손이 되는 형제·종형제·재종형제·삼종형제를 포함한다. 그리고 모족(母族)인 외조부, 외조모, 이모의 자녀와 처족(妻族)인 장인·장모, 부족(父族)인 고모의 자녀, 자매의 자녀, 딸의 자녀와 자기의 동족(同族)을 통틀어 이르는 말이다.

안진경(顔眞卿)[54]이 쓴 《제질문고(祭侄文稿)》에 보면,

"삼질(三侄)인 찬선대부에 증직된 계명(季明)의 영(靈)에 제사를 올린다〔祭于三侄贈贊善大夫季明之靈〕."

라는 말이 있다. 여기서 '삼질(三侄)'이라는 말은 삼종(三從)까지 합한 자녀들 중에서 가장 나이가 많은 조카를 일질(一侄)이라 하고, 그리고 나이가 열 번째이면 십질(十侄)이 된다. 이렇게 당내(堂內)의 같은 항렬의 사람들은 모두 똑같이 취급하였음을 볼 수가 있으니, 우리나라도 얼마 전인 60년대까지만 해도 친인척을 모두 챙겨서 안으로 품었다. 그러나 요금같이 핵가족화하면서 친인척의 범위가 아주 좁아진 인상이다. 매우 안타까운 일이다.

54) 안진경(顔眞卿) : 당(唐) 현종(玄宗) 때의 명신. 평원태수(平原太守)로 있으면서 안녹산(安祿山)이 배반할 것을 알아차리고 미리 그에 대비하였다. 후에 안녹산이 반란을 일으키자, 하북(河北)의 24개 군이 모두 무너졌지만 안진경은 군사를 일으켜 적병을 토벌하였다. 현종이 기뻐하면서 "나는 안진경이 어떤 사람인지도 모르는데 그가 이렇게 훌륭한 일을 하는구나." 하였다. 《新唐書 卷一百五十三》

• **유자비아(猶子比兒)** : 조카(猶子)는 나의 아들에 견주어야 한다.

▍ 자원(字源) ▍

猶 견(犭)과 추(酋)의 합자니, 괴수(酋) 짐승(犭)이나, 그 성질이 오히려 작은 놈과 **같은** 것이다.

子 위는 머리고 아래는 발인데, 양쪽으로 두 팔을 벌리고 있는 **아이**의 형상이다. 아이는 **아들**이니, 부모는 그를 사랑(慈)해서 음은 자다.

比 인(人)자를 둘을 붙인 것은 从(從)이고, 人자를 돌린 匕자를 둘 붙인 것은 비(比)니, 사람이 서로 친해서 짝 들러붙은 형상이다. 그래서 둘이 서로 **비교**하니, **비유**도 되는 것이다.

兒 아직 두개골이 봉합되지 않고 펄럭(臼)이는 사람(儿)이니, 즉 **아이**이다.

에세이

유자(猶子)는 조카를 이르는 말이니, 조카를 아들과 같이 여기라는 말이다. 《인봉전승업선생유고(仁峰全承業先生遺稿)》에 보면,

"인봉(仁峰)[55]선생의 동서는 참봉 전현옥(全顯玉)이니, 성주(星州) 사람이다. 그는 다만 딸 하나만 남겨두고 부부가 모두 죽었으므로, 딸은 의지할 곳 없는 고아가 되었다. 그래서 선생은 그 아이를 데려다 사랑으로 키워서 마침내 훌륭한 신랑과 짝을 이루게 하였다. 이렇게 선생께서 내외의 조카들 보기를 자신의 자식들과 똑같이 사랑하였다."

고 하였으니, 인봉선생은 천자문의 '유자비아(猶子比兒)'를 몸소 실천한 선생이다.

사람은 학문도 높아야 하겠지만, 무엇보다 중요한 것은 실천이다. 실천이 없는 학문은 공허한 메아리에 불과하다.

그러므로 임란(壬亂)이 일어나자, 중봉선생과 인봉선생은 즉시 의병을 일으켜서 국가를 위해 싸웠던 것이니, 이것이 선비가 해야 할 일임을 몸소 보여준 것이다. 싸움에 지고 이기는 것을 생각하지 않고, 국가의 위난(危難) 시에는 학문을 한 선비는 나가서 싸우는 것이 정도라는 것을 보여주었으니, 학문을 실행에 옮긴 진정한 선비인 것이다.

이를 보면, 학문을 한 자는 어느 처지에 있든 간에, 그 처지에서

---

55) 인봉(仁峰) : 전승업(全承業)을 말하니, 중봉(重峯)의 문인. 자는 효선(孝先), 호는 인봉(仁峰). 참판 팽령(彭齡)의 손자다. 관직은 사재감첨정(司宰監僉正). 중봉과 함께 창의(倡義). 중봉의 밑에서 군수물자를 담당하는 막료로 활약하였고, 중봉이 쓴 상소문을 가지고 의주로 가던 도중 당진에서 중봉이 이끄는 7백 명의 군사가 전멸하였다는 소식을 접하고, 상소문은 부관 곽현에게 맡기고 금산으로 돌아와 벗 박정량과 같이 중봉의 시신을 수습하여 장례를 치르고, 나머지 7백 의사의 시신을 한 곳에 묻었음. 《인봉집(仁峰集)》이 있고, 후율서원(後栗書院)에 배향됨.

행동을 바르고 이웃의 고통을 내 고통처럼 여기는 측은지심(惻隱之心)을 발동해야 하는 것이다.

국가의 위난(危難)에는 즉시 나가서 싸우고, 친척이 곤경에 처했으면 즉시 구휼해주며, 이웃이 어려움에 처했으면 도와주는 것이 공부를 한 선비의 해야 할 일이니, 이러한 사람이 많아야 살맛나는 세상이 되는 것이다. 즉 이웃을 나의 자식처럼 생각하는 마음을 품어야 한다.

• **공회형제(孔懷兄弟)** : 형제간은 크게 사랑해야 하니,

구멍 **공**

품을 **회**

맏 **형**

아우 **제**

▎자원(字源) ▎

孔 자(子)와 을(乙)의 합자니, 새(乙)가 새끼(子)를 까는 데는 알에 **구멍**을 뚫어서 병아리가 큰 세계로 나오기 때문에 **크다**는 뜻도 있는데, 이 세상은 공허(空虛)하니, 음은 공이다.

懷 심(忄)과 회(襄)의 합자니, 회(襄)는 옷 속에 물건을 품은 것이다. 마음(忄)속에서 **그리워**하는 것이니, 음은 회다.

兄 구(口)와 인(儿)의 합자니, 사람(儿)이 말(口)을 한다는 것은 철이 든 것이니, 철없는 아우에 대한 **형**이다. 남자동생은 형제(兄弟)고, 여자동생은 자매(姉妹)라 한다.

弟 아(丫)와 궁(弓)과 별(丿)의 합자니, 활(弓)을 메고 화살(丿)을 타고 노는 머리 땋은 아이(丫)다. 철이 들어서 말(口)을 할 줄 아는 형에 대한 **아우**이다.

에세이

부모와 자식의 촌수가 1촌이고 형제간의 촌수가 2촌이다. 이 세상

에서 가장 가까운 사람들이다. 똑같이 아버지의 정기를 받고 어머니의 몸에서 나온 형제이니 친할 수밖에 없다. 남매의 사이도 형제와 똑같다. 모두 2촌의 사이인 친한 관계이다.

이 세상에서 가장 중요한 단어는 충효(忠孝)이다. 밖에 나가서 일을 할 때는 충성을 다해야 하고, 부모님께는 효도를 다해야 한다. 그러므로 맹자는 죄가 3,000가지나 되지만, 그중에 제일은 불효(不孝)라고 설파하였던 것이다.

그리고 형제간에는 우애를 해야 한다. "형은 우애하고 아우는 공손하라〔兄友弟恭〕."는 말씀은 형제간에 해야 할 일을 한마디로 말한 가장 간결한 말씀이다.

형제간에 우애하는 것도 일종의 효도이니, 부모가 자식을 생각함에 있어서는 큰 자식이건 작은 자식이건 모두 소중한 자식이다. 그러므로 부모는 모든 자식이 모두 잘 되기를 바라는 것인데, 형제간에 우애하지 않으면 그 부모님의 마음이 오죽하겠는가! 이러므로 효도하는 자는 반드시 우애를 하는 것이다.

요즘의 핵가족화한 제도에서는 4촌과 6촌, 그리고 8촌간의 우애가 사라질 위험에 처했는데, 이는 모두 교육제도에서 윤리(倫理)를 등한이 했기 때문이다. 어떤 자식은 자기 부모를 살해하기까지 하였다고 신문에 이따금 보도되는데, 이도 또한 교육제도의 허점에 있다고 봐야 한다. 그러므로 우리나라는 반드시 학교에 윤리과목을 설치하고 또한 중요시해야 한다.

•**동기연지(同氣連枝)** : 같은 기운을 받은 연하여 있는 가지이다.

| 자원(字源) |

同 冂 이러한 곳을 一口로 모두 **같이** 다니는 것이니, 음은 동이다. 같게 보임은 동(同)이고, 같이 일함은 공(共)이며, 이것이 저것과 같음은 여(如)이고, 속은 다른데 겉만 같음은 사(似)이다.

氣 기(气)와 미(米)의 합자니, 원래 기(气)는 수증기가 올라가는 상형인데, 미(米)는 사람이 먹고사는 쌀이다. 공중에 있는 **대기**란 뜻에서, 사람이 힘쓰는 **기운**도 뜻한다.

連 차(車)와 착(辶)의 합자니, 차(車)가 가(辶)니, 그 바퀴 자국이 **잇따라** 가는 것이다. 잇따라 따르는 것은 연(連)이고, 같이 합한 것은 련(聯)이다.

枝 목(木)과 지(支)의 합자니, 나무(木)가 갈라진(支) **가지**이다. 갈라진 가지는 지(枝)이고 꺾은 가지는 매(枚)이며, 자루를 하는 가지는 가(柯)이고, 셈하는 가지는 조(條)이다.

　이 구절은 나무의 가지를 빌려서 형제의 가까움을 말한 문장이다. 눈만 뜨면 보이는 것이 나무이니, 이 얼마나 잘 비유한 것인가!
　펄 벅이 쓴 《대지(大地)》에 보면,

> "패잔병들이 인가가 하나도 없는 깊은 산속에서 아군이 있는 남쪽으로 가야 하는데, 어느 곳이 남쪽인지 알 수가 없었다. 그래서 소나무의 가지가 더 길게 뻗은 곳은 태양을 더 많이 받았으므로 남쪽이라 생각하고, 소나무 가지로 나침반을 삼아서 남쪽의 아군이 있는 곳으로 나왔다."

라는 내용이 있다. 그렇다 나무 가지를 보면, 남쪽으로 뻗은 가지가 반드시 길게 자라있음을 볼 수가 있다. 같은 가지라도 긴 가지가 있고 짧은 가지가 있다. 이와 매한가지로 같은 형제라도 길고 짧음이 있으니, 어떤 자식은 공부도 잘하고 잘 사는데 반하여, 어떤 자식은 공부도 못하고 가난하게 사는 경우를 종종 본다.
　이런 경우에 잘 사는 형제는 못사는 형제를 반드시 도와주어야 한다. 이것이 우애이다. 말로만 우애하고 행동으로 옮기지 않으면, 그것은 거짓이다.
　옛날에 어느 형제가 살았다. 농사를 짓고 사는 형제는 가을이 되어서 벼를 베어서 논두렁에 세워놓았다. 형이 생각하기를, '아우는 나보다 못사니, 나의 벼를 좀 가져다주어야겠다.' 고 생각하고, 볏단을 동생이 세워놓은 볏가리 뒤에 죽 세워놓고 돌아왔는데, 아우도 생각하길, '형은 나보다 식구도 많고 부모님도 모시고 사니, 나의 벼를 좀 가져다주어야 겠다 생각하고, 형의 볏가리 뒤에 자신이 지은 약간의 벼를 가져다 세워놓았다.' 라는 이야기가 있다. 이 얼마나 아름다운 형제의 우정인가!

● **교우투분(交友投分)** : 분수를 던져서 벗을 사귀고,

| 자원(字源) |

交 갈라져(八) 있는 둘이 서로 다 합하려는 선을 연장해서(乂) 하나의 머리(亠)로 결합한 것이니, 즉 **사귀**는 것이다. 선생이 제자와 교(交)하는 것은 교(敎)다.

友 고자(古字)에는 우(又)자를 이중(双)으로 썼으니, ナ은 우(又)의 변형이다. 우(又)는 손이니, 손에 손을 잡은 **벗**이다. 뜻이 맞는 벗은 우(友)고, 당을 같이하는 벗은 붕(朋)이다.

投 수(扌)와 수(殳)의 합자니, 수(殳)는 던져서 찌르는 긴 창이다. 손(扌)으로 **던지는** 것이다. 멀리 던지는 것은 투(投)이고, 정중하게 던지는 것은 척(擲)이다.

分 팔(八)과 도(刀)의 합자니, 도(刀)는 나누는 칼이고, 팔(八)은 **나누는** 것이다.

에세이

　고사성어(故事成語)에 관포지교(管鮑之交)라는 말이 있다. 관중과

포숙의 교제를 말하는 것인데, 《사기(史記)》〈관안열전(管晏列傳)〉에 의하면,

> "중국 제(齊)나라에서, 포숙(鮑叔)은 자본(資本)을 대고 관중은 경영(經營)을 담당하여 동업을 하였으나, 관중(管仲)[56]이 이익금을 혼자 독차지하였다. 그런데도 포숙은 관중의 집안이 가난한 탓이라고 너그럽게 이해하였고, 함께 전쟁에 나아가서는 관중이 3번이나 도망을 하였는데도, 포숙은 그를 비겁자라 생각하지 않고 그에게는 늙으신 모친(母親)이 계시기 때문이라고 그를 변명하였다."

고 하였다. 이와 같이 포숙은 관중을 끝까지 믿어 그를 밀어 주었고, 관중도 일찍이 포숙을 가리켜 "나를 낳은 것은 부모이지만, 나를 아는 것은 오직 포숙뿐이다〔生我者父母 知我者鮑子也〕."라고 말하였다.

춘추 시대 백아(伯牙)[57]와 종자기(鍾子期)의 고사가 있다.

백아는 거문고를 잘 타고, 종자기는 거문고 소리를 잘 알아들었는데, 일찍이 백아가 고산(高山)에 뜻을 두고 거문고를 타자, 종자기(鍾子期)가 말하기를, "좋다, 높다란 것이 마치 태산(泰山)과 같구

56) 관중(管仲) : 중국 춘추 시대 제나라의 재상(?~B.C. 645). 이름은 이오(夷吾). 환공(桓公)을 도와 군사력의 강화, 상공업의 육성을 통하여 부국강병을 꾀하였으며, 환공을 중원(中原)의 패자(霸者)로 만들었다. 포숙아와의 우정으로 유명하며, 이들의 우정을 관포지교라고 이른다. 저서에 《관자(管子)》가 있다.

57) 백아(伯牙) : 중국 춘추 시대의 거문고의 명인. 그의 거문고 소리를 즐겨 듣던 친구 종자기(鍾子期)가 죽자, 자기의 거문고 소리를 이해하는 사람을 잃었다고 슬퍼한 나머지 거문고의 줄을 끊고 일생 동안 거문고를 타지 않았다고 한다.

나.” 하였고, 백아가 또 유수(流水)에 뜻을 두고 거문고를 타자, 종
자기가 말하기를, “좋다, 광대한 것이 마치 강하(江河)와 같구나.”
고 하여, 백아의 생각을 종자기가 다 알아들었다고 한다. 그런데 그
의 친구 종자기(鍾子期)가 죽자, 백아는 자기의 음악을 알아들어 줄
사람이 없는 것을 한탄하고는 거문고 줄을 끊어 버렸다〔絶絃〕고 한
다.

  이상에서 말한 것처럼, 벗을 사귀는 것은 아주 어려운 것이다. 진
정한 벗이란, 벗을 위해 죽을 각오까지 되어 있는 사람이어야 된다
는 것이다. 그래서 투분(投分)이라고 하는 것이다. 즉 분수를 던져
서 사귀어야 한다는 것이다.

● **절마잠규(切磨箴規)** : 서로 절차탁마하여 경계할지니라.

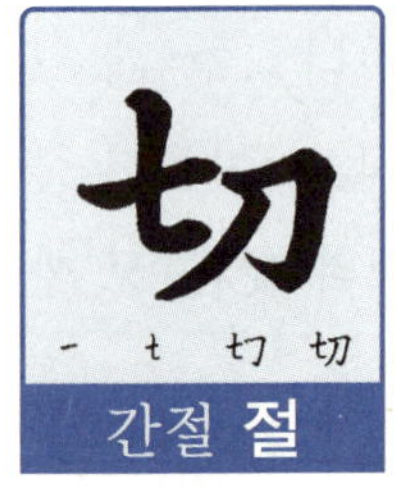   

一 ナ 切 切	广 庐 磨 磨	ᄼ �竹 管 箴	夫 刞 邞 規
간절 **절**	갈 **마**	경계 **잠**	법 **규**

자원(字源)

切 칠(七)과 도(刀)의 합자니, 꼭 맞게(七) **끊는**(刀) 것이다.

磨 마(麻)와 석(石)의 합자니, 삼(麻)의 속(뼈)을 발라내고 또 껍질을 훑어내고 그의 정수만 쓰는 것이다. 돌(石)을 그렇게 정수만 남도록 **갈아서** 광채를 내는 것이다.

箴 죽(竹)과 함(咸)의 합자니, 함(咸)자를 금(金)변에 쓴 침은 육체를 자극해서 몸의 병을 고치는 침(鍼)이 되고, 죽(竹) 밑에 쓴 것은 마음을 자극해 마음의 병을 고치는 **경계의** 글이 된 것이다.

規 부(夫)와 혹은 시(矢)와 견(見)의 합자인데, 부(夫)나 시(矢)의 두 다리를 컴퍼스로 보아서 그것을 한 바퀴 돌려보면(見) 원주가 되니, 그것은 **모범이** 되는 것이다.

에세이

　중국 당나라 때의 시인 이태백(李太白)은 산중에서 공부를 하다가 공부에 싫증이 나서 산을 내려와서 집으로 향했다. 한참 내려오다

보니, 냇가에서 머리가 하얀 한 노파가 숫돌에 커다란 쇠뭉치를 갈고 있는 것을 보았다. 그러나 갈 길이 바쁜 이태백은 길을 재촉하여 가는데, 쇠뭉치를 가는 노파의 행동이 너무나 궁금하였다. 다시 그 노파 앞으로 되돌아 와서 물어보았다.

"할머니, 지금 무엇을 하고 계십니까?"

"아, 나 말인가? 지금 바늘을 만들고 있다네."

"아니 그렇게 큰 쇠뭉치로 바늘을 만든다는 말씀입니까?"

"그렇지, 중도에 쉬지 않고 만든다면 10년 안에는 바늘을 만들 수 있지."

"아니? 10년 동안이나요!"

이태백은 그 말을 듣는 순간, 누가 망치로 머리를 치는 느낌을 받았다. 이에 집에 돌아간다는 마음을 접고 다시 산중으로 돌아갔다는 이야기이며, 이를 두고 마부작침(磨斧作針)이라고 한다.

아마도 그렇게 해서 공부에 정진한 이태백은 당대 최고의 시인으로 탄생한 것이 아닌가 한다.

절마(切磨)는 절차탁마(切磋琢磨)[58]의 준말이다. 학문을 꾸준히 갈고 닦는다는 말이다. 그런데 이곳의 문장은 전의 문장인 교우투분(交友投分)을 이은 문장으로, 벗을 사귀면 그 벗과 함께 노는 것이 아니라 같이 학문을 연마한다는 말이다.

《순자(荀子) 권학(勸學)》에 보면, "쑥이 삼대 밭에 나면 붙잡아 주지 않아도 곧아진다〔蓬生麻中 不扶而直〕."는 말이 있다. 삼〔麻〕이

---

58) 절차탁마(切磋琢磨) : 옥이나 돌 따위를 갈고 닦아서 빛을 낸다는 뜻으로, 부지런히 학문과 덕행을 닦음을 이르는 말. 《시경》의 〈위풍(衛風)〉 〈기오편(淇澳篇)〉과 《논어》의 〈학이편(學而篇)〉에 나오는 말이다.

나 모시〔苧〕는 곧게 자라고 또한 키가 한없이 크는 식물이니, 이 식물의 껍질로 옷을 만들어 입는다. 그 속에서 쑥대가 자라면 이 쑥대도 삼을 따라 한없이 큰다는 이야기이니, 즉 좋은 벗을 사귀면 그도 함께 좋은 사람이 되고, 나쁜 벗을 사귀면 그도 함께 나쁜 사람이 된다는 이야기다.

《맹자》 이루하(離婁下)에는, "책선(責善)은 붕우 사이에 적용되는 도리이다〔責善 朋友之道也〕."라는 말이 나온다. 붕우(朋友)의 사이에서 벗이 혹 나쁜 짓을 하면, 그걸 본 벗은 반드시 그 나쁜 점을 벗에게 말하여 좋은 곳으로 오게 해야 한다는 말이다. 만일 벗이 나쁜 행동을 해서, 그것을 고치라고 책선(責善)을 세 번이나 해도 고치지 않으면, 그 벗과는 관계를 끊어야 한다. 만일 관계를 끊지 않으면 자칫하면 함께 나쁜 곳으로 빠질 염려가 있기 때문이다. 그러므로 벗을 보면 그의 친구를 안다는 말이 여기에서 나온 말이다.

제 7 장　인의(仁義)

인자은측(仁慈隱惻) · 조차불리(造次弗離) · 절의염퇴(節義廉退) · 전패비휴(顚沛匪虧) · 성정정일(性靜情逸) · 심동신피(心動神疲) · 수진지만(守眞志滿) · 축물의이(逐物意移) · 견지아조(堅持雅操) · 호작자미(好爵自縻)

● **인자은측(仁慈隱惻)** : 인자한 마음과 측은한 마음은,

▌자원(字源) ▌

仁 인(亻)과 이(二)의 합자니, 이인(二人) 이상이 사회생활을 하는데 필요한 진리인 **인**(仁)이다. 이것이 공자의 중심사상이니, 인(仁)에서 의(義)가 나와 예(禮)도 되고 악(樂)도 된다.

慈 모든 사람이 다 가지고 있는 이(玆) 마음(心)은 자식에 대한 **사랑**이다.

隱 부(阝)와 은(㥯)의 합자니, 삼가서(㥯) 언덕(阝)에 의지하는 마음(心)으로 **숨는** 것이다. 은(隱)에는 불쌍히 여긴다는 뜻도 들어 있다.

惻 심(忄)과 칙(則)의 합자니, 누구나 생명이 곤경에 처한 것을 보면, 마음(心)의 법칙(則)에 의하여 **불쌍히** 여기는 것이다. 슬퍼해 줌은 련(憐)이다.

맹자가 말씀한 사단(四端)[59]과 칠정(七情)[60]에서 측은지심(惻隱之心)이라는 것이 있다. 이는 인(仁)에서 나오는 마음이니, 즉 불쌍히 여기는 마음을 말한다. 만일 어린아이가 우물로 기어가서 빠지려고 한다면, 이를 본 사람은 누구나 두려워 근심하고 깊이 불쌍히 여기는 마음이 들어서, 반드시 달려가 구하려고 한다는 것이니, 이것이 측은지심(惻隱之心)이라는 것이다.

어머니의 사랑은 인자한 마음이고, 불쌍한 사람을 도와주는 마음이 측은한 마음이다. 이 세상에서 어머니의 사랑은 하늘만큼 높고 바다만큼 깊다. 어머니의 사랑에 대한 실화 하나를 소개하면,

"추운 겨울날 어느 미국인 노신사와 청년이 강원도 어느 산길을 걷고 있었다. 이곳저곳을 쳐다보던, 노신사는 무덤 하나를 발견하고는 '이 무덤이 너의 어머니의 무덤이다.' 고 하였다.

옛적 6·25동란 중 1·4후퇴 때에, 미군이 산속에서 아기의 울음소리를 듣고 가보았다. 덮인 눈을 젖히고 보니, 발가벗은 여인이 아이를 자기의 옷으로 감싸고 그리고 자신의 몸으로 덮고 얼어 죽어 있었다. 병사는 여인을 땅에 묻고 아이를 안고 와서 키웠다. 그리고

---

59) 사단(四端) : 사람의 본성에서 우러나오는 네 가지 마음씨. 《맹자》에서 유래한 것으로, 인(仁)에서 우러나오는 측은지심, 의(義)에서 우러나오는 수오지심, 예(禮)에서 우러나오는 사양지심, 지(智)에서 우러나오는 시비지심을 이른다.

60) 칠정(七情) : 사람의 일곱 가지 감정. 기쁨(喜)·노여움(怒)·슬픔(哀)·즐거움(樂)·사랑(愛)·미움(惡)·욕심(欲), 또는 기쁨(喜)·노여움(怒)·근심(憂)·생각(思)·슬픔(悲)·놀람(驚)·두려움(恐)을 이른다.

아이가 청년이 되자, 어머니의 무덤을 알려주려고 한국을 찾은 것
이었다.

　청년은 어머니의 무덤 앞에서 자기의 옷을 벗어서 어머니의 무덤
을 덮은 뒤에 눈물을 흘리며 '어머니 얼마나 추웠습니까! 이제 제가
덮어드렸으니, 따뜻하십니까!'"라고 하더라는 것이다.

　이것이 어머니의 위대한 사랑이다. 자신을 불태워서 자식을 살리
는 아름다운 모정(母情)이야말로 하늘보다도 더 높은 사랑인 것이
다.

● **조차불리(造次弗離)** : 잠시라도 떠나서는 안된다.

지을 **조** / 버금 **차** / 아니 **불** / 떠날 **리**

| 자원(字源) |

造 고(告)와 착(辶)의 합자니, 조금씩 되었음을 고(告)해 가는(辶) 것이니, 그것은 무슨 목적을 향해서 물건을 만드는 것이다. 새로 지음은 작(作)이고, 따라서 지음은 술(述)이다.

次 이(二)와 흠(欠)의 합자니, 길을 가는데 목적지(二)에 도달하면 권태증이(欠) 나는 것이다. 그곳이 출발지에서 다음이다.

弗 궁(弓)자형의 곡선을 ‖자형의 직선으로 지웠으니, 굽은 것을 바른 것으로 지워서, 아니다는 뜻이 되었다.

離 리(离)와 추(隹)의 합자니, 리(离)는 네 발 달린 짐승이고, 추(隹)는 공중으로 나는 새이다. 그들은 서로 인연이 없이 떠나 있는 것이다. 모종처럼 옮기는 것은 이(移)다.

에세이

위에서 말한 인자하고 측은해 하는 마음은 잠시라도 나의 마음에서 떠나서는 안된다는 말이다. 음양오행에서 인자(仁慈)의 인(仁)은 봄에 해당한다.

봄은 생명이 약동하는 온화한 계절이니, 봄이 오면 어느새 얼어붙은 천지에는 따뜻한 바람이 불고, 산천의 사방에서는 초목이 파란 싹을 틔우고 꽃을 피운다.

세상은 온통 생명이 충만한 계절이 되어서, 숲에서는 산새들이 즐겁게 노래하고 물속에서는 물고기들이 즐겁게 유영을 한다.

짐승들은 새끼를 낳고 새들은 알을 품어서 새끼를 키우는 계절이니, 온 천지가 모두 생명으로 이글거린다.

농부들은 밭을 갈고 씨를 뿌리고, 여인들은 나물을 캐러 산과 들로 나가는 봄은 참으로 아름다운 계절인 것이니, 이 인(仁)이라는 것은 이렇게 만물에 생명을 넣어주는 역할을 한다. 그러므로 인(仁)을 씨라고 하는 것이니, 씨는 그 끝에 씨눈이 있어서 그 씨눈이 봄이 되면 새싹으로 나오는 것이니, 여기에 생명이 있는 것이다.

이 생명은 즉 사랑이니, 어머니의 사랑도 되고 아버지의 사랑도 되는 것이다. 사랑이 없으면 이 세상은 삭막하여 죽은 세상이 되니, 이러한 세상이 겨울인 것이다.

그러므로 사랑하는 마음은 조금이라도 사람의 마음에서 떠나서는 안 된다는 것이다.

●**절의염퇴(節義廉退)** : 절의(節義)와 청렴함과 겸손한 마음은,

▎자원(字源)▎

節 죽(竹)과 즉(卽)의 합자니, 대(竹)가 커 올라가다(卽) 생기는 **마디**
다.

義 양(羊)과 아(我)의 합자니, 양(羊)으로서의 나(我)란 것은 인간의 사
회공도에 잘 순종하는 것이다. 전체의 복리를 위하는 모든 정신,
즉 **의리**이다.

廉 집(广) 안방에서 네 쪽 벽선이 겹친(兼) 속에는 구석이 있고, 바깥
은 모나서 **청렴**하니 수요가 적으므로 값이 싸다.

退 간(艮)과 착(辶)의 합자니, 그쳐(艮) 있는 자리로 가는(辶) 것은, 즉
물러가는 것이다. 목적지에 갔다 되돌아옴은 귀(歸)다.

에세이

절제하고 의로운 행위와 청렴한 마음가짐과 겸손한 마음은 누구
나 가져야 할 행동규칙이니, 이는 세상이 망해도 지녀야 한다고 하
였다.

사람은 이 세상에 살면서 행동거지(行動擧止)를 잘해야 한다. 아무리 궁해도 남의 돈을 탐내서는 안 되고, 높은 자리에 앉으면 반드시 권세가 붙는다. 그러나 권세를 남용해서는 안 된다. 이러므로 조선조 세종 때의 황정승 이야기로 이 문단을 마무리 한다.

황희라는 정승은 조선 5백년을 통하여 가장 너그럽고 청빈하였던 재상으로 후세에 추앙을 받는 분이다. 그는 태종, 세종, 문종에 이르는 삼대의 왕을 섬기면서, 93세로 세상을 뜰 때까지 무려 30년간이나 재상 자리에 있었다. 그는 천성이 온후하고 겸허하여 좀처럼 화를 내거나 사람을 차별하는 일이 없었다. 또한 담장도 없는 초가집에 살면서 자주 식량이 떨어져 조반석죽 하는 일이 다반사였다.

그리고 성품이 소탈하고, 특히 어린 아이들을 좋아하였는데, 아이들을 대함에 있어서도 반상의 구별을 두지 아니 하였다. 그래서 그가 식사를 할 때면 땟국 물이 줄줄 흐르는 하인의 아이들이 상으로 달려들어 손으로 음식을 집어 먹는가 하면, 때로는 글을 쓰고 있는 종이 위에다 오줌을 싸기도 하였다. 그래도 그는 낯빛을 흐리거나 화를 내기는커녕 오히려 웃는 얼굴로 아이들을 감싸주었다. 이렇듯 너그러운 그도 공무(公務)에는 추상같아서 사소한 비리도 그냥 지나치는 법이 없었다.

하루는 빈청에서 그와 맹사성 등 노 재상들이 점심도 거른 채 정무(政務)에 열중하고 있으므로, 호조판서 김종서가 예빈시(禮賓寺)[61]에 명하여 재상들의 점심상을 잘 차려오게 하였다. 이를 본 그

---

61) 예빈시(禮賓寺) : 조선 시대에 빈객의 연향과 종재(宗宰)의 공궤를 맡아 보던 관아. 태조 원년(1392)에 고려의 제도를 따라서 두었다가 고종 31년(1894)에 없앴다.

는 노한 얼굴로 즉시 김종서를 들어오게 하였다. 이윽고 김종서가 들어섰다.

"예빈시라는 곳은 국가의 공용(公用)에 쓸 음식을 마련하는 곳이지, 사사로이 정승들의 음식을 대접하는 곳이 아닙니다. 대감은 공(公)과 사(私)를 잊었으니, 상감께 주달하여 마땅한 벌을 내리도록 하겠소."

하고 꾸짖으며, 주위의 만류에도 뜻을 굽히려 하지 아니 하였다. 그러자 맹정승이 나서서 다시 간곡하게 그를 만류하였다.

"김종서 대감은 변방의 흉포한 오랑캐들을 몰아내고 육진(六鎭)을 개척한 공이 누구보다도 큰 분입니다. 그런데 이렇게 사소한 일로 그에게 벌을 준다면 너무 가혹하지 않겠습니까?"

"그게 무슨 소리요? 우리 늙은 대신들이 죽은 후에 나라를 맡길만한 인재가 김종서 하나뿐인데, 그런 김종서가 나쁘게 되라고 이를 방관한단 말이오?"

라고 하였다.

● **전패비휴(顚沛匪虧)** : 엎어지고 자빠져도 잃지 않아야 한다.

| 자원(字源) |

顚 진(眞)과 혈(頁)의 합자니, 참(眞) 머리(頁)라는 것은 가장 높은 두상이다. 그는 가장 높이 있기 때문에 **엎어지기** 쉬운 것이다.

沛 수(氵)와 시(市)의 합자다. 『설문(說文)』에는 "패(沛)는 **패수(沛水)**니, 요동의 번한 외곽에서 발원하여 서남으로 흘러서 바다로 들어간다."고 하였다.

匪 방(匚)과 비(非)의 합자니, 아무것도 아닌(非) 것을 그릇(匚)에 담은 것이니, **아닌**(非) 마음을 속에(匚) 가진 악한 놈이다. 음은 비(非)니 비(非)와 통용한다.

虧 호(虍)와 우(亏)의 합자니, 『설문(說文)』에는 "휴(虧)는 **이지러지는** 것이고, 음은 호(虍)와 우(亏)를 좇았다."고 하였다.

에세이

필자는 이 문장 즉 "절의(節義)와 청렴함과 겸손한 마음은 세상이 엎어지고 자빠져도 이지러지지 않는다〔節義廉退顚沛匪虧〕."라는 말씀을 좋아한다.

지금은 세상이 너무나 물질을 숭상하는 세상이 되어서, 그저 돈만 있으면 무엇이든 하는 세상이 되었으니, 우리가 오랫동안 간직하여 온 선비의 정신은 없어진지 오래되었다. 그러므로 요즘 사람들은 돈을 쉽게 벌려고 증권을 좋아한다.

그러나 일반 개인으로 증권에 투자하여 돈을 벌었다는 사람은 보지 못하였다. 왜냐면 증권사들은 많은 회사원을 거느리고, 그 사원들을 달달 마다 월급을 준다. 이 월급은 모두 투자자들이 낸 수수료로 지불하는 것이다. 그리고 증권은 정보가 생명이다. 정보가 빨라야 돈을 버는 것인데, 증권사의 직원보다 개인투자자들이 정보가 빠를 수는 없는 것이다. 공연히 돈을 탐하다가 돈만 날리는 경우가 허다한 것이다.

필자는 서예와 글만 쓸 줄 알지, 투자에는 영 빵점이다. 그래서 증권을 한 번도 해본 적이 없다. 아무쪼록 남의 돈은 탐내지 않고, 그리고 투자하여 손해도 보지 않는다는 주장이다.

이 세상에는 군자가 있고, 호걸이 있다. 군자는 군자의 길을 가야 가치가 있는 것이고, 호걸은 호걸의 길을 가야 멋이 있는 것이다. 공연히 군자가 호걸의 길을 가다보면 엎어지고 자빠지는 경우가 허다하다. 그러므로 사람은 자기의 처지를 잘 이해하고 자기의 길을 가야 성공하는 것이다.

● **성정정일(性靜情逸)** : 본성(本性)이 안정(安靜)되면 감정은 편안하고,

 성품 **성**

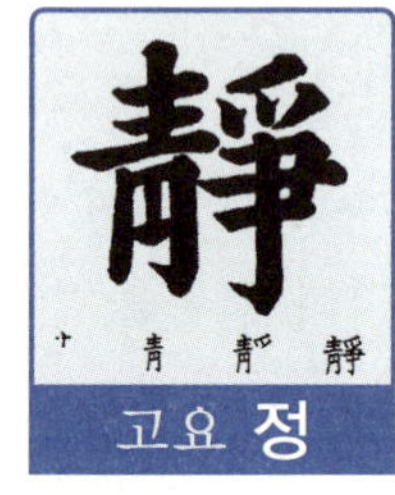 고요 **정**

 뜻 **정**

 편안 **일**

| 자원(字源) |

性 심(忄)과 생(生)의 합자니, 타고난(生) 마음(忄) 그대로니, 즉 **성품**이다.

靜 청(靑)과 쟁(爭)의 합자니, 청(靑)은 평화를 상징하는 색이다. 시끄럽게 다투다가(爭) 화평하니 **고요한** 것이다.

情 심(忄)과 主(生)와 단(丹)의 합자니, 즉 성(性)에다 단(丹)자를 덧붙인 것이다. 정신적인 성(性)에 대한 육체적인 단심(丹心)이니, **감정**을 뜻하는 것이다.

逸 토(兎)와 착(辶)의 합자니, 토끼(兎)는 잘 뛰어서 가는(辶) 것이다. 빠져나가서 위기를 면하니, **편안한** 것이다.

에세이

성(性)은 사람이 태어날 때에 하늘로부티 받은 성품을 말하니, 복기성(復其性)은, 그 처음에 하늘에서 받은 성품을 회복해야 한다는

말씀이다.

타고난 것이면 자신이 가지고 있는데, 왜 그것을 회복해야 하는가! 이는 인욕(人慾)으로 가려져서, 마음에는 욕심만 있고 본성(本性)은 있지 않기 때문에, 맹자는 "알인욕존천리(遏人慾存天理), 즉 인욕(人慾)을 막고 천리(天理)를 마음에 두라."고 설파하였던 것이다.

이 성(性)이 고요하면 사람의 마음에 있는 감정은 편안한 것이니, 감정이란 칠정(七情)[62]을 말하는 것이다. 그러나 마음이 움직이면 칠정으로 돌아가서 기쁘기도 하고 슬프기도 하며, 즐겁기도 하고 사랑하는 마음도 생기고, 미워하는 마음도 생기며, 욕심도 생기는 것이니, 이는 마음이 한쪽으로 치우친 것이므로 편안하지 않은 것이다.

극기복례(克己復禮)라는 말이 있으니, 사욕(私慾)을 이겨내어 예(禮)로 돌아가는 것으로, 안연(顏淵)이 인(仁)을 행하는 방법을 묻자, 공자(孔子)가

"사욕을 이겨 예로 돌아감이 인을 행하는 방법이다."

고 하였으며, 극기복례의 조목으로는

"예(禮)가 아니면 보지 말고, 예(禮)가 아니면 듣지 말고, 예(禮)가 아니면 말하지 말고, 예(禮)가 아니면 움직이지 말라〔非禮勿視 非禮勿聽 非禮勿言 非禮勿動〕."

고 하였다. 이후로 선비들이 이것을 사물(四勿)이라 하여 배우는 자가 반드시 지켜야 할 덕목으로 인식하였다.

---

62) 칠정(七情) : 사람의 일곱 가지 감정. 기쁨(喜) · 노여움(怒) · 슬픔(哀) · 즐거움(樂) · 사랑(愛) · 미움(惡) · 욕심(欲), 또는 기쁨(喜) · 노여움(怒) · 근심(憂) · 생각(思) · 슬픔(悲) · 놀람(驚) · 두려움(恐)을 이른다.

• **심동신피(心動神疲)** : 마음이 움직이면 정신은 피로해진다.

| 자원(字源) |

心 본래는 심장(♡)을 그려서 **마음**을 뜻하였다. 심장에 있는 마음은 정(情)이고, 두뇌에 있는 마음은 지(知)이며, 배에 있는 마음은 의(意)이다.

動 중(重)과 역(力)의 합자니, 중력(重力)의 작용으로서 스스로 **움직이**는 것이니, 물건을 **움직이**는 뜻도 된다.

神 시(示)와 신(申)의 합자니, 신장(申)하는 시령(示靈)이라. 우주 만물을 낳아서 지배하는 **주재자**다.

疲 역(疒)과 피(皮)의 합자니, 원기가 없어서 몸이 한쪽으로 기울어지는(皮) 병(疒)이니, 즉 **피로한** 것이다. 힘이 발산해서 소모된 것은 로(勞)다.

에세이

　마음이 착 가라앉아 있어야 편안한 것인데, 마음을 움직여서 욕심을 부리게 되면, 정신이 많이 피로해지는 것이다. 그래서 공자는 잡념을 갖지 말라고 하면서, 잡념을 하려면 차라리 바둑이라도 두어야 한다고 하였던 것이다.

《진서(晋書) 도간전(陶侃傳)》에 보면,

> "진(晋)나라 도간(陶侃)[63]이 형주자사(荊州刺史)로 있으면서 매일 아침이면 군사들에게 많은 벽돌을 대문밖에 운반해 내게 하고, 저녁이 되면 운반해 들이게 하면서 하는 말이, '저 군인들은 난세에 나라를 위해 싸워야 하는데, 군사들이 너무 편안하면 장차 전쟁이 나면 감당하지 못할까 염려한다.'"

고 하였다. 이렇게 옛적에도 사람이 너무 편안하면 잡념이 생기고 정신이 피로해져서 자신의 임무수행을 완수하지 못하기 때문에 여러 가지 방법을 써서 잡념을 차단하였던 것이다.

지금도 사람이 편안하여 할 일이 없으면 공연한 잡념만 쌓여서 정신은 피로해지고, 정신이 피로하면 몸에 병이 생긴다. 대체적으로 우울증이나 조울증이 생긴다고 한다. 이를 미리 예방하는 방법은 잡념이 생길 겨를이 없이 일을 하거나 공부를 하거나 책을 읽으면 되는 것이다. 그러므로 공자는 바둑이라도 두라고 하였던 것이다.

---

63) 도간(陶侃) : 진(晋)나라 파양(鄱陽) 사람. 자는 사행(士行), 거의 평생을 군에서 지냈다. 벼슬은 대장에 이르렀다. 남달리 부지런하고 판단력이 훌륭했다.

● **수진지만(守眞志滿)** : 진심(眞心)을 지키면 지조(志操)는 충만하고,

| 자원(字源) |

守 면(宀)과 촌(寸)의 합자니, 면(宀)은 집이고, 촌(寸)은 법이다. 법도(寸)로서 가정(宀)을 **지키는** 것이다.

眞 匕와 目과 ㄴ(곡직)과 八(분별)의 합자니, 실물을 눈(目)에 가까이(匕)해보아 곡직(ㄴ)을 분별(八)한 것이 **참**이다.

志 본시는 지(之)와 심(心)의 합자니, 가는(之) 마음(心) 즉 **뜻**이다.

滿 수(氵)와 만(㒼)의 합자니, 물(氵)이 그릇선과 평면(㒼)으로 되어 **가득찬** 것이다. 넘칠 만큼 찬 것은 만(滿)이고, 점점 차는 것은 영(盈)이며, 채우는 것은 충(充)이다.

에세이

　사람은 진실해야 한다. 진실은 사람을 감동시킨다. 그리고 이 문장에서는 진심(眞心)을 지키면 지조(志操)가 충만해진다고 하였다. 사람은 지조를 지키는 자만이 큰일을 하는 것이고, 그리고 후인이 알아주는 것이다.

　《한서(漢書) 소무전(蘇武傳)》에 보면,

"한나라 무제(武帝) 때에, 흉노(匈奴)에 사신으로 간 소무(蘇武)[64]는 흉노의 선우(單于, 왕)가 갖은 협박을 하는데도 굴하지 않고 큰 구덩이 속에 갇혀서 눈을 먹고 가죽을 씹으면서 지냈으며, 자신이 억류당한 사실을 편지로 써서 기러기의 발에 매어 한나라로 부쳤다. 그 뒤에 다시 북해(北海)로 옮겨져서 양을 치며 지냈는데, 그때에도 한나라의 부절(符節)을 그대로 잡고 있었으며, 갖은 고생을 하면서 19년 동안 머물러 있다가 소제(昭帝) 때 흉노와 화친하게 되면서 비로소 한나라로 돌아왔다."

고 하니, 지금의 우리가 생각해도 소무(蘇武)는 참으로 의리가 있고 지조가 굳은 사람임을 알 수가 있다. 19년 동안이나 적국에 억류되어 있으면서도 한나라에서 준 부절(符節)을 가지고 한시도 자신의 고국 한(漢)나라를 잊지 않았기에, 오늘날까지 그 이름이 찬란하게 빛나는 것이 아닌가!

우리나라에도 소무(蘇武)같이 지조가 있는 사람은 많다. 그중에 면암 최익현은 의병대장으로 일본군에 잡혀서 대마도에 잡혀갔는데, 그곳에서 "나는 조선인으로 왜놈이 주는 밥은 먹지 않겠다."고 하고, 결국은 굶어서 그곳에서 죽었다고 하니, 이 얼마나 지조가 있는 사람인가! 그러므로 면암의 이름도 역사에 빛나는 것이다.

또 이러한 지조를 지킨 사람들을 말한다면, 고려 말의 두문동 72현과 단종 때의 사육신(死六臣)과 생육신(生六臣)을 들 수가 있다. '충신(忠臣)은 불사이군(不事二君)'이라는 대명제하에 한 임금만을 섬기겠다고 고집했으니, 그 지조를 높이 살만 하지 않은가!

---

64) 소무(蘇武) : 중국 전한의 정치가(B.C. 140~B.C. 60). 자는 자경(子卿). 흉노에 사신으로 갔다가 잡혀 19년간 억류되었다가 귀국했는데, 절개를 굳게 지킨 공으로 전속국(典屬國)에 임명되었다.

• **축물의이(逐物意移)** : 물욕을 쫓으면 의지(意志)는 분산된다.

| 자원(字源) |

逐 돼지(豕)가 둔하게 가는(辶) 것을 **쫓는** 것이다. 쫓아 보내는 것은 축(逐)이고, 쫓아가 붙는 것은 종(從)이며, 쫓아가도 못 따름은 추(追)이다.

物 우(牛)와 물(勿)의 합자니, 소(牛)는 가장 유익한 물건이다. 그로 모든 물건의 대표로 하고, 그 소 하나만을 지칭함이 아님(勿)을 의미하니, **일체의 유형한 물체**인 것이다.

意 음(音)성으로써 심(心)지를 나타내는 것은 **뜻이니**, 따라서 **의욕**이라는 뜻도 된다.

移 화(禾)와 다(多)의 합자니, 많은(多) 벼(禾) 모종을 **옮겨** 심는 것이다.

에세이

물(物)은 무엇인가! 국어사전에는 물(物)을 '인간의 감각으로 느낄 수 있는 실재적 사물. 또는 느낄 수 없어도 그 존재를 사유할 수 있는 일체의 것'이라고 말하였다. 그렇다 물(物)은 인간 이외의 모든 것을 물(物)로 규정한다.

그런데 이곳의 물(物)은 물욕(物慾)을 뜻한다. 사람은 항상 욕심에 사로잡혀 있다. 군자가 되려면 물욕을 이기고 대중을 위해서 공익적인 일을 해야 한다. 그러나 물욕을 이기기가 그렇게 용이하지 않다. 그렇기에 정부의 높은 자리에 앉은 분들이 뇌물을 받아먹고 이것이 탄로가 나서 낙마하는 일을 자주 본다. 어디 그뿐인가! 대통령을 하는 사람들도 혹 부정이 발각되어 홍역을 치루는 경우도 종종 보지 않았는가!

이들은 모두 물욕을 좇아서 의지가 옮겨진 사람들이다. 누군들 처음에 나라의 지도자가 되면, 국가를 위해 자신을 불태우겠다고 다짐하지 않으랴마는 그러나 그곳에 물욕이 개입하게 되면 순간적으로 의지가 옮겨지고 만다. 이러한 현상은 의지가 굳지 않기 때문이니, 원인은 어디에 있을까! 현대의 윤리교육의 부재에서 기인했다고 보는 것이다.

욕심이라는 것은, 사실 끊임없이 생겨나는 것이다. 사람이 이를 끝없이 좇다 보면 어느새 인성(人性)은 사라지고 욕성(慾性)만 남아서 마음과 정신을 황폐화시킨다. 그러므로 맹자는 "인욕(人慾)을 멀리하고 천리(天理)를 마음속에 두라."고 외쳤던 것이다.

그러나 기업을 운영하는 사람은 입장이 좀 다르다. 이들 기업은 모두 돈을 벌려고 만든 회사이므로, 돈을 버는 것을 나쁘게 생각하지 않는다. 기업은 돈을 많이 벌어서 회사를 키우고, 많은 종업원을 채용해서 그 사람들도 그곳에서 일을 하며 살 수 있도록 하면 되는 것이다. 여기에서 한 걸음 더 나아가서 돈을 많이 벌어서 국가와 사회를 위해서 쓴다면 더 말해 무엇하겠는가!

| 자원(字源) |

堅 견(臤)은 신하(臣)가 손(又)으로 절조를 굳게 잡은 것인데, 토(土)자로 받혔으니, 흙이 **굳은** 것이다. 형태가 굳음은 고(固)이고, 본질이 굳음은 강(剛)이다.

持 수(扌)와 사(土)와 촌(寸)의 합자니, 선비(土)가 법도(寸)를 손(扌)으로 잡아 **가지는** 것이다.

雅 본시는 초(楚)나라 새 이름인데, 그 새 모양과 같은 악기 이름이 되어, 그 소리가 청정(淸正)하므로 정악(正樂)의 뜻이 되었는데, 따라서 **청수하고 단정**한 것을 의미하게 되었다.

操 수(扌)와 조(喿)의 합자니, 喿는 나무 위에 새들이 짖(品)고 있는 것이다. 여럿이 시끄럽게 지껄이는 중에서도 무엇 하나를 **잡고** 있는 것이다.

에세이

　사람은 공부만 잘해서 되는 것은 아니다. 반드시 행실이 따라야 한다. 이를 학행(學行)이라고 하니, 필자의 14대조인 인봉(仁峰) 전승업(全承業) 선생이 운명하자 조정에서는 학행(學行)으로 장령(掌令)의 증직을 내렸다.

선생은 참판인 전팽령 선생의 손자로 태어났다. 아버지는 삼강록에 오른 효자로 이름은 엽(燁)이니, 조선왕조실록 명종조에 상세히 기록되어 있다.

인봉선생은 향시에서 장원을 하고 회시를 보았는데, 낙방을 하고는 '사람의 마음을 해치는 것은 거업(擧業, 과거시험)이다'라고 하고, 이후로 과거시험을 단호하게 접고, 오직 학문수양에만 매진하였다.

이에 판서 이준민(李俊民)[65]의 추천을 받아서 사재감첨정(지금의 청창)에 제수되었으나, 이를 사양하고 출사하지 않았고 옥천에서 학문수양에만 매진하던 중, 중봉(重峯) 조헌(趙憲)[66]선생이 옥천에 낙향하면서 서로 뜻이 맞아서 중봉선생을 스승으로 모시고 교유(交遊)하였다.

임진란이 터지고 국왕이 의주로 몽진(蒙塵)했다는 소식을 접한 선

---

65) 이준민(李俊民) : 조선 중기의 문신으로 좌승지, 병조판서, 의정부좌참찬 등을 지냈다. 동인과 서인의 붕당이 심해지자, 이를 염려하면서 당론을 조정하고자 하였던 이이(李珥)를 따랐다. 1584년(선조 17) 이이가 죽자 당인들이 그를 공격하였으나 이에 강경하게 맞서 주장을 굽히지 않았다.

66) 조헌(趙憲) : 조선 선조 때의 문신·의병장·학자(1544~1592). 자는 여식(汝式). 호는 중봉(重峯)·도원(陶原)·후율(後栗). 이이의 문인으로 기발이승일도설(氣發理乘一途說)을 지지하여 스승의 학문을 계승·발전시켰다. 임진왜란 때 옥천, 홍성 등지에서 의병을 일으켜 활약하였으나 금산에서 7백 의병과 함께 전사하였다. 저서에 《중봉집》이 있으며, 《청구영언》에 시조 세 수가 전한다.

생은, 큰아들 급(汲)에게 명하여 중봉선생을 모셔오라고 하였다. 중봉선생이 이르자 '국왕이 몽진(蒙塵)을 했는데, 신자(臣子)로서 편하게 살 수 없습니다. 같이 창의(倡義)를 하시지요.' 라고 하니, 중봉선생이 승낙하여 의병을 일으키게 되었다. 중봉선생을 대장으로 앉히고 인봉선생은 막하(幕下)에서 막료(幕僚)로 군자금을 총괄하였다.

청주성의 전투에서 영규의 군사와 합세하여 싸워서 일군(日軍)에 대첩을 하고, 선생은 중봉선생이 써준 봉사(奉事, 상소문)를 가지고 당진에 이르렀는데, 조헌의 700명의 군사와 영규의 300명의 군사가 금산의 전투에서 전몰하였다는 소식을 접하고, 봉사(奉事, 상소문)를 부관인 곽현에게 맡기고 금산으로 돌아와서 중봉선생의 시신을 수습하여 장사지내고, 나머지 1,000명의 시신을 한 무덤에 묻었으니, 이를 700의총이라고 한다.

뒤에 아들을 잃은 중봉선생의 모친과 아들들을 인봉정사로 모셔와서 아들이 모시는 것처럼 모셨으며, 마지막으로 중봉선생의 유문(遺文)을 수집하여 유고(遺稿)를 편집하였다고 하니, 선생인 중봉에 대한 존모(尊慕)함이 이보다 더할 수는 없다.

이에 윤두수(尹斗壽)⁶⁷⁾는 비문에서 선생을 '단아한 선비' 라고 하였다. 단아한 지조란 이런 것이다.

---

67) 윤두수(尹斗壽) : 조선 선조 때의 문신(1533~1601). 자는 자앙(子仰). 호는 오음(梧陰). 문장이 뛰어났고, 글씨에도 문징명체(文徵明體)를 본떠 일가를 이루었다. 저서에 《연안지(延安志)》, 《평양지(平壤志)》, 《기자지(箕子志)》 따위가 있다.

•**호작자미(好爵自縻)** : 좋은 벼슬을 자연히 얻게 된다.

| 자원(字源) |

好 여(女)와 자(子)의 합자니, 혹은 여자(女)가 자식(子)을 안고 **좋아함**
이라 하나, 실은 여자(女)와 남자(子)가 서로(互) **좋아하기** 때문에
음은 호다. 취미로 좋아하는 것은 요(樂)다.

爵 일정한 한도(寸)에서 그치(艮)도록 쥘 손(爪)이 달린 **술잔(皿)**이니,
이로써 공후백자남(公侯伯子男)의 **작위**를 주었던 것인데, 그 형상
이 새(雀) 같기 때문에 음은 작이다.

自 본시는 코를 그린 것이니, 사람이 태중에서 생길 때는 코부터 생기
는데, 코가 **스스로** 숨 쉬므로 **스스로**를 표시하는 것이다.

縻 『설문(說文)』에 미(縻)는 **소고삐**라 하였다.

에세이

　사람이 견고한 지조(志操)를 가지면, 백성들은 그를 존중하게 되
고, 군주(君主)는 그를 믿고서 훌륭한 작위(爵位)와 벼슬을 주게 되
는 것이니, 호작(好爵)이 그에게 스스로 얽히어 이르는 것이다.

조선조에서는 관리를 등용함에 있어서 과거를 통하여 인재를 선발하는 방법이 있었는가 하면, 조상의 공훈(功勳)에 의하여 음직(蔭職)을 보(補)하는 제도가 있었고, 지방의 관료가 추천하여 쓰는 추천제도 있었다.

전라도 장흥지방에 위백규(魏伯珪)[68]라는 사람이 있었다. 장흥의 관산에 위씨들의 집성촌이 있다. 위백규는 지방에서 훈학을 하면서 지냈는데, 서영보(徐榮輔)의 천거로 옥과현감에 제수되었다. 위백규는 항상 정부를 비판하는 대열에 서서 하루하루 일기를 썼다고 한다.

장흥 관산은 남쪽바다의 해안이므로 왜구의 침범이 많았다고 한다. 그러나 지방의 태수는 이를 잘 막아내지 못하여서, 백성들은 왜구에 끌려가는 것이 다반사였다고 한다. 이를 비판한 위백규가 옥과의 현감이 되었는데, 전라감사의 각 수령에 대한 고과에는 최하위에 머물렀다고 한다. 그도 그럴 것이 위백규는 원래 곧은 사람이므로, 상관에게 뇌물을 바치지도 않고, 그리고 잘 보이려고 노력하지도 않았으니, 고과가 좋을 리가 만무하다.

그러나 지조가 굳었기에 호작(好爵)이 굴러와 몸에 얽힌 것은 분명하다. 지금도 장흥에 가면 위백규를 기리는 동상이 입구에 서 있다.

68) 위백규(魏伯珪) : 친문(天文)·지리·율력(律曆)·복서(卜筮)·산수 등에 통달하고, 특히 역(易)에 정통하였던 조선 후기 학자. 문집에 《존재집》, 저서에 《지제지(支提志)》 등이 있다.

제8장　제도(帝都)

도읍화하(都邑華夏) · 동서이경(東西二京) · 배망면락(背邙面洛) · 부위거경(浮渭據涇) · 궁전반울(宮殿盤鬱) · 누관비경(樓觀飛驚) · 도사금수(圖寫禽獸) · 화채선령(畵綵仙靈) · 병사방계(丙舍傍啓) · 갑장대영(甲帳對楹) · 사연설석(肆筵設席) · 고슬취생(鼓瑟吹笙) · 승계납폐(陞階納陛) · 변전의성(弁轉疑星) · 우통광내(右通廣內) · 좌달승명(左達承明)

• **도읍화하(都邑華夏)** : 도읍을 화하(華夏, 중국)에 정하니

도읍 **도** 　 고을 **읍** 　 빛날 **화** 　 여름 **하**

| 자원(字源) |

都 　읍(邑)이란 것(者)은 사람이 모여 사는 곳이나, 읍(阝) 중에서 가장 큰 것(者)은 **서울**이다.

邑 　구(口)와 파(㔾)의 합자니, 구(口)는 사령(令)이고, 㔾은 부절(節)이라. 사령하는 부절, 즉 임명장을 주어서 다스리라는 곳이니, 즉 **고을**이다.

華 　화(𠌫)는 꽃이 찬란하게 핀 것을 상형한 자인데, 초두(++)를 했으니, 풀(++) 꽃(𠌫)이 **빛나는** 것이다. 풀의 꽃은 화(華)이고, 나무의 꽃은 영(榮)이며, 모든 꽃은 화(花)이다.

夏 　혈(首)는 얼굴이고 치(夊)는 천천한 것이니, 사람들이 점잖은 태도를 가진 문명한 중국인데, 또 일 년 중에 태양이 가장 밝고 사람의 행동이 느린 **여름**이란 뜻도 되었다.

에세이

공자가 유학을 정립하면서, 자신은 "요(堯)·순(舜)·우(禹)·탕

(湯)·문(文)·무(武)·주(周)·공(公)을 계승하였고 하였다. 이 중에 우(禹)임금이 있으니, 우(禹)가 하(夏)나라의 태조(太祖)이다. 요(堯)는 순(舜)에게 천자(天子)의 자리를 선양하고 순(舜)은 우(禹)에게 왕위를 선양하였다. 그러나 우(禹)는 자신의 자식에게 왕위를 인계하였다. 왜냐면 타인 중에 우(禹)의 아들만한 사람이 없었으므로, 백성들이 모두 그 아들에게 왕위를 선양하라 하므로 결국 그렇게 하였고, 이것이 왕위를 자식에게 물려주는 선례가 되어서, 이후부터는 모두 자기의 아들에게 왕위를 물려주게 되었다.

그런데 우(禹)나라의 이름은 하(夏)다. 하(夏)는 크다는 뜻이 있다. 그리고 화(華)는 풀이 꽃을 피운 것이니, 얼마나 아름다운가! 그러므로 문화가 빛나는 커다란 나라가 화하(華夏)인 것이다.

중국은 고대문화가 찬란하기 때문에 자존심이 매우 강한 나라이다. 그러나 그 이면을 보면, 그렇게 화려한 것만은 아니다. 왜냐면 외세가 침입하여 중국을 다스린 예가 많다. 일례로, 하(夏)는 화족(華族)이고, 은(殷)은 동이족이며, 주(周)는 화족이고, 한당(漢唐)도 화족이고, 송(宋)도 화족이며, 원(元)과 청(淸)은 동이족이고, 명(明)은 화족이다.

대체적으로 화족이 한 번 다스리면 동이족이 한 번 다스렸다. 그러나 중국의 문화가 너무 찬란하여 외세의 문화가 모두 중화의 문화로 동화되고 말았으니, 이로 보면, 중화의 문화는 찬란하게 빛이 난다. 이렇기에 화하(華夏)라고 했던 것이다.

• 동서이경(東西二京) : 동쪽과 서쪽 두 서울이라.

| 자원(字源) |

東 나무(木) 사이로 해(日)가 **떠오르는 쪽**이니, 음은 동이다. 해가 나무 위로 올라온 것은 고(杲)이고, 해가 나무 아래로 들어간 것은 묘(杳)이다.

西 옛 글자에는 새의 집을 상형하였다. 새가 제집에 들어가서 쉬는 것을 서(栖)라 하니, 그때에 해가 들어가는 곳인 **서쪽**을 뜻한 것이 해자(楷字)로 변한 것이다.

二 두 개의 선으로서 **둘**을 표시했으니, 둘은 서로 떨어져(離)서 다르기(異) 때문에 음은 이다.

京 『설문(說文)』에는 "고(高)의 생략된 자가 소(小)의 위에 있으니, 자연적으로 높은 것은 구(丘)이고 인위적으로 높은 것은 경(京)이다."라고 했으니, 국가의 최고로 만든 **서울**이다.

에세이

　서경(西京)은 지금의 섬서성에 있는 서안(西安)을 말하니, 주(周)

의 무왕(武王)은 호경(鎬京)에 도읍하였고, 진시황(秦始皇)은 함양에 도읍하였으며, 한(漢)의 고조(高祖)는 장안(長安)에 도읍하였고, 당(唐)도 장안에 도읍하였으니, 이들 지역이 모두 장안의 지역으로 지금은 서안(西安)이라 부른다.

동경(東京)은 지금의 하남성 낙양(洛陽)을 말하니, 주(周)의 성왕(成王)이 이곳에 수도를 삼은 이후, 평왕(平王)이 동쪽으로 천도(遷都)하기까지 수도로 삼았고, 후한(後漢)의 광무제(光武帝)가 다시 동쪽 낙양에 도읍하였으니, 이를 동경(東京)이라고 한다.

필자는 지난날 서안과 낙양을 모두 유람하였다. 서안(西安)의 시가지는 옛날 당나라 때에 구획한 그대로라고 한다. 쭉쭉 뻗은 넓은 길과 길옆의 삼층집이 모두 당나라 때의 모습을 오늘날 그대로 재현해 놓았다고 하니, 약 2,000년 전의 당나라의 모습은 오늘날 보아도 화려하고 광대하였다.

진시황의 병마용을 관람하고 당(唐)의 현종(玄宗)과 양귀비가 놀던 여산(廬山)의 자락에 있는 화청궁을 보았다. 양귀비의 목욕탕이 여러 개가 있는 것을 구경하였는데, 양귀비는 매일매일 목욕을 하였다고 한다.

낙양은 황하의 인근에 있다. 하남성의 수도는 정주인데, 그 박물관에 가보니, 볼 것도 많고 배울 것도 많아서 며칠은 족히 묵으면서 봐야 할 것 같았다. 필자와 같이 서예를 연구하고 한문을 번역하는 사람은 특히 더 배울 것이 많았으나, 그러나 우리 일행은 여행 일정상 주마간산(走馬看山)하듯이 휙 돌고 나왔으니, 지금도 그곳 박물관에서 시간을 갖고 여유 있게 관람하지 못한 것이 못내 아쉽기만 하다.

●**배망면락(背邙面洛)** : 동경(東京)은 북망산을 배경(背景)으로 하고 낙수(洛水)를 바라보았으며,

| 자원(字源) |

背 북(北)과 月(肉)의 합자니, 사람은 반드시 양명한 남쪽을 향하니, 육(肉)체의 북쪽은 **등**이다.

邙 망(亡)과 邑(阝)의 합자니, 망(亡)은 음이고, 읍(邑)은 훈(訓)이니, 즉 **터**이다.

面 머리털(丶丿) 없는 수(首)자와 턱수염(八) 없는 혈(頁)자에다 좌우로 살을 덧붙인(冂丬) **낯**을 상형한 것이다.

洛 수(氵)와 각(各)의 합자이나, 뜻으로 쓰는 자가 아니고 중국 황하로 들어가는 **물 이름**으로 쓰이는 것이다.

에세이

북망산은 낙양의 북쪽에 있다. 즉 낙양의 공동묘지가 있는 산 이름이다. 우리나라의 속담에도 죽은 사람을 '북망산에 갔다'고 하는데, 이 말은 이곳에서 빌려온 말이다.

이 문장은 수도(首都)의 지세(地勢)를 말하는 것이니, 고려의 왕건 태조나 조선의 이태조도 각기 수도를 개성과 한양에 정하면서도 풍수지리의 지세를 보고 정했다고 한다.

고려의 송도(松都)는 도선 국사가 풍수설에 의해 잡은 땅으로, 왕씨(王氏)가 왕업을 일으켜서 5백년 기업(基業)을 이어온 곳이다. 곡봉(鵠峯)이 주악(主嶽)이 되고 지맥(支脈)이 나누어져 뻗어 나간다. 산세가 둘러 있어 조그마한 산이라도 모두 구역(區域)을 지었으며 수천(水泉)이 깨끗하여 방방곡곡에 놀만 한 곳이 있다.

조선의 한양은 무악대사가 잡은 땅으로 북악산을 주산으로 삼고 좌측에는 낙산이 있고, 우측에는 인왕산이 있으며, 앞의 남산은 안산이고 청계천은 서에서 동으로 흘러서 한강의 흐름과 대조를 이루니, 이러한 형국이 최상의 길지(吉地)라 하여 한양으로 정했다고 한다. 조선은 망했어도 한양이 지금까지 수도를 유지하는 것을 보면 길지(吉地)는 길지인 듯싶다. 생각건대, 서울은 지금 1,000만 명이 사는 도시이다. 이렇게 많은 사람들이 아무 걱정 없이 잘 사는 곳이라면 길지가 아니고 무엇인가!

거기에다 수도의 인근인 인천에 260만 명이 살고, 경기도에 1,000만 명이 산다. 그것도 조선건국 이래 가장 부유하게 잘 살고 있다. 천복(天福)을 받은 길지가 아닌가!

• **부위거경(浮渭據涇)** : 서경인 장안(長安)은 위수(渭水) 부근
에 위치하고 경수(涇水)에 근거하여 지세를 얻었다.

| 자원(字源) |

浮 수(氵)와 부(孚)의 합자니, 부(孚)는 조(爪)와 자(子)의 합자로서 새
가 발톱(爪)으로 새끼(子)를 까니, 새가 새끼 위에 **떠 있는** 것이다.
물건이 물(氵) 위에 **뜨는** 것이니, 음은 부다.

渭 수(氵)와 위(胃)의 합자니, 수(氵)는 훈이고, 위(胃)는 음이 된 형성
자이고, 뜻은 **물 이름**이다.

據 거(豦)는 범이 두 발을 들고 일어서는 것인데, 수(扌)변을 덧붙였으
니, 사람이 손(扌)으로 지팡이를 짚고 일어서는(豦) 것이다. 즉 지
팡이에 **의거하는** 것이다.

涇 수(氵)와 경(巠)의 합자니, 수(氵)는 훈이고, 경(巠)은 음인 형성문자
이다. 즉 **물 이름**이다.

에세이

　중국 섬서성의 함양에 흐르는 경수(涇水)는 물이 흐리고, 위수(渭

水)는 맑다고 한다. 나중에는 두 물이 만나서 흐르니, 결국 음양이 만난 것이다.

《사기(史記) 제세가(齊世家)》에 의하면, 위수(渭水)는 원래 중국 감숙성(甘肅省) 위원현(渭源縣)의 서북 조서산(鳥鼠山)에서 발원하여 섬서성(陝西省)을 거쳐 황하로 흐르는 강이다. 강태공이 이 강에서 낚시질하며 세월을 보내는데, 주(周)나라 문왕(文王)이 등용했으며, 문왕의 아들인 무왕(武王)을 도와서 왕업을 이루었다고 한다.

수도(首都)가 되려면 첫째로 강물이 있어야 한다. 서울에는 한강이 있고, 평양에는 대동강이 있으며, 경주에는 형산강이 있고, 부여에는 금강이 흐른다. 이 중에서도 한강이 가장 크고 길다. 수량도 많아서 2,000만 명이 먹고도 남는다. 한강이 아니면 이렇게 많은 인구가 잘살 수는 없다. 그러므로 한강은 서울의 젖줄이고 경기도의 젖줄인 것이다.

풍수(風水)라는 것은 바람과 물을 중요시 한다는 학설이다. 그런데 한강은 동에서 발원하여 서쪽의 황해로 빠져나간다. 물이 앞으로 직선으로 흐르면 좋지 않고 옆으로 구불구불 흘러야 좋다고 한다. 한강이 그렇게 흐르지 않는가! 그리고 청계천은 작은 시내지만 경복궁의 가까운 곳에서 흐르므로 그 영향을 많이 받는다. 그런데 한강과 정 반대로 서에서 동으로 흘러 한강과 합류한다. 이러한 지세가 풍수에서는 매우 좋다고 한다. 역시 서울은 여러 가지로 많은 복을 받은 길지인 것은 확실하다.

• **궁전반울(宮殿盤鬱)** : [동서의 이경(二京)]에는 천자의 궁전
  (宮殿)이 구불구불하게 이어져 웅장하고,

┃ 자원(字源) ┃

宮 갑골문(甲骨文)에는, 여러 채로 된 큰 집을 그린 형상이나, 지금은
면(宀)과 여(呂)의 합자니, 여러 채의 집이다. 최고로 호화로운 임
금의 **궁전**이다.

殿 전(展)은 넓은 집이고, 수(殳)는 창이니, 넓은 전(展)에 창(殳)을 들
고 호위하는 집이니, 즉 **궁전**이다. 웅장한 집은 궁(宮)이고, 높이
솟은 집은 궐(闕)이다.

盤 반(般)은 배(舟)의 돛대(殳)를 물에 넣으면 커져 나가는 파문처럼
둥근 것인데, 명(皿)을 붙였으니 **둥근 그릇**이다. 그러나 모난 목제
(木製)의 반(盤)은 반(槃)이다.

鬱 향기(鬯)와 문채(彡)는 덮어(冖)놓고 밀림(林)이 우거진 속에 병(缶)
만한 구멍이 있으니 **답답한** 것이다. 머리에 화가 치민 것은 번(煩)
이다.

궁전(宮殿)은 천자(天子)나 임금이 사는 집을 말한다. 우리나라의 서울은 조선의 수도이니, 조선의 궁전이 있다. 창덕궁, 덕수궁, 창경궁 등이 있고, 비원(秘苑)이 있으며 경회루가 있다.

창덕궁과 덕수궁은 모두 아름답고 웅장한 건축물이다. 당시 조선시대의 일반 백성들의 집, 즉 초가집은 조그만 집이었으니, 궁궐을 보면 대단히 크고 웅장하게 보였을 것이다. 그러나 오늘날의 큰집에 비하면 오히려 작은 집에 속한다. 그러나 넓은 대지 위에 날아갈 듯 지은 기와집은 가히 압권이다.

주변의 자연을 살려서 지은 궁궐은 하나의 자연의 연장이다. 자연과 함께 숨 쉬고 자연과 함께 즐긴다. 그러나 대궐의 담을 보면 실망이 앞선다. 장정이면 누구나 가볍게 넘을 수 있을 정도로 낮으니 하는 말이다.

중국의 궁궐에 가보면 우리나라의 궁전과 대조되는 것이 많다. 궁전도 더 웅장하지만, 궁궐을 두른 담장의 높이가 우리의 담장보다 세 배는 더 높으니, 누구라도 이곳에 오면 머리를 쭉 빼야만 담장 위에 있는 사람을 볼 수가 있다. 그리고 담장 위에는 사람이 다닐 수 있는 길이 만들어져 있어서 그곳에서 병사들이 대궐을 지킨다.

우리의 조선은 소국이므로 아마도 국력이 딸려서 그런 것이 아닌가 생각한다. 그러므로 조선시대에 사신들이 중국에 가면 모두 놀라서 눈이 동그랗게 될 수밖에 없었을 것이니, 너도나도 중국을 다녀오면 기행문을 써서 남겨놓았지 않았나 생각한다.

그리고 중국은 한국과 달리 땅이 너무 넓다. 작디작은 우리나라에 살다가 중국의 광활한 평야를 바라보면 입이 벌어져서 닫지 못할

정도다. 어떤 평야는 비행기로 두 시간을 날아가도 산이 보이지 않는다고 하니, 우리의 상상을 뛰어넘는다. 그러나 땅이 작다고 해서 비관만 할 것은 아니다. 왜냐면 우리의 마음속에는 그보다 더 넓은 평야가 있고, 그보다 더 깊은 바다도 있으며, 그보다 더 높은 궁궐도 있으니까!

• **누관비경(樓觀飛驚)**: 고루(高樓)와 누대(樓臺)는 마치 놀란 새가 머리를 들고 날아오는 것처럼 웅장하다.

| 자원(字源) |

樓 목(木)과 누(婁)의 합자니, 주초(柱礎)가 높고 밑이 비(婁)게 나무로 지은 **누각**이다. 높게 지은 마루 집은 누(樓)이고, 높은 곳에 지은 별장은 정(亭)이다.

觀 관(雚)과 견(見)의 합자니, 황새(雚)가 물속에 든 식물을 투철하게 **보는** 것이다. 자신의 마음을 내관(內觀)하는 도가의 수도장을 관(觀)이라 한다.

飛 새가 나는 형상이나, 우(羽)와 승(升)의 합자로도 되니, 날개(羽)를 쳐서 공중으로 올라(升)감은 **나는** 것이다. 날아서 날개를 침은 번(翻)이고, 공중을 돎은 상(翔)이다.

驚 구(苟)와 복(攵)과 마(馬)의 합자니, 만약(苟) 매를 치(攵)면 말(馬)이 **놀라는** 것이다. 놀라서 움직이는 것은 경(驚)이고, 놀라서 소리치는 것은 악(愕)이다.

필자는 어느 날 계룡산에 오른 적이 있다. 산 위에서 그 아래에 있는 동학사를 보고 깜짝 놀란 일이 있다. 동학사의 기와집들이 그렇게 아름답게 보일 수 없었기 때문이다. 지붕 용마루의 선(線)과 추녀는 하늘을 날아오를 듯이, 또는 잔잔한 주위의 산과 어울려서 한 폭의 그림보다도 더 아름답게 보였다.

하나의 절도 이렇게 아름답게 보이는데, 황차 궁궐이야 말해서 무엇하겠는가! 그리고 경치가 아름다운 곳에 세운 누각은 또 얼마나 아름다운가! 아름다운 경치에 아름다운 누각을 세웠으니, 아름다움이 겹친 것이다. 이러한 것은 새가 놀라서 날아오르는 것과 같다고 하였을 것이다.

수년 전에 상해의 예원(豫苑)을 관람한 일이 있다. 오밀조밀한 미로의 길을 찾아다니며 관람을 하였다. 하나의 건물에 들어가려면 반드시 문을 통과해야 하는데, 그곳에는 반드시 아름다운 현판이 있었다. 기둥에 늘어져 있는 대련으로 쓴 주련들과 각종 문 위에 달린 현판들과 그리고 그곳에 찍은 낙관들 모두 아름다운 것들뿐이었다.

어떤 집은 연못의 위에 집을 지어서 이색적인 아름다움을 자랑하고 있었으니, 우리나라에서는 좀처럼 구경하기 힘든 모습이었다. 넓은 대지 위에 세워진 이 모든 저택이 개인의 소유이었다니 그저 놀라울 뿐이다. 이렇게 아름다운 집들이 대궐에는 많다고 하는 본문의 말씀이다.

● **도사금수(圖寫禽獸)** : (궁궐에는) 비금(飛禽)과 주수(走獸)를 그렸고,

| 자원(字源) |

圖 일정한 지면(口)에 쌀 곡간(亩)을 짓는 계획을 입(口)으로 말해서 그 도면을 **그린**다. 자연물의 천연색 그림은 회(繪)다.

寫 면(宀)과 석(舃)의 합자니, 집(宀)에서 신(舃)을 신으면 나가는 것이니, 그래서 걸으면 땅에 신 자국이 베껴지는 것처럼 같게 본이 **떠진다**. 그러므로 글씨를 **쓴다**의 뜻이 된다.

禽 △(合)과 리(离)의 합자니, 모든 짐승(离)을 모두 합해서(合) 총칭하는 것이나, 특히 **나는 새**를 뜻하는 것이다.

獸 수(嘼)는 **짐승**을 상형한 것이니, 두 귀는 ㅁㅁ이고, 머리는 田, 발이 땅을 밟는 것이 ㅂ라고 한다. 그런데 견(犬)자를 덧붙여서 의미를 강화한 것이다.

에세이

이는 궁궐의 벽면에 아름다운 그림을 그려 넣었다는 것이니, 궁궐

을 아름답게 꾸미고, 또한 높고 고귀한 곳이라는 의미를 부여하기 위해 그림을 그려 넣은 것이다.

십장생도(十長生圖)라는 것이 있으니, 오래도록 살고 죽지 않는다는 열 가지를 말한다, 해, 산, 물, 돌, 구름, 소나무, 불로초, 거북, 학, 사슴 등을 말하니, 우리나라 조선에서는 국왕이 앉는 자리 뒤쪽에 십장생도(十長生圖)의 병풍을 쳐서 임금이 죽지 않고 오래도록 살기를 염원해서 이를 그려서 세워 놓았던 것이다.

지금도 절 같은 곳에 가면 벽면에 사슴 같은 짐승도 그리고 신선이 호랑이를 몰고 다니는 그림도 그려 넣은 것을 볼 수가 있으니, 이는 도가(道家)의 사상과 불교가 만나서 이루어진 사상을 그림으로 남긴 것이다.

특히 절의 제일 뒤쪽에 있는 신선각에는 산신령과 호랑이의 그림을 볼 수가 있는데, 이는 단군의 신선사상이 불교에 들어와 있는 것이다. 원래 우리나라는 단군의 신선사상이 지배하고 있었는데, 삼국시대에 불교가 처음으로 들어와서 원주민과 소통하기 위해서 단군의 신선사상을 흡수해서 절(寺)의 제일 상부에 해당하는 뒤편에 신선각을 세우고 그곳에 예배를 드리게 하였던 것이 지금까지도 절의 제일 뒤에는 신선각이 있는 것이다.

사람이 살아가는 공간을 아름답게 꾸미는 것은, 그 아름다움을 보면 마음에 기쁨이 찾아오고 정서가 순화되기 때문이다. 아이들이 자라면서 아름답고 멋있는 그림이나 글씨를 자주 보게 되면 어느새 그 아름다움이 아이의 마음에 들어와서 자리를 잡게 된다.

우리는 아내가 집에서 손녀를 키우는데, 집에 어린 아기의 책을 많이 꽂아놓으니 아기가 그 책을 뽑아보면서 논다. 그리고 매일매일 그 책을 뽑아 와서 할머니께 읽어달라고 하는 것을 본다. 이는 아기에게 아름다운 환경을 만들어주면 아기는 그 방향으로 발전하며 자란다는 것을 보인 것이니, 맹자의 어머니가 자식을 위해서 세 번이나 이사를 했다는 말씀이 가장 이상적인 교육방법인 셈이다.

● **화채선령(畫綵仙靈)** 신선과 신령을 그리고 채색하였다.

| 자원(字源) |

畫 획(畫)은 밭(田)을 사방에서 선(口)으로서 구획한 것인데, 위에 율(聿)을 덧붙여서 붓으로 선을 긋는 것이 **획**이 되었다. 따라서 **그림**이란 명사가 되었다.

綵 사(糸)와 채(采)의 합자니, 사(糸)는 흰 포목이니, 포목 위에 **채색**을 한다는 것이니, 훈(訓)이고, 채(采)는 음(音)이 되었다.

仙 인(亻)과 산(山)의 합자니, 산(山)에 들어가서 수양하는 사람(人)은 **신선**이다.

靈 우(雨)와 령(吅吅)과 무(巫)의 합자니, 하늘에서 비(雨)처럼 내리는 여러 소리(吅吅)를 무당(巫)이 감응하는 **신령**이다. 영(靈)의 근원은 신(神)이다.

에세이

　필자가 어렸을 때는 입춘(立春)이 되면, 아름다운 시구(詩句)를 붓글씨로 잘 써서 안방의 천장과 집의 각 기둥에 붙였던 기억이 난다. 옛적 필자가 어렸을 때는 거개가 초가집이었다. 물론 우리 집도 초가집이었는데, 서당에서 길게 잘라낸 창호지에 "세재신묘만사여의 대통(歲在辛卯萬事如意大通) ; 신묘년의 새해에는 만사가 뜻과 같이 크게 형통하라."라는 문구를 안방의 천장에 붙이고, 각기 기둥에는 "당상무모천년수(堂上父母千年壽) 슬하자손만대영(膝下子孫萬代榮) ; 당상에 계신 부모님은 천 년을 사시고, 슬하(膝下)의 자손은 만대까지 영화가 있어라." 하고, 또 "소지황금출(掃地黃金出) 개문만복래(開門萬福來) ; 마당을 쓰니 황금이 나오고, 문을 여니 만복(萬福)이 온다."고 하는 등등의 입춘을 써서 붙였는데, 이 입춘의 종이가 두꺼워질수록 집안이 잘 된다는 설이 있었다.

필자도 서당에서 배운 붓글씨의 실력을 유감없이 발휘하여 써서 붙였다. 시골의 초가집에 이 입춘을 붙이면 집안이 훨씬 환하여 좋았던 기억이 있다.

필자가 2009년에 중국 무이구곡을 유람하러 갔는데, 인천공항에서 항주로 가서 항주에서 '천도호(千島湖)'를 유람하려고 그곳으로 가서 호텔에 들어갔는데, 정문의 앞면에 큰 집채만 한 작품 두 점을 나란히 걸어놓은 것을 보았다. 이 작품은 중국의 태초(太初)를 형상화한 작품이었다. 그리고 방에 들어가니, 방의 벽에는 주역(周易)의 문구로 쓴 서예작품 두 점씩을 표구를 잘하여 걸어놓았고, 1층의 찻집에도 들어가는 정면에는 붓글씨로 병풍을 만들어서 가리개처럼 세워놓아서 찻집의 내부를 밖에서 보이지 않게 한 것을 보고, 서예가로써 많은 감동을 받았다.

또 호텔에서 1박을 한 다음, 이른 아침에 배를 타러 선착장으로 가는데, 길옆의 긴 거리에 쌓은 축대를 매끈한 바위처럼 다듬어놓고, 그곳에도 아름다운 서예작품을 줄줄이 써놓은 것을 보았다. 필자는 이를 보고 세상에 이런 곳도 있구나! 하면서 서예의 위대한 작품성을 감탄한 일이 있어서 여기에 그 소회를 적는 것이다.

● **병사방계(丙舍傍啓)** : 병사(丙舍)[69]는 곁으로 열려 있고,

| 자원(字源) |

丙 북쪽에서 들어온 안(內)에서 나가는 바깥쪽(一)은 **남쪽**이다. 남쪽은 화방(火方)이라 뜨겁고 밝다는 뜻으로 쓰였다.

舍 『옥편(玉篇)』에는 인(人)과 설(舌)의 합자이나, 인(人)과 토(土)와 구(口)의 합자로 보아서, ∧자형으로 덮은 흙(土) 구덩이(口) **집**이다.

傍 방(旁)은 입(立)과 방(方)의 전체를 덮은(一) 것인데, 인(亻)변이 있으니, 사람이 그 **옆에** 있는 것이다. 객체의 곁은 방(傍)이고, 주체의 곁은 측(側)이다.

啓 계(启)는 문(戸)의 입구(口)를 여는 것인데, 복(攵)자를 덧붙였으니, 매를 쳐서 **여는** 것이다. 정신적으로 차츰 여는 것은 계(啓)이고, 형태적으로 활짝 여는 것은 개(開)이다.

---

69) 병사(丙舍) : 후한(後漢)의 궁중의 제삼사(第三舍)를 말함.

궁궐은 임금만이 사는 곳이 아니고 임금의 어머니, 그 동생들을 포함하여 많은 사람들이 궐내에 산다. 병사(丙舍)라는 것은 이런 사람들이 사는 곳인 제삼사(第三舍)를 말한다.

우리나라의 비원에는 연경당이 있으니, 매우 아름다운 집이므로 여기에 소개한다.

연경당은 후원의 첫째 구역인 주합루(宙合樓)·영화당(暎花堂) 등의 일곽을 지나 애련정(愛蓮亭)과 애련지(愛蓮池) 및 의두합(倚斗閣 ; 같은 건물의 동쪽, 누는 영춘루, 남쪽 마루는 기오헌이다)·운경거(韻磬居) 등이 조성되어 있는 곳의 안쪽 아늑한 골짜기에 있다. 삼면이 나지막한 산으로 둘러싸여 있고, 동쪽만이 트여 있는데 이곳에 애련정과 애련지가 배치되어 있다

아름다운 산, 풍요로운 숲, 그리고 연못과 정자가 이루어내는 이상적인 환경 속에 자리 잡은 이 집은 뛰어난 짜임새와 만듦새를 보여 주고 있다.

정남향에 북·동·서 삼면이 산으로 둘려진 곳에 북서쪽에서 흘러나온 물이 남쪽, 즉 집 앞을 거쳐 동쪽으로 빠져나가도록 물길을 내어 풍수적으로 명당을 형성한 다음, 방위에 맞추어 직각으로 건물 군을 배치하였다.

배치형식은 전형적인 조선시대 상류주택의 예에 따라 맨 앞쪽에 행랑채를 두 겹으로 두르고, 중문(中門)이 있는 행랑채에 각각 사랑채와 안채로 통하는 출입문을 좌우로 벌려 냈다.

유교의 내외법(內外法)에 따라, 남녀의 공간을 엄격하게 구분하기 위하여 사랑채와 안채 사이를 담으로 막고 출입문을 설치하는데,

연경당에서는 사랑채와 안채의 앞마당 사이에 담을 설치하여 구분하고 있지만, 건물은 붙여 지어 사랑채 내부에서 안채 내부로 드나들 수 있게 하였다.

사랑채 안 동쪽에는 누각을 세웠고, 그 동쪽 마당에 선향재(善香齋)라는 서실(書室)을 배치하였으며, 선향재 후원에 높다란 꽃 계단을 쌓아 정원을 만들고 그 위쪽 언덕에 정자를 지어 휴식처를 마련하였다.

안채의 뒤쪽으로는 담을 쌓아 독립된 구역을 만드는 한편, 바깥 행랑채 동쪽 부분에는 마구간과 가마 두는 곳도 마련하였다.

• **갑장대영(甲帳對楹)** : 궁전 안에는 큰 기둥이 대립하였고,
주옥(珠玉)으로 꾸민 장막은 찬란하게 걸리어 있다.

| 자원(字源) |

甲 초목(草木)이 처음으로 땅에서 나올 때에 씨껍질을 쓴 형상이다.
생명의 첫 출발이니, 다음은 을(乙)이다. 갑(甲)은 생명을 보호하
는 껍질이라. 사람의 몸을 보호하는 **갑옷**도 뜻한다.

帳 건(巾)과 장(長)의 합자니, 천(巾)으로 길게(長) 둘러서 무엇을 가리
는 **포장**이다.

對 땅(土) 위에 떨기(丵)로 난 초목을 사람은 법도(寸)에 따라 **상대하
는** 것이다. 주체가 객체를 향한 것은 대(對)고, 눈으로 나무를 보는
것은 상(相)이다.

楹 목(木)과 영(盈)의 합자니, 목(木)은 훈(訓)으로 **기둥**을 뜻하고, 영
(盈)은 음이다.

에세이

갑장(甲帳)은 갑을의 순위로 지어진 장막 중의 첫째 장막을 말한

다. 한(漢)나라 무제(武帝) 때에 지은 유리(琉璃), 주옥(珠玉), 명월(明月), 야광(夜光) 등의 천하의 보배로 장식된 최상의 장막이다. 한서(漢書) 서역전 찬(西域傳贊)에서, "신명이 통하는 누대를 세우고 갑을의 장막을 지었다."고 하였고, 그 주(注)에 말하기를, "그 수가 하나가 아니니, 갑을로써 차례로 이름을 붙였다."고 하였으며, 한무(漢武)의 고사(故事)에도 "유리(琉璃), 주옥(珠玉), 명월(明月), 야광(夜光), 잡착진보(雜錯珍寶)로 갑장(甲帳)을 삼았고, 그 다음은 을장(乙帳)이 되니, 갑에는 신명(神明)이 살고, 을장(乙帳)에는 임금이 어거한다."고 하였다.

이는 옛날에 천자가 궁궐을 짓고 그 궁궐에 천하의 보배들을 가져다가 치장한 것을 말한 것이니, 오늘날도 특급호텔에는 일박(一泊)의 비용이 천만 원도 가고 억대도 간다고 한다. 어느 호텔은 수도꼭지를 순금으로 장식을 했다는 신문기사를 본 일이 있는데, 이렇게 값진 보석으로 치장을 해놓고 천하의 갑부들을 유치하여 많은 숙박료를 받는다는 것이다.

우리 같은 서민들이야 어디 꿈도 못 꿀 일이지만, 그러나 돈 많은 갑부들을 이런 곳에서 자게 하고 많은 숙박료를 받고 음식도 비싼 음식을 대접하여 많은 돈을 받아내야 돈이 돌고 도는 것이다. 돈이 돌아야 서민도 사는 것이다.

사람이 집을 짓고 살면서, 살림은 날로 늘어나고 자식들은 자라면서 좋은 환경에서 공부도 잘하고 부모님께 효도하며, 형제에게 우애하며 자란다면 더 무엇을 바라겠는가! 이렇게 태평한 가정을 꾸리는 것을 원하는 것이니, 그러므로 양택풍수가 생기고 음택풍수가 생겨서 대문은 동으로 내고 길은 구불구불하게 하며, 물길은 빙둘러가는 곳을 택하여 집을 짓는 것이다. 마당에는 잔디를 깔고 그 앞

에는 연못을 파서 고기들이 유영을 하며 놀게 하고, 마당 서쪽에는
정자를 세워서 무더운 여름에 더위를 식힌다면 이 얼마나 아름다운
집인가! 이는 재력이 있어야 되는 것이니, 임금은 이렇게 아름다운
집들을 짓고 살았다는 이야기가 된다.

● **사연설석(肆筵設席)** : 자리를 깔고 좌위(座位)를 진설하고서,

| 자원(字源) |

肆 장(長)과 율(聿)의 합자니, 드디어(聿) 스스로 길게(長) **펼치는** 것이다. 따라서 상품을 펴놓은 상점, 마음대로 펼치는 **방자함**의 뜻도 된다.

筵 죽(竹)과 연(延)의 합자니, 최초에는 대(竹)로서 펴게(延) 만든 돗자리였는데, 지금은 모든 자리를 통칭한다. 높은 자리는 연(筵)이고, 일반 자리는 석(席)이다.

設 언(言)과 수(殳)의 합자인데, 『설문(說文)』에는 "수(殳)는 사람을 부리는 것이다."라고 했으니, 말로써(言) 사람을 시켜(殳) 일을 **베푸는** 것이다.

席 『설문(說文)』에는 "서(庶)의 약자와 건(巾)의 합자다."라고 했으니, 여러(庶) 사람이 모여 앉는 베(巾)는 **자리**이다.

에세이

옛적 궁정의 잔치는 엄격한 예절 속에 이루어졌다. 찬인(贊人)의

인도함에 따라 한 사람씩 움직였으니, 필자가 강의하고 있는 《동궁일기》에 보면, 액정서(掖庭署)[70]에서 연석(宴席)을 설치하고 나면 한 사람씩 입장을 하는데, 각기 찬인의 인도함을 따라서 입장을 하며, 북쪽을 향하여 앉거나 동쪽을 향하여 앉으라고까지 지시한다.

이 문단의 내용은 이러한 궁궐에서 잔치를 하는 모습을 여덟 자의 운문(韻文)으로 정리하여 놓은 문장이다. 임금이 나오면 신하는 어떻게 해야 하고, 세자는 어느 자리에 와서 앉고 영의정과 좌의정과 우의정은 어디에 앉으며, 육조의 판서는 어디에 앉고, 이하의 관원들은 어느 자리에 좌정을 하는 것을 각기 예절의 절차에 따라 움직이는 것이다.

그런데 관리에는 당상관과 당하관이 있다. 정삼품 통정대부 이상은 당상관이라 하여 당상(堂上)에 자리를 하고, 종삼품 이하는 당하관이라 하여 당하(堂下)에 좌정을 하는 것이다.

우리가 살고 있는 오늘날도 자기의 좌석은 엄연히 있는 것이니, 국회의원이 회의하는 것을 보면, 각자의 의석 앞에는 '○○○의원'이라는 문패가 있어서 그곳에 가서 앉아야 하는 것이고, 회사원의 회식자리일지라도 회사의 사장이 좌정을 한 뒤에 전무, 상무의 순으로 앉아서 회식을 하는 것이 아닌가!

이러한 예절의 순서와 절차가 없다면 우왕좌왕하게 되어서 회의를 망치게 되는 것이니, 예나 지금이나 반드시 순서와 절차는 있어야 일사불란하게 움직이는 것이다. 옛날에는 이러한 예절을 매우 중요시하였다.

---

70) 액정서(掖庭署) : 조선 시대 내시부에 속하여 왕명의 전달 및 안내, 궁궐 관리 따위를 맡아보던 관아이다.

• **고슬취생(鼓瑟吹笙)** : 거문고를 타고 생황을 불면서 음악을 연주한다.

┃ 자원(字源) ┃

鼓 주(壴)는 악기를 상형한 자고, 복(攴)은 치는 것이니, 치는(攴) 악기 (壴)인 **북**이다.

瑟 복희씨가 창조한 **거문고**니, 즉 **비파**다. 금(琴)과 슬(瑟)은 소리가 화합하기 때문에 부부의 정이란 뜻도 된다.

吹 구(口)와 흠(欠)의 합자니, 하품(欠)하면 입(口)에서 공기가 나오니, 바람이 **부는** 것이다. 급히 부는 것은 취(吹)이고, 늦게 부는 것은 허(噓)이다.

笙 죽(竹)과 생(生)의 합자니, 대통(竹)으로 만들어 불면 소리가 나는 (生) **피리**다.

에세이

　잔치에는 반드시 음악이 있고 술이 있고 춤이 있는 것이다. 고슬 취생(鼓瑟吹笙)은 비파를 타고 피리를 불면서 음악이 연주가 되면 술을 마시고 춤을 추는 것이니, 이러한 연회(宴會)를 궁궐에서 연다는 것이다.

《논어(論語)》에 보면, 옛적에 '천자(天子)는 팔일무(八佾舞)[71]로 춤을 추니, 64명이 여덟 줄로 서서 춤을 추고, 제후는 육일무(六佾舞)를 추니 36명이 춤을 추며 공경대부는 사일무(四佾舞)를 추니 16명이 춤을 추고, 사(士)는 이일무(二佾舞)를 추니 4명이 춤을 춘다.'고 하였다.

문묘(文廟)[72]의 제향(祭享)에도 팔일무를 춘다. 왜 공자의 제향에 팔일무를 추느냐 하면, 공자도 대성지성문선왕(大成至聖文宣王)이라는 시호를 받았으므로 천자의 예우를 하는 것이다.

필자도 TV에서 팔일무를 추는 모습을 구경한 적이 있으니, 음악에 맞춰 추는 이 춤은 지금처럼 현란하게 추는 춤이 아니고 그냥 근엄하게 추는 춤이다. 오는 9월 26일에 성균관대학교 유학대학원에서는 중국의 곡부에 있는 공묘(孔廟)에서 제향을 올리는 것을 관람하러 중국에 간다. 그러나 중국은 문화혁명 때에 비림비공(批林批孔)이라 하여 유림을 비판하고 공자를 비판하면서, 이러한 문묘에

---

71) 팔일무(八佾舞) : 원구단(圜丘壇)·종묘(宗廟)·문묘(文廟) 등 나라의 큰 제사 때에 악생(樂生) 64인을 8열로 정렬시켜 추게 하던 규모가 큰 문무(文舞)나 무무(武舞).

72) 문묘(文廟) : 공자를 모신 사당. 원래 선사묘(先師廟)라고 하였다가 중국 명나라 성조 때 문묘(文廟) 또는 성묘(聖廟)라고 하였으며, 청나라 이후 공자묘(孔子廟)라 하였다. 중국 산동성(山東省) 취푸(曲阜)에 있는 것이 가장 크고 유명하다. 우리나라에는 성균관과 향교에 있는데 곳에 따라 사성(四聖), 공자의 제자, 역대의 거유(巨儒) 및 신라 이후의 우리나라의 큰선비들을 함께 모신 곳도 있다.

제향하는 절차를 다 잊었다고 한다. 그래서 우리나라의 성균관에
와서 모든 행사와 절차를 배워가지고 갔다는 이야기가 있다.

　여하튼 이러한 행사에는 반드시 음악이 따라야 한다는 것을 이 문
단에서는 이야기하고 있다.

• **승계납폐(陞階納陛)** : (각국의 제후들이) 천자의 궁궐 섬돌에 입신(入身)하니,

| 오를 승 | 섬돌 계 | 드릴 납 | 뜰 폐 |

| 자원(字源) |

陞 석문(釋文)에 "승(陞)은 본래 승(升)자에서 만들어진 글자이다."라고 했으니 **오르는** 것이다.

階 부(阝)와 개(皆)의 합자니, 언덕(阝)으로 올라가는 디딤돌은 다(皆) **층대**이다.

納 본래 내(內)는 冂의 안으로 무엇이 들어오는(入) 것이니, **드리는** 것인데, 또 사(糸)변을 붙임은 바깥에서 안으로의 인연을 표시한 것이다.

陛 언덕(阝)이 연대서(皆) 있는 **계단**이나, 특히 천자만이 오르내리는 **계단**이다.

에세이

임금이나 천자는 높은데 앉고 신하들은 조정의 섬돌 아래에 서야 한다. 그 섬돌 아래에서 예를 갖추고서 가지고 온 물건을 천자께 드

려야 한다.

필자가 중국의 상해에 있는 예원에 갔는데, 그 예원의 주인이 앉는 자리는 무척 높은 마루 위에 있어서, 그곳을 보려면 고개를 번쩍 들어야만 보이게 되어 있었고, 그 좌우에는 "출장입상(出將入相) 입신양명(立身揚名)"이라 써 붙이고 있었다. 그래서 그 아래 마당에 있는 집사나 하인들이 주인을 생각할 때에 감히 뛰어넘지 못할 존재로 여기도록 집을 높이 지어놓고 산 것을 관람한 일이 있었다.

그런데 황차 천자(天子)가 앉는 자리는 얼마나 높고 현란하였겠는가! 옛적에는 군주정치를 하였기 때문에 그 나라에 있는 사람을 포함한 모든 것이 천자 한 사람의 소유이었으니, 그 위세가 어떠하였겠는가! 상상을 해보면 알 수가 있을 것이다.

그러므로 현대의 민주주의는 국민이 주인이 되는 세상이니, 이 얼마나 살기가 좋은 세상인가! 상상만 해도 재미있고 흥이 나는 세상인 것이다.

국민 누구나 자기가 가지고 있는 재주를 가지고 일을 해서 돈을 벌어도 누구하나 그에게 이래라저래라 명령할 수가 없는 세상, 국민의 기본권이 보장된 나라인 대한민국은 너무도 아름답고 살기좋은 나라인 것이다.

사람은 언제나 위를 보지 말고 아래를 보면서 살면 불평이 나오지 않는 것이다. 언제나 위를 보기 때문에 많이 벌어도 항상 불평이 쏟아지는 것이니, 공자의 제자 안회(顔回)처럼 누항(陋巷)의 더러운 곳에 살아도 부끄러워할 필요가 없는 것이다. 자신의 능력이 있으면 얼마든지 성공하여 입신출세(立身出世)할 수 있는 세상에 사니까!

- **변전의성(弁轉疑星)** : 갓에 매어있는 진귀한 구슬들의 반짝 임을 구슬인가 의심한다.

| 자원(字源) |

弁 『설문(說文)』에 "변(弁)은 **면류관**이라"고 하였으니, 이를 주(周)는 변(弁)이라 하고, 은(殷)은 우(吁)라 하고, 하(夏)는 수(收)라 하였다.

轉 차(車)와 전(專)의 합자니, 전(專)은 손(寸)으로 끄는(專) 것이다. 차(車)를 끌어서 **구르게** 하는 것이다. 한 바퀴 도는 것은 전(轉)이고, 반 바퀴 도는 것은 전(輾)이다.

疑 의(矣)와 자(子)와 疋(足)의 합자니, 아이(子)의 발(疋)이 갈 곳을 미정(矣)한 것이니, **의심하는** 것이다. 혹(或) 어디로 갈지 모르는 마음(心)은 혹(惑)이다.

星 일(日)과 생(生)의 합자니, 태양(日) 광선을 받아서 빛나는(生) **별**이다. 상공에서 발광하는 별은 성(星)이고, 일월(日月)이 회합하는 때는 신(辰)이며, 성좌가 운행하는 계통은 수(宿)다.

임금이 앞에서 조회(朝會)를 하면, 문관(文官)은 우측에 서고, 무관(武官)은 좌측에 선다. 그런데 중국은 천자의 나라이므로 세계 각국에서 사신을 보내고, 그 사신들도 조회에 나가야 한다. 이러한 각국의 사신들이 각각 자기 나라의 복장을 하고 오는데, 머리에 쓴 갓도 각기 다르고, 그 갓에 매단 구슬도 각기 다르다.

그러므로 각국의 사신들이 구슬을 단 갓을 쓰고 이리저리로 왕래하므로 위에서 보면 마치 별이 밤하늘에 빛나는 것이 아닌가 하고 의심한다는 것이다.

필자는 중국을 10회에 걸쳐 관람을 하였고, 오는 9월 26일에 또 중국엘 간다. 왜 그렇게 중국에만 자주 다니느냐 하면, 필자가 하는 학문이 중국과 너무나 긴밀한 관계가 있는 서예, 한문, 문인화, 고문번역 같은 한문과 예술분야이니까 자연히 마음이 그곳으로 쏠린다. 그리고 그곳에 가서 고적이나 저택 등 많은 곳을 보면서 아주 많은 것을 배운다.

천재시인 소동파가 어렸을 적에 공부를 하고 난 뒤에 중국을 한 번 돌면서 관람하니까 자기의 학문이 열 배로 늘었다는 고사가 있다. 그와 같이 중국의 고적을 가서 관람을 하면, 기이하게 쓴 붓글씨도 많이 구경하고, 훌륭한 인장이나 훌륭한 서가(書家)가 쓴 비문 등도 구경할 수가 있다. 그들의 주거 문화나 음식문화도 우리와 다른 것이 너무나 많다. 이러한 것을 모두 적어서 기록으로 남긴 것이 연암의 "열하일기(熱河日記)"가 아닌가. 연암이 이 열하일기를 쓰지 않았다면 지금과 같은 명성이 있었겠는가!

지금은 우리나라가 유사(有史) 이래 가장 잘 사는 시대이니까 누구나 유람을 많이 한다. 유람을 하면 반드시 그 유람기를 남겨놓아야 후대의 후인들이 기억을 한다. 그러나 이렇게 유람기를 남기는 사람은 얼마 되지 않는다.

　조선의 선비들은 항상 지필묵을 휴대하고 다녔으므로, 금강산 유람기도 있고, 한라산 유람기도 있으며, 일본을 유람한 사신들의 기록도 있다. 우리는 이러한 선조들의 기록문화를 계승하고 발전시켜야 한다.

● **우통광내(右通廣內)** : 우측(서쪽)으로는 광내전(廣內殿)에 통하고,

| 자원(字源) |

右 갑골문(甲骨文)에서는 오른손을 그려서 우(又)자로 했으니, 우(又)도 바로 오른손이었으나, 그것이 또라는 뜻으로 쓰이니, 다시 구(口)를 덧붙여서 **오른쪽**을 의미하였으므로, 음은 우(又)다.

通 통(甬)과 착(辶)의 합자니, 빈통(甬)으로 나가(辶)면 이쪽에서 저쪽으로 **통하는** 것이다. 장애를 뚫는 것은 통(通)이고, 목적에 이른 것은 달(達)이다.

廣 엄(广)과 황(黃)의 합자니, 높은 집(广)의 중앙(黃)은 **넓은** 것이다. 테두리 속이 넓음은 광(廣)이고, 바깥으로 퍼져서 넓음은 박(博)이다.

内 멱(冂)과 입(入)의 합자니, 덮여 있는 그 밖에서 들어간(入) 그곳은 **안**이다. 옷의 안쪽은 리(裏)다.

광내(廣內)는 도서(圖書)를 저장(貯藏)하는 관서명이다. 통전(通典)[73]에는 "한씨도적소재 유석거연각광내(漢氏圖籍所在 有石渠延閣廣內)"라 하였으니, 석거(石渠), 연각(延閣)과 같이 도서관의 명칭이다.

우리나라도 일찍부터 도서의 중요성을 인식하고 사서(史書)나 중요한 책은 전국의 각 지역에 서고(書庫)를 마련하고 분산하여 보관하였으니, 그 대략은 다음과 같다.

특히 사고(史庫) 안에 따로 역대 실록(實錄)을 보관한 곳을 사각(史閣)이라 해서 그 보존에 힘썼다. 고려는 개국 초에 사관(史館, 春秋館)을 두어 국사의 편찬과 그 보관에 힘쓰다가 전란(戰亂)으로 이들 사기(史記) 등이 소실되었다.

1227년(고종 14)에 완성된 《명종실록》은 해인사(海印寺)에 사고를 마련하여 이를 보관하여, 처음으로 사찰에 실록을 보관하는 선례를 남겼다.

조선 시대는 처음에 춘추관과 충청도 충주(忠州)에 실록보관소를 두고 실록을 보관하다가, 1439년(세종 21) 경상도 성주(星州)와 전라도 전주(全州)에 사고를 설치하였고, 춘추관 외에 이들 충주·성주·전주의 사고를 3대 사고라 해서, 여기에 역대 실록을 분산하여

---

73) 통전(通典) : 200권으로 당(唐)의 두우(杜佑)의 찬(撰)이다. 식화(食貨), 선거(選擧), 직관(職官), 예(禮), 악(樂), 병(兵), 형(刑), 변방(邊防)의 입문(入門)으로 분류하여 고대부터 당(唐) 천보(天寶)까지의 정전(政典)을 기재하였다.

보관하였다. 그러나 1592년에 일어난 임진왜란으로 춘추관·충주 및 성주의 사고가 불타 실록 등 중요한 사서(史書)도 함께 소실되었고, 전주의 사고만 유일하게 전화(戰火)를 면하였으니, 이에 실록 등을 한때 내장산(內藏山)으로 옮겼다.

1606년(선조 39) 명종까지의 실록이 재인(再印)되자, 평북 영변(寧邊)의 묘향산(妙香山)에 사고를 설치하여 전주본을 옮기고, 강릉(江陵)의 오대산(五臺山), 봉화(奉化)의 태백산, 무주(茂朱)의 적상산(赤裳山)에 사고를 마련하여 새로 간행한 실록을 보관하였다. 1628년(인조 6) 강화(江華)의 마리산(摩利山)에 새로 사고를 설치하여 묘향산 사고의 전주본을 옮겼다가, 1660년(현종 1) 강화 남쪽의 정족산(鼎足山)에 사고를 마련하여 마리산 사고의 전주본을 이곳에 비장(備藏)하였다.

본래 실록 등 귀중한 사서를 중앙에 집중 보관하기보다 지방에 분산하여 그 안전을 꾀한 지방의 사고는 한말까지 제구실을 다하다가 1908년 정족·태백·오대·적상 등 4사고의 장서들은 규장각(奎章閣)의 관할하에 두었다.

● **좌달승명(左達承明)** : 좌측(동쪽)으로는 승명려(承明盧)에 도달한다.

| 자원(字源) |

左 본시는 ナ 이것만 왼손이었는데, 또 공(工)자를 덧붙여서 오른손이 일하는(工)데 도와줌을 뜻했으나, 왼쪽의 뜻으로만 쓰고, 음은 좌가 되니, 도우는 뜻으로는 또 인(亻)변을 붙여서 좌(佐)로 쓴다.

達 『설문(說文)』에는 달(幸)은 대(大)와 양(羊)의 합자로, 큰 양이 새끼를 잘 낳는 것이라 했으나, 차라리 한 획이 적은 행(幸)과 착(辶)의 합자로 보아 다행한(幸) 길로 가(辶)서 통한다고 하면 어떨까!

承 자(子)와 수(手)와 수(水) 등 세 자가 합해서 된 글자이니, 위에서 아래로 흐르는 물(水)처럼 아버지가 내려주는 것을 아들(子)이 손(手)으로 이어받는 것이다.

明 일(日)과 월(月)의 합자니, 해(日)와 달(月)은 밝은 것이다. 눈이 밝은 것은 명(明)이고, 해가 밝음은 황(晃)이고, 달이 밝음은 랑(朗)이다.

승명려(承明盧)는 대궐 안에 있는 시종신(侍從臣)이 숙직하는 집이라 하고, 또는 승명각(承明閣)이라고도 한다. 한서(漢書)《익봉전(翼奉傳)》에 보면 "유독 앞에 있는 전각(殿閣)이 있으니, 곡대(曲臺), 선실(宣室), 온실(溫室), 승명(承明) 등이다."라고 했으니, 일반적인 대궐이라는 이야기다.

필자가 요즘 조선조 동궁일기를 사무실에서 강의하는데, 이 책은 모두 초서(草書)로 필사(筆寫)한 책이다. 그 안에는 세자(世子)의 일거수일투족이 모두 쓰여 있다. 그리고 세자시강원에 근무하는 관원들의 숙직에 대한 이야기도 나온다. 이때는 인원이 적었으므로, 한 번 숙직에 들어가면 3일도 숙직을 서고 4일도 서는 게 보통이다. 그래도 이곳은 장차 왕이 될 세자를 모신 곳이기 때문에 요직으로 통하는 곳이다.

대궐을 말하면, 우리나라의 대궐은 보통 1층집이고, 높은 집은 2층인데 비하여 중국은 거의가 3층으로 된 대궐이다. 당시 민간인의 집도 거의 3층을 짓고 살았다. 현재도 중국의 민간인 집은 반드시 3층집을 짓고 산다. 1층은 헛간이나 마구간으로 쓰고 2층과 3층을 주인이 쓴다고 한다.

공자가 살던 곡부(曲阜)의 공부(孔府)에 가면 거의 3층집이다. 공자의 시호(諡號)가 대성지성문선왕(大成至聖文宣王)이니, 공묘(孔廟)의 제사하는 법은 제왕의 제사와 똑같이 지낸다. 이는 제왕의 대우를 해 드리는 것이니, 공묘(孔廟)가 있는 역내 주위의 집은 3층보다 높으면 안된다고 한다. 그래서 우리들이 들었던 궐리빈관(闕里賓館)도 모두 1층으로 짓고 호텔영업을 하고 있었다.

제 **9** 장 공신(功臣)

•기집분전(**旣集墳典**) : 이미 삼분오전(三墳五典) 같은 고서(古書)를 모았고,

이미 기 　모을 집 　무덤 분 　법 전

자원(字源)

旣 급(香)과 기(旡)의 합자니, 향기(香) 나는 식물을 목이 메도록 먹으니(旡) **이미** 배가 부른 것이라. 이미 가득 찬 것은 기(旣)고, 이미 가버린 것은 이(已)다.

集 원래 추(隹)자 셋과 목(木)의 합자니, 나무(木) 위에 새(隹) 셋을 썼던 것을 하나로 생략한 것이다. 나무에 새가 **모인** 것이다. 모여서 말하는 것은 회(會)다.

墳 토(土)와 분(賁)의 합자니, 흙(土)을 모아서 꾸민(賁) **무덤**이다. 흙을 쌓은 묘는 분(墳)이고, 풀에 쌓인 묘는 묘(墓)이고, 산처럼 높이 쌓인 묘는 능(陵)이다.

典 책(册)과 기(丌)의 합자니, 상(丌) 위에 책(册)이 있는 것이다. 그의 진리는 만세의 **법**이다. 유동적인 법은 법(法)이고, 원칙적인 법은 규(規)이다.

전한(前漢) 공안국(孔安國)의 상서 서(尚書序)에 "공자가 분전을 정리하여 《상서(尚書)》를 편찬할 적에 당우, 즉 요순(堯舜)의 시대부터 끊어서 서술하기 시작하여 주나라에까지 미쳤다〔討論墳典 斷自唐虞以下 訖于周〕."라는 표현이 나온다. 분전(墳典)은 삼황오제(三皇五帝) 시대의 책이라고 하는 삼분오전(三墳五典)의 준말이다.

지금은 중국의 하(夏)·은(殷)·주(周)의 시대 중에서 은허(殷墟)에서 갑골문(甲骨文)이 발견되었으므로 은나라까지 역사에 편입되었고, 그 이전인 삼황오제의 시대는 신화의 시대라고 한다. 그러나 공안국(孔安國)의 《상서(尚書)》 서(序)에 보면 "복희(伏羲)·신농(神農)·황제(黃帝)의 글을 삼분(三墳)이라 하고, 소호(少昊)·전욱(顓頊)·고신(高辛)·당요(唐堯)·우순(虞舜)의 글을 오전(五典)이라 한다."고 하였다.

옛적 한(漢)나라의 시절만 해도 복희(伏羲)·신농(神農)·황제(黃帝)와 요순(堯舜)의 글을 공자께서 정리하였다고 하였으니, 실제로 공자가 살아계셨을 적에는 위의 책들이 있었다는 것이 증명이 된다.

지금의 역사학은 당시의 유물이 있어야만 역사적으로 인정을 한다고 한다. 그러므로 책에 분명히 기록되어 있는 것을 신화로 치부하니, 역사가들의 난센스가 아닐 수 없다. 우리의 조상인 단군(檀君)도 매한가지이다. 사고전서(四庫全書)에 단군이 나오는 곳이 20군데이고, 한국고전번역원 한국종합고전DB에는 194건이나 올라와 있다. 이렇게 옛적 우리조상들은 단군을 성조(聖祖)로 생각하고 우리의 조상으로 또는 성군(聖君)으로 섬겨왔다는 사실을 오늘을 사는 우리들은 알아서 우리의 조상을 확실히 알 필요가 있다.

　일례로, 우리의 조상이 족보상에 확실히 나와 있는데, 유물이 없다고 해서 우리 조상이 아니라고 하면, 이는 조상을 부정하는 것인 동시에 나를 부정하는 말이 되는 것이 된다. 이를 확대하면 자기를 낳은 부조(父祖)를 부정하는 행위가 되니, 이 얼마나 무서운 말인가!

●**역취군영(亦聚群英)** : 또한 학식과 재능이 훌륭한 인재를 뽑아서 정치를 보좌하게 하였다.

| 자원(字源) |

亦 사람이 사지를 펼치고 있는 대(大)자의 겨드랑이에 한 점씩 찍어서 된 글자가 변형된 것인데, 우(又)자는 손을 그린 것처럼, 역(亦)자는 겨드랑이를 그려서 **또**를 의미했으니, 유력(有力)하게 말하는 또이므로 음은 역이다.

聚 취(取)와 인(人)을 셋을 모은 자니, 여러 사람(人)을 취(取)해서 **모으는** 것이다. 여럿을 모으는 것은 취(聚)이고, 새떼처럼 모임은 집(集)이고, 말하려고 모임은 회(會)이다.

群 군(君)과 양(羊)의 합자니, 임금(君)이 지도하는 것처럼 질서가 있는 양(羊)의 **떼**다. 장수의 명령대로 따라가는 병졸의 떼는 대(隊)다.

英 초(艹)와 앙(央)의 합자니, 풀(艹) 중심(央)에서 피는 **꽃봉오리**이다. 나무의 꽃은 영(榮)이고, 풀꽃은 화(華)인데, 꽃봉오리는 모두가 영(英)이다.

어느 한 사람이 나라를 세우면 그 주위에는 수많은 사람들이 몰려 오게 되어 있다. 왜냐면 그 사람에게 기대어서 입신출세를 하려고 그러는 것이다.

사람은 공명심이 많기 때문에, 조그만 언덕이라도 있으면 비비려 고 대드는 것이다. 일례로, 우리나라는 5년에 1번씩 대통령을 뽑는 데, 유력한 대통령 후보에게는 많은 사람들이 몰려와서 선거운동을 한다. 왜냐면 자신이 미는 사람이 대통령이 되면, 자기도 어느 한 자리를 꿰차겠다는 속셈이 있어서 그렇게 하는 것이다.

그러므로 조선말의 흥선대원군의 집에는 언제나 사람들로 문전성 시를 이루었다고 한다. 우리의 속담에 "수양산 그늘이 강동 80리" 라는 말이 있다. 그리고 또 "큰 나무의 그늘은 덕을 보지 못해도 큰 사람의 덕은 본다."라는 말이 있다.

이렇기에 사람은 한 사람만 잘 만나도 입신출세를 하는 것이다.

옛적에 박문수가 과거시험을 보러오는데, 중간에서 어떤 사람을 만났는데, 어딜 가느냐 묻기에 과거보러 한양에 간다고 하니, 그 사 람이 "이미 과거는 끝났소." 했다. 그래서 박문수가 "장원한 시구 (詩句)는 뭣이오." 하니, 아래의 시를 가르쳐주었다. 그래서 이왕 나 선 김에 한양이나 구경하고 간다고 생각하고 한양에 오르니, 과거 일이 지나지 않았고, 과거시험장에 들어가니, 시제(詩題)가 과연 낙 조(落照)였다. 그래서 길에서 만난 사람이 가르쳐준 시를 그대로 적어서 장원을 하였다는 고사가 있다. 아래에 낙조(落照)를 기재한 다.

낙 조 토 홍 괘 벽 산

落照吐紅掛碧山 　낙조(落照)의 붉은 해는 푸른 산에 걸렸는데

한 아 척 진 백 운 간

寒鴉尺盡白雲間 　찬 까마귀는 백운(白雲)의 사이 재기를 다했더라.

문 진 행 객 편 응 급

問津行客鞭應急 　나루를 묻는 행객 지팡이는 급하고

심 사 귀 승 장 불 한

尋寺歸僧杖不閒 　절 찾아 돌아가는 중 지팡이가 한가하지 않네.

방 목 원 중 우 대 영

放牧園中牛帶影 　풀 뜯는 소 그림자 길게 늘어졌는데

망 부 대 상 첩 저 환

望夫臺上妾低鬟 　누대에서 남편 기다리는 아낙 쪽진 머리 늘어졌네.

창 연 고 목 계 남 로

蒼烟古木溪南路 　고목(古木)의 시내 남쪽 길에는 저녁연기 자욱한데

단 발 초 동 롱 적 환

短髮樵童弄笛還 　단발(短髮)의 초동(樵童)은 피리 불며 돌아오네.

● **두고종례(杜槀鍾隷)** : 두도(杜度)의 장초(章草)의 초고(草稿)와 종요(鍾繇)의 예서(隷書)도 있고,

| 자원(字源) |

杜 목(木)과 토(土)의 합자니, 나무(木)와 흙(土)으로 집을 지어 풍우(風雨)와 한서(寒暑)를 **막는다**. 벽을 해서 막는 것은 두(杜)이고, 구멍을 막는 것은 색(塞)이다.

槀 높은(高) 벼(禾) 집이다. 잡초(草)처럼 생각나는 대로 적은 것은 초(草)이고, 볏짚처럼 길게 쓴 글이나 가을 논에 볏짚이 산란하게 서 있는 것처럼 적은 글은 **원고**이다.

鍾 금(金)과 중(重)의 합자니, 무거운(重) 쇠(金)로 만든 **종(鍾)**으로 통하나, 본시는 술병이었던 것이 또 **술잔**이란 뜻도 된다.

隷 사(士)와 시(示)와 이(隶)의 합자니, 군사(士)가 보이는(示) 그대로 따라만(隶) 가는 자는 주체성 없는 **종**과 같다.

에세이

두고(杜槀)의 두(杜)는 두도(杜度)로, 자(字)는 백도(伯度)이니, 장초체(章草體)의 명필(名筆)이다. 위항(衛恒)의 《사체서세(四體書勢)》

에 "제상두백도(齊相杜伯度)의 선작편(善作篇)"이라 하였으니, 두고(杜稾)는 두도(杜度)가 장초체(章草體)로 쓴 문고(文稿)를 말한다. 장초(章草)에는 장지(張芝)가 유명한데, 이가 두도(杜度)와 최원(崔瑗)에게서 서예를 배웠다고 한다.

잠깐 장지의 서력(書歷)을 적어보면, 두도(杜度)·최원(崔瑗)에게서 서예를 배웠으며, 장초(章草, 초서의 한 가지)에 뛰어나 초성(草聖)이라고 일컬어졌다. 속세를 피하여 오로지 서도를 벗하였으며, 베가 있으면 거기에 글씨를 썼고, 연못가의 작은 돌에도 글씨를 쓰고서는 물로 씻기를 수없이 되풀이하여 마침내 연못의 물이 먹물로 까맣게 변하였다고 한다. 후세에 서도를 배우는 것을 '임지(臨池)의 기(技)'라고 이르게 된 것은 이에 연유한다. 서성(書聖)으로 불리는 왕희지(王羲之)도 장지를 높이 평가하였다고 한다.

종요(鍾繇)의 자는 원상(元常)이니, 영천군(潁川郡) 장사현(長社縣) 출생이다. 후한(後漢)에서 벼슬하여 상서복야(尚書僕射)에 올랐으나, 조조(曹操)와 제휴하여 위(魏)나라 건국 후에는 조조 이후로 3대를 섬겨 중용되었다. 글씨는 팔분(八分, 隷書)·해서(楷書)·행서(行書)에 뛰어나 호소(胡昭)와 더불어 '호비종수(胡肥鍾瘦)'라 일컬어졌다. 왕희지(王羲之)는 특히 그의 글씨를 존경하였다 하며, 《선시표(宣示表)》, 《묘전병사첩(墓田丙舍帖)》, 《천계직표(薦季直表)》 등이 법첩(法帖)으로 수록되어 전해온다. 그 가운데 《천계직표》는 계직이라는 인물을 문제(文帝)에게 추천한 상표문(上表文)으로 왕희지에 선행하는 고체(古體)의 해서로 쓰여져 있다.

이 문장은 서예의 진귀한 작품을 수집해서 대궐에 수장하였다는 내용이니, 귀중한 예술품은 옛적부터 진귀하게 여기고 완상하고 수장하였음을 보여주는 대목이다.

● **칠서벽경(漆書壁經) :** 죽간(竹簡)에 칠서(漆書)로 쓰여진 과두문자(蝌蚪文字)와 공자(孔子)가 주거(住居)한 벽 속에서 발굴한 경서도 있었다.

| 자원(字源) |

漆 칠(桼)은 나무(木)에서 나오는(八) 물(氺)이니, 즉 옻이다. 그런데 또 수(氵)변을 덧붙여서 그 수분인 옻을 뜻한다.

書 율(聿)과 왈(曰)의 합자니, 붓(聿)이 말(曰)하는 것은, 즉 **글을 쓰는** 것이다. 문(文)으로 쓴 책은 서(書)이고, 서(書)를 쓰는 글은 문(文)이다.

壁 벽(辟)과 토(土)의 합자니, 풍한(風寒)을 막기 위해 흙(土)으로 만든 방의 **벽**이다. 방을 둘러싼 것은 벽(壁)이고, 집을 둘러싼 것은 원(垣)이다.

經 사(糸)와 경(巠)의 합자니, 설문(說文)에 사(糸)의 본의(本義)는 "종사(縱絲)"라 하여 즉 '날'을 의미하고, 경(巠)은 음이 되었다. 또한 《석명석전예(釋名釋典藝)》에서 경(經)은 경(徑)이라 했으니, 도로(徑)는 통하지 않는 곳이 없으니, 무소불통(無所不通)하는 성인(聖人)의 작술(作述)인 **경서**(經書)를 뜻한다.

고대(古代)에는 필묵(筆墨)이 없어서 죽간(竹簡)에 칠을 하여 기록하였으니, 이를 칠서(漆書)라고 한다. 그리고 칠서(漆書)는 두대미세(頭大尾細)하여 그 자형(字形)이 과두(蝌蚪, 올챙이)같으므로 과두문자(蝌蚪文字)라고 한다. 그리고 이 자체(字體)가 시행된 시기는 대략 창힐(蒼頡) 후부터 주(周)나라 선왕(宣王)의 사이이다.

벽경(壁經)은 노(魯)나라 공왕(恭王) 시대에 공자의 구실(舊室)을 허물었을 때에 그 벽 중에서 얻은 고문상서(古文尙書)와 논어(論語), 효경(孝經) 등의 과두문자(蝌蚪文字)로 기록된 경서(經書)를 말한다.

진(秦)의 시황제가 정권을 잡은 뒤에 문자(文字)를 통일하고 도량(度量)의 통일을 이루고 법치(法治)를 내세워서 이를 비판하는 유생들을 모두 죽이고 책을 불태웠다. 이것이 분서갱유(焚書坑儒)인데, 이때에 모든 책을 불태웠으므로 진(秦)의 다음 정권인 한(漢)나라에서 유교(儒敎)를 국교로 삼고 경서(經書)를 수집하였는데, 찾을 수가 없어서 일부 학자의 구술(口述)에 의해 경서를 제작하였는데, 그 뒤에 공자의 구옥(舊屋)에서 벽서(壁書)가 나왔으므로 오늘날의 경서가 보존되게 되었던 것이다.

돌이켜보면, 공자는 진시황의 분서갱유를 미리 예견하고, 아무도 모르게 벽 속에 경서를 각(刻)하여 보관하였으니, 보통사람으로서는 감히 상상도 못할 선견지명이었던 것이다.

중국의 태산에 가면 진시황 시대에 이사가 쓴 "태산각석"이 커다란 전서체로 새겨져 있다. 글씨가 하도 커서 멀리서 태산에 오르면서 보아도 환히 보인다. 이러한 것이 오늘 같은 후대에는 모두 역사가 되는 것이다.

• **부라장상(府羅將相)** : 관부(官府)에는 장상(將相)같은 문무현신(文武顯臣)이 나열하였고,

| 자원(字源) |

府 엄(广)과 부(付)의 합자니, 각처에서 부쳐(付)오는 물건을 감추는 집(广)인 창고다. 따라서 **관청**이란 뜻도 된다. 곡식창고는 름(廩)이고, 병기창고는 고(庫)다.

羅 망(罒)과 유(維)의 합자니, 실오리(維)로 얽은 그물(罒)을 **벌려서** 치고 짐승을 잡는다.

將 장(丬)과 률(寽)의 합자니, 창(丬)을 가진(寽) **장수**가 **장차** 전쟁을 하려는 것이다. 의욕적으로 하려 함은 장(將)이고, 필연적으로 할 것임은 응(應)이다.

相 지상에서 첫째로 보이(目)는 것은 나무(木)이니, 목(木)과 목(目)은 서로 주(主)와 객(客)으로 대하는 것이고, 주객이 되어 **서로 돕는** 것이다.

에세이

우리의 속담에 '하늘의 별따기'라는 말이 있다. 이 말은 '매우 어

렵다' 라는 말이다. 그런데 어깨에 별을 달고 다니는 사람이 있다. 즉 군인 장교 중에 장군의 칭호를 달고 다니는 장성(將星)을 말한다. 그리고 재상(宰相)이라는 벼슬이 있다. 이는 삼정승을 말하는데, 위로는 임금 한 분을 모시고 만백성을 거느린 매우 지체가 높은 사람을 지칭하는 말이다.

이러한 장상(將相)들의 집이 관부(官府)의 거리에 나열하여 지어져 있다는 말이다. 우리나라도 조선조에서는 장상들이 사는 마을이 있었다고 한다. 종로구의 팔판동은 여덟 명의 판서가 살았기에 팔판동이라고 한다는 것이다. 구로동은 아홉 명의 노사(老師)가 살았으므로 구로(九老)라는 이름이 붙었고, 우리 고향에는 구신리(九臣里)라는 마을이 있는데, 백제시대에 아홉 명의 신하가 살아서 이러한 이름이 붙었다는 말을 들은 적이 있다.

중국의 당(唐)나라 서울인 장안(長安, 현재의 이름은 서안)을 가본 적이 있는데, 이곳의 거리는 당나라 때에 만들어 놓은 거리를 지금까지 고치지 않고 쓴다고 하는데, 오늘날과 같이 자동차가 많은 시대에도 뻥뻥 뚫려서 사통오달하는 거리라는 것을 필자가 직접 보았다. 가이드의 말을 빌리면, "당나라가 세계에서 제일 먼저 도시계획을 했다."고 자랑하는 말을 들은 적이 있다.

위의 부라장상(府羅將相)은 아마도 이러한 곳에 장상들이 집을 나열하여 짓고 산다는 것을 말한 것이다. 당고조(唐高祖) 이연(李淵)이 당(唐)을 건국한 것이 566년이니, 지금부터 1445년 전에 건국한 나라에서 만든 수도의 거리가 지금도 넓게 느껴질 정도이니, 정말 수천 년을 내다보는 안목을 가진 사람이 이 거리를 설계한 듯하다.

● **노협괴경(路俠槐卿)** : 도로에는 공경대부의 집들이 즐비하게 늘어서 있다.

| 길 노 | 낄 협 | 회화나무 괴 | 벼슬 경 |

자원(字源)

路 족(足)과 각(各)의 합자니, 각(各) 사람이 발(足)로 밟고 다니는 **길**이다. 발로 밟는 길은 로(路)이고, 머리로 그리는 길은 도(道)이고, 거리를 대는 길은 정(程)이다.

俠 인(亻)과 협(夾)의 합자니, 의분과 용기를 **끼고** 있는 사람이다. 의용(義勇)으로 감투하는 것은 협(俠)이고, 재기(才器)로서 득의한 것은 호(豪)이다.

槐 목(木)과 귀(鬼)의 합자니, 동네 어귀에 세운 **회화나무**니, 동네에서는 그를 위해 제사도 지내니, 귀신(鬼)이 붙는 나무(木)이다.

卿 묘(卯)자 속에 皀(香)자가 들어 있으니, 천자의 문(卯)에 곡록(穀祿)의 皀(香)을 받는 **대신**이다. 임금이 신하를 부르는 호칭(경)도 된다.

　회화나무(槐)는 최고의 길상목(吉祥木)으로 꼽히는데, 이는 중국 주(周)나라 때부터 비롯되었다. 주나라는 삼괴구극(三槐九棘)이라 하여 조정에 회화나무 3그루를 심었고, 우리나라 삼정승에 해당하는 삼공이 마주보고 또 좌우에 아홉 그루의 극(棘 : 가시나무)을 심는 제도가 있었다.

　회화나무를 심으면 출세를 한다는 속설이 있어 많이 심었는데, 중국에서 과거에 급제할 때나 관리가 공명(功名)을 얻은 후, 퇴직 때 기념으로 회화나무를 심던 풍습이 우리나라에도 들어와 서원, 분묘, 대가의 뜰 등에 심었다.

　괴경(槐卿)은 조선시대에는 삼공(三公)과 구경(九卿)[74]을 말하니, 이들의 집에는 회화나무를 심어서 고관대작이 사는 것을 기념하여 심었다는 것이다. 지금도 경상도에 가면 수령(樹齡)이 수백 년 된 회화나무를 많이 볼 수가 있다.

　그러면 노협괴경(路俠槐卿)은 무슨 뜻인가! 하나의 왕조가 세워지면 궁궐을 짓고 논공행상(論功行賞)을 하여 공이 있는 사람에게 포상을 하였고, 과거를 실시하여 준수(俊秀)한 인재들을 뽑아서 이들을 적재적소에 배치시키고 나라를 다스린다. 이렇게 하여 높은 벼슬을 한 사람들이 궁궐 가까운 곳에 집을 짓고 사는데, 이들의 집이 서로 이웃하고 있다는 말이다.

---

74) 구경(九卿) : 조선 시대에 삼정승에 다음 가는 아홉 고관직. 의정부의 좌우참찬(左右參贊), 육조판서(六曹判書), 한성부판윤(漢城府判尹)을 이른다.

　우리나라는 조선이 건립되자 고려에서 벼슬한 사람들은, 신하(臣下)는 불사이군(不事二君)이라는 유학(儒學)의 가르침을 따르려고 많은 식자(識者)들이 조선에 나가서 벼슬하지 않고 산에 숨거나 고향으로 낙향하여 살았으니, 필자의 조상인 관성군(管城君) 전숙(全淑)[75]도 옥천으로 낙향하여 조선을 등지고 사셨는데, 111살까지 사셨다고 한다. 이때는 이러한 지조를 지킨 사람들을 높이고 숭상한 풍습이 있었다.

75) 전숙(全淑) : 고려 말에 판도판서로서 관성군(管城君)으로 피봉(被封)되었는데, 이때에 이성계를 주축으로 한 반역자들이 정사를 마음대로 천단함을 보고 고려가 장차 망하게 될 것을 알고 벼슬을 버리고 고향인 옥천 문선동(文宣洞)으로 들어갔다. 드디어 고려가 망하고 이성계가 새 임금이 되자 다시 이남강(伊南江) 상으로 깊이 숨어들어 갔다. 그러므로 세인들은 그의 정절(貞節)이 포은 정몽주와 야은 길재와 어깨를 겨룬다고 하였다. 또한 그가 살던 곳을 기사천(棄仕川)이라고 이름하였다가 뒤에 선생이 111살까지 장수하므로 학덕이 있는 노학자가 기거하던 곳이라는 뜻으로 기사천(耆仕川)으로 고쳤다고 한다. 〈文獻〉 高麗史·高麗史節要·大東奇聞·世譜·東國輿地勝覽·麗末忠義列傳.

• **호봉팔현(戶封八縣)** : 호(戶)마다 팔현(八縣)을 봉(封)하였고,

| 자원(字源) |

戶 『설문(說文)』에는 반쪽 문을 호(戶)라 했으니, 문(門)자의 **반쪽 문**이다. 그러므로 사회적으로 동족(同族)의 전체를 문(門)이라 하고, 개인의 가정을 호(戶)라 한다.

封 규(圭)와 촌(寸)의 합자니, 옛적에 천자가 제후에게 홀(圭)을 주면서 법도(寸)있게 다스리라고 **봉(封)**하였다.

八 별(丿)과 불(乀)이 서로 반대편으로 갈라진 것이다. 분할 수의 대표적인 **여덟**이다.

縣 실줄(系)로서 머리(首)를 거꾸로(首) 단 것이나, 또한 군(郡)을 머리(首)로 맨(系) 지방, 즉 행정구역의 하나인 **고을**이다.

에세이

중국의 주(周)나라가 천하를 통일한 뒤에 논공행상(論功行賞)을 하였으니, 주공(周公)에게는 노(魯)나라를 주었고, 강태공에게는 제(齊)나라를 주었다. 이를 봉건제도(封建制度)라 하는데, 중국의 넓

은 지역을 다 다스릴 수가 없어서 귀족과 친지와 공을 많이 세운 사람에게 봉토(封土)를 주어서 천자를 대신하여 다스리게 한 것이다.

우리나라도 조선조에서는 유공(有功)자에게 식읍(食邑)을 주었다. 이를 사패지지(賜牌之地)라 하는데, 지금도 이 사패지를 가지고 있는 문중이 많으니, 전의 이씨는 양평에 150만 평이 있고, 연안 김씨는 원주에 100만 평이 있으며, 수원 김씨도 장흥에 사패지가 있다. 우리 옥천 전씨도 청백리에 선정된 조상이 있으니, 동이면 금남리의 마을 전체와 옆에 있는 산이 모두 사패지라고 전한다. 이러한 사패지지는 전국에 걸쳐서 수없이 많은데, 지금은 후손들이 종친회를 구성하고 그 땅을 관리하고 있다.

이 문단의 호봉팔현(戶封八縣)은 호(戶)당 팔현(八縣)을 주어서 그곳에서 나오는 부세의 수입을 받아서 생활을 영위한다는 말이니, 이러한 제도가 한(漢) · 당(唐)과 송(宋) · 원(元) · 명(明) · 청(淸) 등 옛적 봉건국가에서 많았다는 것이다.

오늘날에는 연금제도가 있어서 퇴직을 하면 매월 연금을 받아서 생활을 한다. 그러나 박정희 대통령 시절에 시범적으로 만들어 운영한 공무원 연금과 사학연금, 군인연금을 받는 사람들은 많은 액수의 연금을 받아서 좋지만, 그 뒤에 가입한 국민연금은 많은 액수가 아니어서 상대적으로 빈곤함을 느끼며 살아가는 노인들이 많다.

• **가급천병(家給千兵)** : 공신(功臣)의 집에는 천병(千兵)을 주었다.

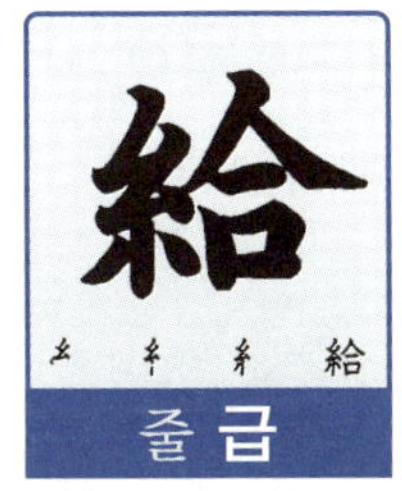

| 자원(字源) |

家 면(宀)과 시(豕)의 합자니, 돼지(豕)처럼 언제나 들어 있는 **집**(家)이
다. 자기 집을 지칭함은 가(家)이고, 남의 집을 지칭함은 댁(宅)이다.

給 사(糸)와 합(合)의 합자니, 실(糸)을 합(合)하는 것처럼 부족한 것을
보조해주는 것이다. 보조해 줌은 급(給)이고, 대해서 줌은 여(與)이
다.

千 『설문(說文)』에는 "십(十)에 따르고, 丿은 인(人)이다."라고 했으나,
갑골(甲骨)문자에는 십진법(十進法)으로 십(十)을 │으로 썼으니,
一도 십(十)으로 보아 10×10=1,000이 되고, 丿도 십(十)으로 보
면 100×10=1,000이 될 것이니, 음은 천이다.

兵 근(斤)과 공(廾)의 합자니, 도끼날(斤)을 두 손(廾)으로 들고 있는
것이다. **무기**란 뜻에서 **군인**이란 의미가 되었다.

에세이

공훈(功勳)이 있는 집에는 천병(千兵)을 주었다는 이야기이다. 사

람이 이 세상을 살아가려면 힘이 있어야 나를 지키고 집을 지키는 것이다. 지금은 군인과 경찰이 있어서 나라를 지키고 사회의 안전을 책임지기 때문에 우리들이 안전하게 살아가는 것이다. 그러나 사회가 불안해지면 금방 도적이 창궐하게 되므로, 나를 지킬 수 있는 무기가 있어야 하는 것이다.

고려 초기에 왕건이 많은 지방의 호족과 혼인을 맺은 것은 호족의 발호를 막기 위한 하나의 정책이었다. 그때에는 호족들도 사병을 거느리고 그 지방을 장악하고 있었기 때문에 함부로 건드릴 수가 없었다.

이에 식객을 3,000명을 거느리고 있었다는 《사기(史記)》 평원군열전(平原君列傳)에 나오는 모수(毛遂)의 이야기를 하기로 한다.

전국시대에 진(秦)이 조(趙)의 수도 한단(邯鄲)을 포위하자, 조왕은 평원군을 초(楚)나라에 보내 합종(合從)을 맺음으로써 이를 격퇴하려 하였다. 평원군은 출발에 앞서 문하에 출입하는 식객 중 20명을 뽑아 같이 가려고 했는데, 19명을 선발하고 적당한 사람이 없어 1명을 채우지 못했다. 이때 식객 중에 모수(毛遂)라는 사람이 스스로 자기가 끼기를 청하였다〔毛遂自薦〕. 그것을 보고 평원군이 말하였다.

"당신은 내게로 와 몇 년이나 되었소?" 모수가 3년 되었다고 대답하자, 평원군은 다시 물었다. "대체로 현인이란 주머니 속의 송곳과 같아서 가만히 있어도 드러나는 법인데, 3년 동안 나는 당신에 관한 말을 들은 적이 없구료." 그러자 모수는 다음과 같이 대답하였다. "그래서 이제 주머니에 넣어 주십시오, 하는 것입니다." 결국 평원군은 모수를 데리고 초나라로 갔다. 초왕과의 회담에서 식객 19명이 모두 별 성과를 거두지 못하자, 평원군은 마침내 모수에게 어떻게 하면 되겠느냐고 물었다.

　이 말을 들은 모수는 칼을 빼어든 채 초왕의 면전으로 나아가 "당신은 수많은 군사를 거느리고 있지만, 지금 당신의 목숨은 내 손에 달려 있습니다. 은(殷)의 탕왕(湯王)이나 주(周)의 문왕(文王)이 패업을 이룬 것은 군사가 많았기 때문이 아닙니다. 그런데 지금 초나라는 땅도 비옥하고 군사도 많습니다. 그런데도 진나라 군사에게 종묘를 위협받고 있는 것은 무슨 까닭입니까. 합종은 초나라도 위한 것이지 조나라만 위한 것은 아닙니다." 하고 설득하여 마침내 합종을 성공시켰다. 일을 마무리하고 조나라로 돌아온 평원군은 이후 모수를 상객(上客)으로 모시고 후하게 대접했다 한다.

| 자원으로 풀어쓴 |

에세이 천자문 前

초판 1쇄 발행 2012년 2월 20일
초판 2쇄 발행 2016년 10월 10일

지은이 | 전규호
발행자 | 김동구
디자인 | 이명숙·양철민
발행처 | 명문당(1923. 10. 1 창립)
주　소 | 서울시 종로구 윤보선길 61(안국동)
　　　　우체국 010579-01-000682
전　화 | 02)733-3039, 734-4798(영), 733-4748(편)
팩　스 | 02)734-9209
Homepage | www.myungmundang.net
E-mail | mmdbook1@hanmail.net
등　록 | 1977.11. 19. 제1~148호

ISBN 978-89-7270-962-6 (13710)
10,000원

＊낙장 및 파본은 교환해 드립니다.
＊불허복제